U1018116

普通高等教育“十一五”国家级规划教材

高等学校出版学专业系列教材

编辑学原理

Principles of Editing

（第二版）

吴平　芦珊珊　张炯　编著

WUHAN UNIVERSITY PRESS
武汉大学出版社

图书在版编目(CIP)数据

编辑学原理/吴平,芦珊珊,张炯编著 .—2 版.—武汉:武汉大学出版社,2021. 5(2024.8 重印)
普通高等教育“十一五”国家级规划教材
高等学校出版学专业系列教材
ISBN 978-7-307-21767-6

Ⅰ.编…　Ⅱ.①吴…　②芦…　③张…　Ⅲ. 编辑学—高等学校—教材　Ⅳ.G232

中国版本图书馆 CIP 数据核字(2020)第 165358 号

责任编辑:詹　蜜　　责任校对:李孟潇　　版式设计:马　佳

出版发行:**武汉大学出版社**　(430072　武昌　珞珈山)
(电子邮箱:cbs22@ whu.edu.cn 网址:www.wdp.com.cn)
印刷:武汉邮科印务有限公司
开本:720×1000　1/16　印张:16.75　字数:264 千字　插页:2
版次:2011 年 6 月第 1 版　2021 年 5 月第 2 版
2024 年 8 月第 2 版第 3 次印刷
ISBN 978-7-307-21767-6　定价:50. 00 元

作者简介

吴平，女，武汉大学党委常委、副校长，教授、博士生导师。曾任武汉大学教务部部长，华中农业大学党委常委、副校长。长期从事编辑出版专业教学及科学研究工作，在国内权威、核心等公开刊物上发表编辑出版学、目录学、书评学、编辑思想研究、高等教育研究等学术论文150余篇，出版著作12部，主编的《中国编辑思想史》填补了中国编辑学理论研究的空白，为编辑出版学理论建设开创了新的领域；主持国家社科基金及其他项目17项。先后获得国家教学成果奖一等奖、二等奖；国家人文社会科学优秀成果二等奖；湖北省社会科学研究成果一等奖；湖北省优秀教学成果一等奖、二等奖；湖北省优秀青年女教职工；武汉大学优秀教学成果特等奖、华中农业大学第十六届研究生“教书育人”奖等。

芦珊珊，女，2003年毕业于武汉大学编辑出版专业，获得学士学位；2006年毕业于武汉大学出版发行专业，获得硕士学位；2010年毕业于武汉大学出版发行专业，获得博士学位。时代出版传媒股份有限公司博士后，美国伊利诺伊州立大学香槟分校访问学者。曾任长江文艺出版社编辑，现为湖北第二师范学院副教授，先后在专业核心期刊发表论文30余篇。

张炯，女，湖北第二师范学院新闻与传播学院副教授，武汉大学管理学博士。近年来主持国家社科基金项目1项，教育部人文社科项目1项，教育厅及校级项目3项，参与省部级课题4项，在国内权威、核心期刊上发表学术论文30余篇。多次荣获教学成果奖、优秀教学奖和科研成果奖。

序
（第一版）

周百义

吴平女士的《编辑学原理》修改稿就要付梓了，嘱我写个序，我有些诚惶诚恐。对于编辑学的研究，我是个半瓶子醋——虽然我也写了一些出版研究的文章，但主要是自己在实践中的一些体会，或者是对出版进程中一些问题的研究。虽然做了多年编辑，也在出版社负责多年，但对编辑学却缺少系统的了解，看了吴平女士的这部书稿，我获益匪浅。这也从另一方面说明，编辑学原理的普及是必要的、迫切的。

编辑工作是实践科学，像我这种学中文的，起初并不知道编辑为何物，“赶鸭子上架”，做也就做了，所以有人说“编辑无学”。实际上，任何事物都有其内在的运行规律，编辑工作亦然，对于准备进入和已经进入出版行业的年轻人而言，掌握所在行业的发展历程，了解编辑工作实践与理论的关系、编辑活动的范围、编辑工作的过程、成功编辑的编辑思想与风格，对于适应编辑工作并成为这个行业中的优秀一员，是不可或缺的。如果我当初早一些读到这本系统论述编辑学原理的专著，对于我从事编辑工作和指导出版社的编辑工作，可能就会多了些理论的武器。

20 世纪 80 年代以来，中国国内关于编辑学研究的论述与专著曾有过一些，吴平女士这本专著虽然不算最早的，但作为教材，其吸收了国内外的研究成果，恰恰成了此类专著中的佼佼者。但吴平女士并不满足于此，几年前就打算根据新的研究成果和自己在教学中的体会，将本书修订重版。这次修订前的座谈会我参加了，很多专家对吴平女士把教材当专著来写的认真精神十分赞赏。果然，在教学管理之余，这部修订稿很快就出来了。与原书相比，这本书对编辑的角色重新进行了定位，对编辑活动的论述更加接近当下的工作实际，也改变了过去教材与实践脱节的缺点，所列举的一些案例，很多是目前大家耳熟能详的。论述的语言也更加口语化，增加了可读性。我相信，该书出版后，会受到出版专业学生与从业者的欢迎。

前 言
（第一版）

吴 平

2005年《编辑本论》教材出版后已在编辑出版学专业学生中用过五年，也被多所高校编辑出版专业列为使用教材。但从第一次使用时我就明白它还有很多不足，也体会到了教材出版真是一种遗憾的艺术：作为给本科学生用的教材，它某些内容有点深了；作为研究生使用的教材，有些内容又显得浅了。反映出编写时定位不当、结构欠妥等的问题。因而，修订它的想法几乎从最初使用时就已开始。几年中，忙碌的工作使我无暇顾及它的修订，成了一直纠结在心的一件事。

感谢武汉大学出版社将它列为国家"十一五"教材出版规划，给了我压力与动力。修订本随课程改名为《编辑学原理》。在最后期限即将到来之时，我邀请来自校内外、出版业界、教育界专家开了一个征求意见会，他们的真知灼见让我受益匪浅。在高校教过四年该课程的芦珊珊博士参与了具体修订工作，她的辛勤付出给了我许多切实的帮助。在2011年春节过后，这部书稿终于交给出版社了。

《编辑学原理》与《编辑本论》有很多相似之处，但结构和文字上都作了一些调整和修改。全书依然是七章，从"编辑与编辑学""编辑活动"到"编辑人员"，从"编辑过程(上、中、下)"到"编辑思想"。其中第二章增加了"编辑活动发展简史"一节，想让学生对编辑活动发展史有初步的了解；第三章"责任编辑与策划编辑""编辑团队建设"都独立出来，使"编辑人员"更加有针对性；"编辑人员的基本素质"一节中突出了"人际交往沟通""主动持续的学习能力"两方面的内容，这是为适应时代对编辑的要求而作；而且从"市场化""网络化""国际化"三方面定位编辑人员的角色也比《编辑本论》更为全面和深入。为将编辑理论与编辑实践有机结合，也为了使学生对现实编辑活动有更深入的了解，《编辑学原理》加重了“编辑过程”的篇幅，编辑过程“上”重点讲选题与组稿；编辑过程“中”主要讲审稿与编辑加工；编辑过程“下”则是介绍校对、装帧设计和营销宣传，“营销宣传”中又突出了“畅销书的营销策略”一节。最后，全书以“编辑思想”结尾。如此结构是否合理，修改之处是否合适，还有待课程教学过程的检验。

感谢周百义先生在百忙中给该书作序。

此前言也代表编著者之一的芦珊珊一并而作。

2011 年 2 月 28 日于珞珈山

前　　言
(第二版)

吴　平

《编辑学原理》这门课教过多年，刚开始时，课程内容考虑得不是很成熟，慢慢地觉得可以将某些章节的内容移到研究生的教学里，便作过一些修改。2012—2019年，在华中农业大学工作的7年，武汉大学编辑出版学专业的该门课程安排了其他老师授课，我主要给博士生讲授中国编辑思想史研究专题，或应邀给某些培训班讲过几次课。远距离看编辑学，更多地是考虑编辑学的时代性、技术手段在编辑工作中有无改变的问题。有时，有意识地与一些编辑或当编辑的学生交谈，了解他们现实的工作方法与编辑手段。感觉目前在传统出版社，编辑过程改变不大，编辑的压力第一是销售量，第二是选题，也有出版技术带来的焦虑，但并没有活不下去、必须得改的压力。多年前我曾写过一篇文章，尝试说明编辑工作中的"变"与"不变"的问题。主要阐述的观点是："变"是永恒的，但也有一些永恒"不变"的东西。教材中的编辑工作原理还在用，也还可以用，本次修订便没有作大的改动，承接了上一版教材的特点。

这一版教材是在普通高等教育"十一五"国家级规划教材(吴平，芦珊珊编著)基础上作的修订。编著者之一张炯是我教过的在职博士生，现在湖北第二师范学院教编辑学等课程。张炯曾建议过我修订这本教材，指出过其中的不足。我很感谢她，请她一起修订本教材并吸纳了她的意见，重点修改了第三章，增加了第八章。在第三章第一节"编辑人员的构成"中增加了"网络编辑与新媒体编辑"；在第二节"编辑人员的职业意识"中增加了"创新意识"；在第三节"编辑人员的基本素质"中增加了"判断和审美能力""组织协调能力"。这些增补都是很有必要的。第八章"数字时代的编辑"，主要集中介绍“数字化给出版业带来的影响”“出版环境变迁”两个方面的内容。这是最具有时代特征的改动，也更加适合“00后”学生。

编写教材是教学活动的有机组成部分，好的教学效果还需要不断丰富教学内容，适时灵活改变教学方法，与时俱进更新教学理念。我们还需不断努力。

2021年2月8日

目　　录

第一章　编辑理论概述……………………………………………………… 1
　第一节　编辑概念………………………………………………………… 1
　　一、关于编辑概念的界定 ……………………………………………… 1
　　二、编辑的本质属性 …………………………………………………… 5
　　三、编辑价值分析 ……………………………………………………… 10
　　四、编辑的目的 ………………………………………………………… 15
　第二节　编辑学概述 ……………………………………………………… 16
　　一、编辑学研究历程 …………………………………………………… 17
　　二、编辑学研究的任务 ………………………………………………… 27
　　三、编辑学系统结构 …………………………………………………… 32
　　四、编辑学的研究方法 ………………………………………………… 35

第二章　编辑活动 ………………………………………………………… 42
　第一节　编辑活动发展进程概述 ………………………………………… 42
　　一、春秋至唐代的编辑活动……………………………………………… 43
　　二、宋代到清前期的编辑活动 ………………………………………… 45
　　三、清中叶至 1949 年的编辑活动……………………………………… 45
　第二节　编辑活动的基本问题 …………………………………………… 46
　　一、编辑活动的性质 …………………………………………………… 47
　　二、编辑活动基本要素 ………………………………………………… 50
　　三、编辑活动的规律 …………………………………………………… 52
　第三节　编辑工作 ………………………………………………………… 56
　　一、编辑工作的基本原则………………………………………………… 56
　　二、编辑工作规范 ……………………………………………………… 64

第三章　编辑人员 …………………………………………………… 72
第一节　编辑人员的构成 ………………………………………… 72
一、编辑人员的构成 ……………………………………………… 72
二、责任编辑与策划编辑…………………………………………… 73
三、网络编辑与新媒体编辑 ……………………………………… 76
四、编辑团队建设 ………………………………………………… 78
第二节　编辑人员的职业意识 …………………………………… 79
一、责任意识 ……………………………………………………… 80
二、中介意识 ……………………………………………………… 81
三、服务意识 ……………………………………………………… 83
四、市场意识 ……………………………………………………… 84
五、创新意识 ……………………………………………………… 87
第三节　编辑人员的基本素质 …………………………………… 90
一、语言文字修养 ………………………………………………… 90
二、人际交往能力 ………………………………………………… 93
三、主动持续的学习能力…………………………………………… 97
四、判断和审美能力 ……………………………………………… 98
五、组织协调能力…………………………………………………… 101
第四节　编辑人员的角色定位……………………………………… 104
一、市场经济条件下的编辑角色定位 …………………………… 104
二、国际化环境下编辑的角色定位………………………………… 109
三、网络环境下编辑的角色定位 ………………………………… 114

第四章　编辑过程(上) …………………………………………… 119
第一节　选题………………………………………………………… 119
一、选题的特性……………………………………………………… 121
二、选题应遵循的基本原则 ……………………………………… 124
三、选题开发的模式 ……………………………………………… 127
四、选题的内容与《选题策划书》 ………………………………… 129
第二节　组稿………………………………………………………… 130

一、组稿准备 …… 130
二、组稿心理 …… 134

第五章 编辑过程(中) …… 138
第一节 审稿 …… 138
一、审稿的意义 …… 138
二、审稿的制度 …… 141
三、审稿的方法 …… 146
四、审稿的标准 …… 148
五、审稿的要求 …… 151
第二节 编辑加工 …… 152
一、编辑加工的内容 …… 152
二、编辑加工的原则 …… 155
三、编辑加工中的思维活动 …… 157
四、编辑加工的方法 …… 160
五、正确理解“文责自负”与“编辑加工” …… 160

第六章 编辑过程(下) …… 164
第一节 校对 …… 164
一、校对与编辑的关系 …… 165
二、校对的规律 …… 167
三、现代校对方法 …… 169
四、校对制度 …… 174
第二节 装帧设计 …… 176
一、文字编辑在装帧设计中的责任 …… 176
二、美术编辑在装帧设计中的主导作用 …… 178
三、当代书籍装帧设计的主要特点 …… 180
第三节 营销宣传 …… 184
一、营销宣传的意义 …… 184
二、畅销书的营销策略 …… 185

第七章 编辑思想……196
第一节 编辑思想的基本问题……196
一、编辑思想的构成……196
二、编辑思想品质……201
三、编辑思想的发展轨迹……208
第二节 编辑思想的价值取向……212
一、注重编辑活动内容和形式的创新……212
二、不以名家而以质量定稿件取舍标准……215
三、制定并坚守出版理念……216
四、热情真挚的读者服务精神……219
第三节 编辑思想的地位与作用……220
一、规范编辑道德……220
二、形成编辑风格……223

第八章 数字时代的编辑……227
第一节 数字化给出版业带来的影响……227
一、出版环境变迁……227
二、读者需求变化……232
第二节 数字时代的编辑工作……234
一、数字时代编辑工作的哲学内涵……234
二、数字时代编辑工作的意义……238
第三节 数字时代的编辑能力……242
一、信息传播视角下的编辑能力……242
二、数字出版视角下的编辑能力……244
三、人工智能视角下的编辑能力……247

参考文献……251

第一章 编辑理论概述

第一节 编辑概念

学科成熟的重要标志之一是已经具备了一个基本概念，并由这一概念延伸形成概念体系。编辑学作为一门独立的学科，有其支撑的理论体系。正如概念体系是一门学科区别于其他学科门类的标志一样，编辑理论独特的概念体系也是编辑理论独立于学科之门的理由之一。“编辑”是编辑理论概念体系的逻辑起点，是构成编辑理论概念体系的基础。虽然，现今关于“编辑”概念有着诸多定义，在具体表述上存在着差异，但见于各家论述中的说法基本还是倾向于将“编辑”作为编辑理论的最基本概念。由这一基本概念出发，再向纵深方向发展，形成编辑概念系统。因而，由“编辑”派生出编辑主体、编辑客体、编辑活动、编辑规律，进而派生出编辑策划、编辑思想、编辑风格、编辑现代化等，都是编辑活动发展过程中理论形成的基础。概念系统的最终形成正是事物存在及发展的理论表现。

一、关于编辑概念的界定

1. 著作行为与传播行为

编辑理论研究中有一个问题多年来一直是争论的焦点：编辑行为究竟是著作行为还是传播行为。将编辑行为看做著作行为者认为：编辑的本质特征不是传播、不是出版、不是作者与读者的中介，而是著作行为。由此把编辑概念定义为：“编辑是组织、审阅、编选、加工原创作品以在整体上构成新作品（编辑作品）的著作活动及从事这种活动的人员（或专职人员）。”①这种观点

---

① 叶向荣．编辑概念诸说之辩证探析［J］．编辑之友，1995（5）．

有一定的代表性，因为编辑是一种创造性的智力活动，把编辑行为列入著作方式的一种容易得到大家的理解。“创造性劳动”的观点无疑作了这种著作行为的最好注解。因为从策划选题到书籍最后出版的所有过程无不体现编辑的创造性劳动特征。正如选题策划是编辑创造性思想的具体体现一样，这种原发思想与完成科研课题无异，充满着思想者的知识与智慧之光。再如从审稿开始直到编辑加工完成，编辑始终与作者一样辛勤地同步进行着创造性思维劳动，直至“宗本”的出现。从某种角度来说，正是由于编辑站在类似于“旁观者”的位置上，所以“点石成金”“画龙点睛”等都可让编辑充分展示自己的才华与聪慧。

由此可见，编辑行为是著作行为的观点实际上是建立在编辑劳动的原创性、原发性上的，承认其创造性劳动便是对“编辑行为是著作行为”的最好注释。

然而，事物总是具有多重属性。考察编辑活动，同样可以发现其传播行为特征。

编辑之所以要对原创作品进行系列加工，其最终目的就是为了传播。或者说，编辑就是为了传播而产生的种种著作行为。传统观念认为编辑就是收集资料，提供出版，便于传播，在“便于传播”这种思想指导下表现出来的活动应该说也属传播行为。编辑策划着重考虑的是传播时需要哪种选题，编辑加工又是从能否使作品更好地适于传播的角度来考虑的，而装帧设计与宣传直接就是市场传播的一部分。因此，“考其实质，编辑的所有操作无非是选择、组织和完善这三部曲。其中任何一个环节都是为了使所操作的外载信息形成一定的序列纳入传播，参与整个文化大厦的缔构”①。

因此，从编辑活动的过程来看，如果说编辑行为只是一种著作行为而根本不具有传播行为特征的观点也是站不住脚的。

编辑行为既表现为著作行为也表现出传播行为的双重性符合编辑思维逻辑，也符合编辑活动实际。在整个编辑活动过程中，二者协调统一。在逻辑关系上，传播行为自始至终支配且决定着编辑的著作行为。

---

① 王栾生．编辑是外载信息优序化的文化缔构活动[J]．编辑之友，1995(5)．

2. 广义概念与狭义概念

概念是思维的基本形式之一，是思维的最小单位，一切思维过程都与概念密切相关，都是概念的运用和有机联系之体现。

据不完全统计，各种编辑学论著中对编辑概念的不同表述达百余种，争论的主要焦点集中在究竟应在哪一个层面上讨论“编辑”一词：是编辑活动？著述活动？还是出版活动？从古到今的“编辑”定义中词义在不断地发生变化，从“编撰”“编纂”到“避免史料发生差错或遗漏”，从“要广泛地收集整理资料，不要遗缺”，到“删削编纂或改编”，直至现代意义上“编辑”的产生。①

中国的文字源远流长。在漫长的文化社会发展过程中，文字的含义也随之不断演进。编辑工作作为古已有之，并且已然存续几千年的活动，拥有了现代意义的内涵也同样经历了漫长的演变。

“编”与“辑”最初是两个意义毫无关联的单音节词，“编”原意是串联龟板或竹简的绳索；“辑”的原意是和谐，《诗经·大雅·板》有云：“辞之辑矣，民之洽矣。”最迟在汉代，“编”“辑”两字已作编次和辑集来解释了。《史记·孔子世家》：“上纪唐虞之际，下至秦缪，编次其事。”此处“编”的意思为按次序编排。《汉书·艺文志》：“夫子既卒，门人相与辑而论纂，故谓之《论语》。”此处的“辑”含有将文字资料加以收集的意思。汉代刘向父子的工作，包括辑集、审读、编校、文字加工和撰写提要等工序，汉人称为“摩研编削”或简称“校治”“校理”。

“编”“辑”两字结合在一起使用，最早见于南北朝时期。《昭明文选》：“(王)既笔耕为养，亦佣书成学，至乃集萤映雪，编蒲辑柳。”“编辑”作为双音节词在唐代初年已被经常使用。《南史·刘苞传》“少好学，能属文，家有旧书，例皆残蠹，手自编辑，筐筐盈满。”它指“校理”或“摩研编削”。唐高宗年间《颁行新令制》：“然以万机事广，恐听览之或遗；四海务殷，虑编辑之多缺。”它指文字资料的收集和整理工作，与现代的意义已经非常相近了。

中国古代图书文献整理活动极为重视资料的收集补遗工作，重视历史

① 邵益文．编辑[J]．编辑之友，1998(5-6)．

事件的完整记载，故而非常强调“编撰”“收集时避免遗漏”，以保证史料能够尽可能地得到记录并流传下来。随着历史的演变，文化积累活动不断增强，“编辑”行为中增加了对资料的“删削”“改编”等自主性活动，慢慢开始向现代意义上的“编辑”靠拢。及至科学技术的不断提高，图书载体及印刷工艺都得到极大发展，出现了大规模的出版活动后，编辑工作量有了较大增加，逐渐成为一种专门的职业，于是，近现代对“编辑”一词的解释就多与出版相联系了。

《辞海》1979 年版对“编辑”一词的释义是：“指新闻出版机构从事组织、审读、编选加工、整理稿件等工作，是定稿付印前的重要环节。指从事编辑工作的人。”1989 年版把释义的第一义项修改为：“新闻出版和电影等机构从事组织、审读、编选、加工等整理稿件等工作，是定稿付印(或摄制)前的重要环节。”1999 年版对这一义项的释文又进行了如下修改：“组织、审读、挑选和加工作品的工作，是传播媒介工作的中心环节。”2010 年版强调了其专业性精神生产工作。对“编辑”一词的几次修改，反映了现代人们对编辑内涵认识的不断深化。

由此可见，正是由于文化积累、社会分工逐渐细化、传播量的变化等因素，古代编著合一才发展到现代编著分离，并以物质载体为存在形式。而以传播为目的，更使出版成为社会分工中一独立的行业，编辑成为出版中一独立的职业。尽管在出版行业之外，也还存在着诸如教师编书、图书馆编目、广告宣传品等印刷物编辑之类的编辑活动，但所有的编辑活动都具有“收集资料，整理加工”的共同特征。

如前所述，编辑的本质属性是将精神的、意识的思想凝聚于文字符号的再创造智力活动。因此，许多关于“编辑”的定义都达到一种共识，即都是将编辑活动作为社会文化活动的一部分，都承认其基本特征是对文化成果的收集、选择和加工整理，但在编辑定义的广义与狭义上有区别。

如果定义“编辑”的内涵是“收集资料、整理加工、以利传播的一项社会活动”的话，其外延相当广泛，包括古代作为成书方式的编辑活动、各媒介组织中的专业编辑活动和社会上的非专业编辑活动，这是一种广义的编辑概念。如果把“为了适应图书出版，按照一定的方针对书稿进行加工，以提供图书生产的文化活动”作为编辑概念的内涵，那么，其外延较小，概念的适用范围也只有出版业了。这是一种狭义的“编辑”概念。

有人认为“编辑是策划审理作品使之适合流传的再创造活动”①。从此概念出发，可以看到不少的编辑出版工作者和研究者都对编辑寄予了极大的希望。确有不少的作品通过编辑之手得到升华，或者通过编辑与作者的沟通使作品有了较大的改观。但是，编辑工作是有层次之分的，有的编辑仅仅只能做到对文字负责(反正其他“文责”由作者“自负”)，于是当他完成文本的整理加工工作后，也就完成了编辑工作，尽管这仅是一个编辑最基本的工作层次。当然也还有另一种文本是不需要编辑做多少工作的。比如作者所提供的已经是一个内容深浅得当、文本层次清晰的书稿，编辑也不可能在它上面做多大的“功”，“再创造”无可用之地。谁也不能说这不是编辑，虽然它仅仅只能进入一般编辑层次。深层次的编辑才是市场所看重的能够进行文本“再创造”的编辑。这当然不是一般编辑工作者都可以达到的境界。只有那些专业知识过硬、综合素质能力强者才会代表读者的利益与作者进行深入交流，从丝丝思想火花中找到突破口，贯彻编辑意图，从事“再创造”活动。文化积累、建设与发展更多的是依靠这个层次的编辑来完成的。

综上所述，广义的编辑是指为了社会文化生产所进行的一系列整理、加工、积累、传播的文化创造活动。狭义的编辑则是指在出版过程中所从事的对原稿或者原始材料整理、加工等系列化工作。

二、编辑的本质属性

编辑的本质属性可以说是将精神的、意识的思想凝聚于文字符号的再创造智力活动。编辑人员是图书出版的主体，编辑工作是出版物进入社会流通渠道必须经过的环节。就编辑加工的原材料而言，它或者属于作者的“自动投稿式”，或者属于由编辑按照某一选题主动约请作者创作的“组稿式”，并无太多规定性。就整理加工程序与方法而言，它区别于一般物质产品或者物理或者化学的加工手段，是一种符号式的、静态的加工过程，在不改变原始创作本意的基本内容与基本状态条件下，通过语言、文字、符号的处理，体现文字内涵、思想深度，增强作品感染力，达到出版的最终标准。从最终产生的出版物来说，形态已与原稿有了较大变化，内容也远远不是作者一人之思想，还加上了编辑出版过程中种种作者个人能力所不

① 杨焕章．论编辑学的理论研究[J]．山西师范大学学报：社会科学版，2001(4)．

及的变化。然而，唯一不变的是贯穿作品出版的总体设计思想，它将编辑出版基本原则、专业知识、作者和编者的个人文化素质串联在出版物中。这就是编辑永恒不变的本质。

关于编辑，还可以从以下方面予以认识：

1. 它是一种由虚到实，由精神到物质的文化生产

编辑并不直接地与印刷、机械、油墨等打交道，它是一种精神产品的生产方式。这种生产是人类精神文化生产活动中独有的、明显区别于工农业产品生产的一种实践方式。它有着因人而异的、各自独特的思维方式与工作方法，又必须遵守某些共同的政治原则、道德规范、编辑专业技能来从事全部工作。只有当其主体——编辑，意识到这是一种文化生产、文化积累、文化传播的活动时，才可明确自己的工作性质，强化责任意识。

(1)文化生产具有放大效应。如同甲、乙互换苹果，各人只得到一个苹果，而甲、乙互换思想，则各人能掌握两种思想一样，通过编辑劳动生产进而得以出版的图书可以在读者中起到学习、交流、丰富思想的作用。同时，就像一位教师教众多学生一样，一部正式出版的图书可以被无数读者共同享用。

(2)文化生产具有制约性。文化生产受生产者个人思想、学识、文化程度等因素的制约，各项指标高、素质强者，其能量得到最大限度发挥时便可生产出高质量图书；而各项指标低、素质不高者，生产作用不仅不大，还可能产生负值。这里所说的生产者即是图书作者、书稿编者(文编、美编)。当然，文化生产产品质量的认定同时也受消费者——读者文化指标高低的制约。

(3)文化生产有一种或若干种物质产品形式。一般物质产品生产均表现为一种实体，文化生产也有此属性。文化生产如果不能落在“实”处，仅仅是一种精神的、形而上的形态，则它永远只会停留在意识层面，而意识层面是不需要职业编辑的。作为编辑，其所有想法贯穿到“底”都必须有一种物质形式来体现，即出版物。因此，文化生产实实在在的是一种“虚”与“实”、“精神”与“物质”的结合体。

(4)文化生产不由“量”与“规模”来决定“质”的高低。评价文化生产，不是以生产出的字数、生产的年代、生产的形式作为“肯定”与“否定”的依

据，甚至也不是以当代读者的认可程度作为标准，它必须经过实践与历史的检验。“畅销”与“质”之间确有联系，但并非是一种必然的联系。“质”高的书并不一定会“畅销”，而“畅销”的书也并非一定“质”高。

2. 它是一种由个性到共性，由主观到客观的统一体

作为编辑，工作中的思维大多围绕着生产对象——出版物在不停运转。尽管编辑个体思维带有个性、独特性，但编辑整体对出版物的内容与形式的思考中必然带有共性。这些“力”综合作用在出版物上，使得各具特色的作品构成出版物共同的特征。没有无须加“力”的出版物。编辑对原“材料”加“力”的作用过程，也就是编辑本体与编辑对象的统一过程，对作者提供的“雏形”或赞成或否定，或略嫌不足，加以修改，或“锦上添花”，直到最后定稿，作者与编者共同“孕育”出的作品，是“你中有我”“我中有你”，个性与共性相互结合的统一体。

编辑个体思维带有主观性，不易辩证、全面、客观地看问题，只有尊重事实，实事求是，才可编辑出优质的出版物。从主体构思到落实到“物”，受诸多客观条件的限制，如社会效益、成本核算、读者接受能力等，任何脱离了社会环境的主观“遐想”都是空洞、苍白无力的。因而，选题思想凝聚于文字符号直至出版物的生产、营销全过程，实实在在地是主观到客观的统一过程，也是二者的结合过程。

3. 它是一个从宏观到微观，从平面到立体的循环系统

依据系统论的观点，任何一个运动着的事物都可视之为一个系统。编辑也是一个系统。这一系统牵一发动全身。这个系统小到一个标点符号，大到国家文化建设；小到篇章结构的布局安排，大到满足读者群体对图书选择的需求，既充分地体现了图书“具象”，也完整地表示了文化“抽象”。在编辑任何一篇作品的微观认识时，应有宏观的视角与高度；从宏观着眼，又不可忽视任何一个小节。单从出版物数量与质量看，它是一条线，读者为另一条线，出版制作技术是第三条线，三条主干线延伸开去构成一“三维”立体活动。在立体中还穿插着无数的纵横交织的经纬线，每一连接点都可延伸开去，构成一个“网”，在“点”上有出版物构成诸元素：成本、利润、核算；语言、语素、词汇；编辑思想、剪裁原则、取舍标准……点与点相

连，系统与系统相结，彼此互为友邻，既有内在联系，也有外在的平行关系。

4. 它是一个由物到心、物心结合的转变过程

庞朴曾在《文化概念及其他》一文中，对文化的结构作了这样的阐释：文化分为三个层次，即"物的层次""心物结合的层次""心的层次"。① "物的层次"指"人的主观意识外化为一个物质，它是把客观存在着的自然的物，按照人的主观意图加以改造使它符合人的需要"，这样一个物的东西形成脱离人的意识的物的层次。"心物结合的层次"是指"物化了的物里面的心的部分，就是物当中的人的部分，包含在物当中的人的观念和意识"。"心的层次"是指"纯粹的心的部分"，即通常所说的价值观念、思维方式、审美趣味、道德情操、宗教感情、民族心理等。如果将作者撰写的书稿看做一个"物"的层次，那么，编辑所做的工作便可视为一个"心"与"物"结合的层次，正式出版后在读者中产生明显的或潜移默化的作用则可被当做为一个"心"的层次。无论是社会科学类图书还是自然科学类图书，其文化价值的实现都必须经过这样一个由物到心、心物结合的转变过程。

5. 它是一个由理想走向现实、由现实实现理想的平衡过程

图书出版如果可以从编辑个人兴趣爱好出发、自我确定选题与出书形式的话，无疑是一种富有理想主义色彩的事业。喜欢什么就编辑什么，兴趣在哪里就选择什么类型的作品，将编辑的人生价值融入所出版的一本一本图书中，正好像政治类书反映编辑的人生观、世界观，表现其政治态度与生活哲学一样；文学类书中描写的正面与反面人物形象都恰好表现着编辑的情感爱憎与理想寄托；而科技类书的选题与出版也无疑是编辑最关注的科学动态与最感兴趣的技术领域的代表……如果是一家个体出版公司的老板，则完全可以透过他所出版的图书诠释出其人生的志向、爱好、兴趣，直至其最终理想。假设已出版了一部反映改革开放内容的书，或许他不能像书中的某些改革先锋一样大刀阔斧地对旧体制"伤筋动骨"，但却借以抒发了某种情怀，表达了一种渴望心情，释放了一种抱负，这也是寄托理想

① 庞朴．稂莠集——中国文化与哲学论集[M]．上海：上海人民出版社，1998.

的一种方式。

但是现实与理想之间永远隔着一条难以逾越的河流。理想中的图书并非都能出版，理想中的图书也并非都能给出版部门带来优越的生存条件，面对现实才是出版部门维持生计的“饭碗”。许多时候，理想都会在现实面前碰得头破血流。

既然理想不能完全实现，那能不能在现实中选取一种途径去部分地实现理想呢？比如说，出书结构中使理想的图书占有一定的比例。

理想和现实的图书在出书结构中的比例问题一直是一个十分敏感的话题。一个编辑、一家出版单位可以不去讨论要不要理想中的书籍，但是，必须对理想图书在出书结构中应当占有的比例有一个清晰的概念。并非所有理想图书都与经济效益产生矛盾，当理想中的图书能够给出版部门带来良好效益的时候，是理想与现实结合最为协调的时候。但当双方发生矛盾时，一年中能不能安排与理想实现相关的图书出版？又能出版多少富于理想追求的图书？在确定这部分图书之后，出版部门还需要安排多少面向现实、在市场上能够创造较大经济效益的图书？这种决策是对编辑处理理想与现实关系能力的一种考验。面对每一年的出版计划，每一个追求理想的编辑心里都不断进行着激烈的斗争。这种思想斗争实质上是一种理想与现实的矛盾，矛盾的焦点在于读者。出版者的理想如果能被读者认可，理想图书的出版就会与现实紧密结合，如果不能被读者认可就会使理想图书的出版“败走麦城”。而如果了解读者、尊重读者、培养读者，读者也就会成为编辑从现实走向理想的桥梁。当读者变得越来越与编辑情趣相一致时，理想中的图书出版的机遇也就越来越大；当读者变得越来越成熟时，也就为编辑出版理想图书增加了砝码。

当然，这一切的前提条件必须是编辑的理想追求与社会进步、文化发展保持统一。

读者的发展和变化是一个长期的过程，尤其是整体读者群的变化更是一个缓慢运行、相当长久的程序，想象中的读者群不可避免地会与现实中的读者群发生矛盾。如果是为想象中的读者出书，可能要忍受长期的寂寞。如果在为现实中的读者出书，却可能带来理想和现实的和谐，取得双丰收。理想是直面现实的理想，现实是饱蘸理想的现实。编辑是理想与现实平衡点的永远追求者。

三、编辑价值分析

编辑是出版的中心环节。在市场经济条件下，编辑依然是构成出版企业竞争力的核心，编辑的价值是出版中其他任何环节都不可取代的。如果否认编辑在出版中的重要地位，不能全面认识编辑的价值，使之受到出版企业流程中非核心部分很大牵制，也就难以在实际工作中发挥编辑的能动作用，出版物的质量就无法保证，人类文化创造、积累、传播必然受到损失。因此，全面、公正地评价编辑是十分有必要的。

1. 编辑是出版物的首要责任人

在一本书的出版过程中，编辑是首要责任者：决定选题；为落实选题寻找适当的作者；审查作者撰写的文稿；对文稿进行整理加工；交给美编进行装帧设计；交印刷厂印制。后期的宣传、推销等发行工作虽然编辑不一定事必躬亲，但也须密切关注。出版过程环环相扣，前面的工作必定是后面工作的基础，如果一本书社会效益不好，首先是选题的失败，如果一个出版社所出版的图书不能获取相应的社会效益与经济效益，首先是它缺少强硬的编辑力量。

编辑是出版物的首要责任人，其编辑品位、编辑情操和奉献精神等重要特质都可体现其责任。正如《编辑人的世界》中所说的："编辑人的许多特质是无法被取代的，例如个人的品位、辨别能力、情绪反应、做事的条理、决断力、投入的热情，以及温柔的关爱。""没有一种爱不需要担负起责任，也没有一种责任不需要坚韧不拔的精神。"①因此，作为首要责任人，必须具备一些基本条件，不是未经过专门训练的人可以随意担任的。

2. 编辑是出版部门的中心环节

出版部门是依靠出版物的生产与外界进行交流与交换的。出版物质量的优劣是关系到出版部门生存及质量的关键。编辑是决定出版物质量高低的首要责任人。如果没有编辑，便不会有出版部门的存在，如果编辑不能很好地行使自己的权力，出版就没有优质产品供应社会，出版部门就没有

① 格罗斯著．编辑人的世界[M]．齐若兰，译．北京：中国工人出版社，2000.

竞争的实力，最后必然遭到社会淘汰。出版部门内的其他人员都是为编辑加工出版物服务的。没有出版加工对象，就没有出版物的装帧设计、校对印刷、发行宣传以及出版行政部门的生存条件。因为后者都是围绕提高出版物的质量而从事的工作。也许绝大部分的工作环节都不需要编辑亲自做，但编辑是整个生产流程的组织协调者。因此，编辑是出版部门的中心环节，这是毋庸置疑的。

3. 编辑是社会出版文化发展中的一个支点

出版文化的发展是丰厚的文化资源、作者能力、出版理念、发行时空的综合开发。中国悠悠五千年文明史为出版文化提供了取之不尽的源泉，形成了具有无限开发价值的文化宝库，并在人类社会生生不息、不断延续的发展中，继承与创新，开拓与进取，一步一步地向前迈进着。编辑在文化资源中选择具有文化教化功能和社会传播价值的作品。编辑的认识能力影响选择的角度与编辑质量；作者是出版依靠的对象，开发作者队伍是选择出版文化的基石，出版也就是组织优秀作者资源，保证选题符合文化建设大方向，使成果汇入社会文化巨流，为社会进步作出应有贡献的一个重要组成部分。编辑所拥有的作者队伍是完成选题最基本的保障；出版物的社会、经济价值与发行理念、发行效率、发行速度、发行范围等密切相关。发行是影响文化传播时空的手段，编辑的宣传评价更是出版文化的组成部分，会在一定的时空条件下影响传播范围。因此，丰富的出版思想、编辑行为及多样化成果构成了出版文化的重要内容，编辑是出版文化发展中的一个重要支点。通过这个支点，社会文化由无序变为有序。

4. 编辑是社会精神文明建设的中流砥柱

即使是文化事业单位，即使从事的是文化建设工作，自身也有着如何从精神文明建设的高度加强意识形态领域里的教育问题。换句话说，正因为是文化生产单位，正因为从事文化建设工作，才更有必要加强意识形态领域里的教育问题。编辑从事文化建设工作的性质要求他比一般人更能迅速地辨识事物的性质，在种种社会思潮和学术观点中把握好方向。在市场经济体制下，现代文化既是传统文化积淀的结果，更是开放环境中种种社会思潮、社会观点与派生文化相互融合渗透的结晶。这种文化，有其开放的一面，也有与具有中国特色的社会主义精神文明建设不相吻合的一面。而读者需要的是能反映国家现实政治、经济、科技、教育的发展水平，体现社会精神风貌与审美水平的书籍。只有发挥编辑的控制与选择功能，才可保证出版方向，保证国家利益，保证广大读者的阅读与欣赏水平的不断提高。区别先进与落后、积极与颓废、民主与专制的界限是对编辑政治理论水平、高度社会责任感与强烈的敬业精神的检验，编辑应该成为社会精神文明建设的中流砥柱。

5. 编辑是文化生产和文化接受的中介

编辑所从事的是一种文化生产与文化传播工作，从文化生产的源头上说，是作者首先提供了编辑加工的客观对象——作品，然后编辑从出版的角度对作品施加“力”的作用，使作品的“质”与“量”发生变化。这种“力”当然并非物理意义上“改变物体静止或匀速直线运动状态或使物体发生形变作用”①的“力”，但它也是物质之间的相互作用。尽管它并未改变作品的实质，但它却改变了作品的运动状态，影响到作品的“值”。因为编辑的中介过程即社会化出版环节的加入使作品“值”有了变化，“值”的变化大小又影响到社会文化传播范围，“值”越大，社会文化传播范围越大，“值”越小，作品的社会影响越小。如果没有编辑过程，就不会有作品社会化的可能，这便是编辑中介所起到的文化再创造作用。从文化生产的主体来说，编辑应当对社会文化需求有着较为准确、全面的了解，这反映在选题前的调查研究与出书后的反馈信息收集上。读者在阅读并接受作品所提供的文化信息时，或者通过吸收、消化产生新的需求、容量，或者通过自身体验丰富作品内涵，或者遇到更为复杂的疑难产生需要指点迷津的渴望等，均成为文化生产的资源信息，所有这些信息被编辑掌握时，又可成为选题的决策依据，为文化生产所利用。编辑中介作用再一次淋漓尽致地展示出来。

编辑还是个性化作者与社会化读者的中介。任何一位作者在精神产品创作之时，就其本质而言，是一定社会形态下的自由的精神文化生产，是不可能强求一致、统一规格的。抹杀了作者的个性创作自由也便取消了精

① 辞海[M]. 上海：上海辞书出版社，1999：570.

神文化生产特有品位。然而在编辑的中介作用下，个性化的作品也具备了社会化的接受条件。其实，个性与社会化的共性之间并非绝对矛盾，社会化的共性是无数个个性的综合，作者个性的形成是社会作用的结果，没有经过社会阅历的磨炼，没有社会观念的潜移默化，没有社会风尚道德的灌输，就不可能有作者独立的人格意志与价值观念。同时，社会读者的差异性也决定了个性化作品必然有一定的市场占有率。作者来自社会，创作灵感得益于社会生活，尊重作者的创作个性自由时也要求与社会共性保持统一基调。所以在选择个性化的作者与个性化的作品中，编辑起着相当大的中介作用，要将作者个性与读者社会化的共性有机地统一起来，需要编辑的学识、智慧与眼光。不是任何个性化的作品都适合社会传播，也不是任何个性化的作品都能成为编辑加工的对象，只有那些通过编辑所代表的读者可以接受并预计发挥效能的选题才会成为编辑工作的对象，“任何文化传播都是社会传播，都是在人们的社会交往活动过程中产生于个体与个体、个体与群体或群体与群体之间共存关系内的文化互动现象”①。因而这一中介作用的真正发挥，是个性与共性的统一，是编辑与作者的统一，是读者与编辑的统一。

6. 编辑是教育工作者

编辑所进行的工作是教育工作的一个组成部分，是社会文化教育系统中一个不可缺少的重要的子系统。就像学校里的教师一样，教师应以严谨的学风和渊博的知识去影响学生，编辑要以诚恳的态度和事业的激情编辑作品，并通过编辑的作品教育读者，使之成为有益于社会的人。

编辑工作，从出版物生产、印制、装订来说，属于工业生产的一部分；从出版物进入流通领域通过货币交换获取利润来说，属于商品物流中的环节；然而，它同时也包含有教育业的性质，即作者撰写的稿件通过编辑整理加工，融入原作品，使之再创造与升华。编辑对稿件的选择就好似教师对学生作业的评判，作品的思想内容必定会影响人们的见识和思想。因此，出版事业的性质是工业、商业、教育事业三者兼而有之；三者当中，教育为首。

---

① 向新阳．浅论编辑劳动及其主要矛盾[J]．出版科学，2000(1)：10.

编辑出版是教育事业的组成部分的思想并非自今日始。早在1948年，叶圣陶先生在《我们的宗旨与态度》一文中就说过：“学校教育如果只能使学生‘受教材’，那是欠缺，如果连教材也受不到，当然更不成话，必须使教材像食物一样，在学生的身体里消化，转化为血肉；学生就在‘受教材’的当时得到补益与受用，那才是‘受教育’。”接着，他从出版的角度说道：“刊登在《中学生》里的无非是一篇一篇的教材，希望读者诸君不仅看过了记住了就完事，要经过一番消化作用，生出新的血肉来。”时至今日，受教育者的范围不断扩大，层次不断提高，编辑出版的教育功能非但不能轻视，而应更加强化才是。

7. 编辑是科学的继承者与创新者

现代认知科学的研究表明，认知主体对客体的认识和把握存在着以下几种状态：即“关于无知的知”“关于知的无知”“关于知的知”“关于无知的无知”。① 这四种状态其实表明了人们认识世界过程中的四种现象，即有一些事物已被人们感知；人们已对某一事物和有关知识有了一定的认识，但尚未进行深入的反思而形成系统的认识；也有一部分事物已被人们认识到了质的规律性；然而很多的事物人们还是一无所知。科学的发展源远流长，从头到尾它必然经历一个从无知到有知、从幼稚到成熟、从谬误到正确的过程。正如一切发展中的事物都是不完整的一样，无论是自然科学还是社会科学都还需要不断地臻于完美，需要人们不断地去探索未知世界领域的道路。科学的发展起步于继承，飞跃于创新。

任何一门学科的发展都是把当时已有的科学水平作为起点和前提的，编辑的价值也就在于他必须继承历史上积累起来的前人创造的有关科学成果。作为科学的继承者，编辑的价值功能是任何其他职业所无法取代的。但是，继承科学遗产必须要有科学的、批判的态度，取其精华，弃其糟粕，才能获得成功。因此，编辑还必须是科学的创新者。

提出“科学革命论”的美国著名科学史家库恩曾说，一个成功的科学家必然同时显示维持传统和反对偶像崇拜这两方面的性格。历史上许多杰出的人物都显示出这一特点，双重性格作为科学史上卓识者的特点之一已为

① 王华生.“灰厢”现象与“灰厢”式审稿法[J]. 出版发行研究，1999(9).

研究者所证实。这些杰出的人才不仅能够刻苦地学习，继承前人知识，而且同时具有强烈的独立意识，不盲从，不怕离经叛道，敢于怀疑。

编辑作为科学的继承者与创新者不可离开前人的劳动成果，但更重要的是创新性劳动，而不是重蹈别人的覆辙，一名成功的编辑是一个成功的科学思想的继承者与创新者，在选题策划审稿加工等一系列环节上敢于在已有的知识基础上推陈出新，独辟蹊径。

四、编辑的目的

在已有的关于编辑概念的表述中，大凡涉及编辑目的者大多是以"适于出版"作为结果，实际上是把"出版"作为编辑的最终目的。这种思考角度是基于图书、报纸、期刊等著作物的出版必须要经过编辑这一程序。然而，它并不适合于所有编辑作品，历史上的某些早期编辑活动并不一定是为了出版，现代编辑结果也并不局限于出版一种形式，比如广播、网上流传、某一范围内公布的文献信息等，都要经过编辑。

经过了编辑这一环节的作品都有如下变化：

(1)有序化。编辑是一个从无序到有序的过程。如：时间顺序、作者序列、书籍内容性质类别分类、板块结构次第安排、由低级到高级、从总论到分论、从中国到世界等。

(2)内容核查。内容经过了编辑的细致审核，文字经过了正误审订、字体字号安排，标题、公式经过了验审等。

(3)赋予了一种形态。由于封面设计、目录编排使之像其他产品的包装一样，书籍各组成部分更完美。

(4)应用了印刷复制技术，使之可以在更多、更广的范围里得到重复利用。

经过了以上这些程序的作品确实都有了出版的基础，可以出版。但是，出版不是目的，出版的目的是为了能有更多的读者购买图书、阅读图书、利用图书。图书利用率越高，书籍的价值(其中当然包括编辑的价值)也就越大。可以说，有序化是为了读者利用图书更便利，内容核查是为读者的使用提供一个正确无误的正本，形态是为了保证读者收藏和阅读时的便利，印刷是为了获取更多的复本。因此，编辑的目的是一个逐渐深入、由显性到隐性、由局部到整体的目标。依次为：

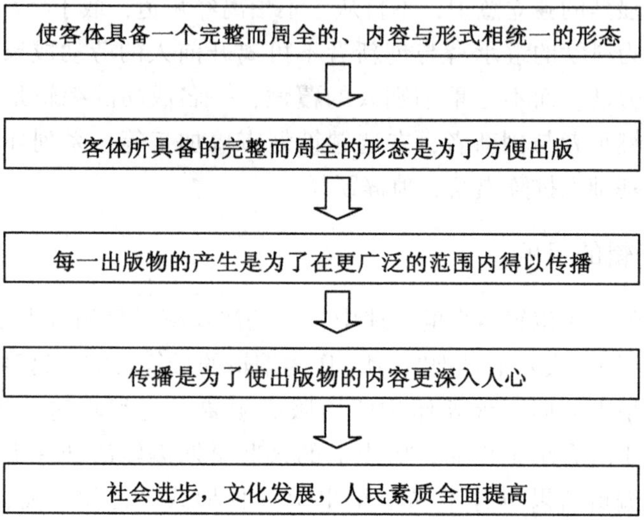

总之，编辑不仅表现为伏案审读、键盘操作、手眼并用，也不仅仅是在作品文本结构、版面编排、装帧设计等方面予以出版规范化方面的整理加工工作，而是编辑宗旨、编辑技能、编辑思想的根本体现。一篇优秀作品可以比作一块璞玉，只有经过雕琢，才能使其尽显光彩，滋润心灵，编辑优秀出版物也是如此：尽显其才华，启迪智慧，传播文明，提高全民族文化素质。这就是编辑的目的。

第二节　编辑学概述

通常所说的“理论”二字是人们在实践中概括出来的关于自然知识和社会知识的有系统的结论。理论从来都是抽象的，它作为一种观念形态存在，对实践有指导意义。编辑理论是从事编辑工作的基本依据，形成于长期的编辑实践过程中，随着编辑工作存在而存在，指导编辑实践。一句话概括，“编辑理论”即是关于编辑工作原理或编辑工作法则的陈述与总结。但研究编辑理论的最终目的依旧是为了指导编辑实践活动，编辑实践是编辑理论研究的出发点和归宿点。所以，在编辑学的研究中，两者都不可偏废。

编辑学以编辑为对象，总结编辑工作中的一般规律，分析编辑活动内、外部环境，预测自身发展变化趋势，有着独立的知识体系。编辑学应具有建立任何一种理论体系必需的结构体系，是在编辑实践基础上，寻找编辑工作高效化、现代化的最佳途径；是归纳编辑原理，认识不同阶段不同环节编辑工作特点的系统性研究。

编辑学的理论对任何一位编辑职业人员来说都是一种对自己从事职业的性质、意义、前景、价值的理解及其信念所在。增加理解和坚定信念是编辑实践所需要的，更是编辑事业所坚持的。

一、编辑学研究历程

1949 年 3 月，广州自由出版社出版了国民大学教授李次民先生的《编辑学》讲稿，“它精细地概括了一般的编辑理论和技术”①，中国第一本编辑学专著由此问世。

中华人民共和国成立以后，特别是改革开放以来，随着新闻出版等文化传播事业的迅猛发展，作为文化生产重要环节的编辑工作也被推到了空前重要的地位，编辑研究日趋活跃。截至 2010 年，出版的书籍数以百计，发表的论文、研究资料和经验总结等更是数以千计，随之而来的是编辑学研究应运而生，而且迅速崛起。这说明编辑学研究有着浓厚的社会基础，有迫切的实际需要。

1. 编辑学研究发起阶段

李次民先生的《编辑学》是中国最早以“编辑学”命名的专著。这本书只在个别章节中讲到期刊的编辑工作，大量的篇幅关注的是新闻编辑学，但毕竟起到了对编辑理论研究的开创作用，也说明当时的报纸很重视编辑工作。中华人民共和国成立之后，出于对新闻编辑工作的关注，中国人民大学创办了新闻系，并设置了编辑出版专业。1955 年，中国人民大学新闻系邀请苏联专家 K. N. 倍林斯基讲授书刊编辑课程，1956 年，中国人民大学出版社将苏联莫斯科大学出版社 1954 年 10 月出版的《书刊编辑课教学大纲》译为《书刊编辑学教学大纲》出版，成为翻译出版的第一本编辑学著作。

1980 年《出版工作》第 4 期上发表了陈仲雍先生的《科学地编辑与编辑的

① 转引自任定华等．编辑学导论[M]．北京：中国经济出版社，2001：69.

科学》一文，文中明确提出建立编辑学，以揭示编辑工作规律，并初步构想了编辑科学的蓝图。同年，香港海天书楼出版社出版了余也鲁先生的《杂志编辑学》，随后多次再版。1981 年，商务印书馆出版了张觉明先生的《现代杂志编辑学》。1982 年，《出版工作》上又发表了尚丁先生的《编辑学小议》一文。这一时期，我国内地、香港地区、台湾地区各地还先后出版过陈石安的《新闻编辑学》、荆人的《新闻编辑学》、陈世琪的《英文书刊编辑学》等。

1983 年钱学森先生在国际工业出版社的一个讲话中说，“编辑工作也是一门科学，要研究它工作中有什么规律”，要“创造出一门马克思列宁主义的编辑科学”。同年，河南大学在开封办了一期“编辑学专业短期讲习班”。1984 年 10 月，胡乔木致函教育部，“编辑之为学，并非一般基础课学得好即能胜任”，“需要一门以研究编辑专门对象的高等学科教育”，积极支持编辑专业的诞生，并提出了建立编辑学的一些具体意见。1985 年，北京大学、南开大学、复旦大学三所高校都相继招收了编辑学本科生。此举带动了更多高校效仿，随后，清华大学、武汉大学、河南大学等也都相继试办了编辑学专业。河南省社会科学院等招收了编辑学研究生，带动了编辑学科建设及编辑理论研究热潮。1984 年，中国出版科学研究所开始筹建，1985 年 3 月 21 日正式成立，它的重要任务之一就是研究和建立编辑学、出版学、图书发行学。由中国出版科学研究所组织召开的第一届中国出版科学研讨会，推动了出版学、编辑学研究的兴起，并且着手组织编辑、发行各方面的研究工作。从 1981 年至 1990 年，共出版编辑学著作 14 种，其中 1/3 是由中国出版发行科学研究所领导的中国书籍出版社出版的。

2. 编辑学研究发展阶段

从 20 世纪 80 年代开始至 90 年代末，经过 20 年的研究，编辑学研究专门刊物相继出现，有关学术研究会议不断召开，高校开设编辑学专业越来越多，并在学科建设上有了新的进展，编辑出版的研究机构和学术团体陆续建立。所有这一切说明编辑学研究已获得了相对宽松的环境，取得了较为突出的成就。在编辑起源、编辑实质、编辑学科属性、研究对象、工作规律等内容上已取得比较一致的看法，结出了丰硕的果实。

编辑学研究专门刊物出版。80 年代中期，山西创办了《编辑之友》；上海创办了《编辑学刊》，一南一北两大刊物，成为编辑学研究的重要园地。随后，北京《出版工作》《出版与发行》，中原的《河南大学学报》等也相继设置了编辑学研究专栏，促进了编辑理论研究的发展。

研究编辑学的全国性学术会议相继举行。1985 年，中国出版科学研究所筹备召开了“全国第一届出版科学学术讨论会”。第二年，“第二届全国出版科学学术讨论会”在武汉召开。同时，各省市也召开了中小型编辑理论讨论会。

继编辑学本科专业相继开办之后，复旦大学新闻学系、四川省社科院新闻研究室、河南大学学报编辑部编辑学研究室三家同时招收编辑学专业研究生，清华大学、西安交通科技大学则招收了科技编辑研究生。

编辑出版的研究机构和学术团体陆续建立。1985 年以后，中国出版工作者协会分别成立了学术委员会，新闻出版署成立了出版科学研究所，大部分省市成立了出版科学研究所或研究室。1986 年上海编辑学会成立，1987 年中国科技期刊编辑学会成立，1992 年 10 月中国编辑学会正式成立。中国编辑学会以“组织书刊编辑的理论和学术研究活动”为己任，通过制定研究计划，举行学术讨论会、报告会，组织编辑理论、编辑业务、编辑史及编辑管理方面的著作等形式，突出地发挥了规划引导和组织攻坚的作用，极大地推动了编辑学研究。随后，江苏、天津、湖北等省市的编辑学会也先后成立。编辑学界有了自己的组织，为编辑理论研究相互交流创造了有利条件。

编辑学研究在这种不断创新的气氛中取得了初步成果。以编辑学、编辑理论、编辑实践、编辑史为书名的著作至 20 世纪末已出版 70 余种。其中有概论性的，如阙道隆、徐柏荣、林穗芳的《书籍编辑学概论》；也有理论性的，如王振铎、赵运通的《编辑学原理论》；还有实用性的，如林永仁、杨尚聘、熊庆文编的《小型报纸实用编辑学》等。这些研究成果，观点鲜明，各有特色，在基本概念、研究体系方面都取得了较明显的成果，促进了理论研究进展，同时也为编辑理论百家争鸣提供了场所。

20 世纪 90 年代是编辑学科体系发展的重要阶段，这一时期，中国由计划经济迈向市场经济，在经济体制转变过程中编辑工作如何适应市场经济成为出版界内外关注的热点。为了提高图书质量，中国编辑学会完成了《图书编辑工作基本规程》，既总结了经验，又注意到了新形势下出现的新情况、新问题，使基本规程与编辑出版积极创新相结合。同时，探讨编辑理论体系成为研究者热衷进行的课题。为了完善研究领域、范围，探讨理论体系框架者不断涌现，并取得了编辑理论研究的重要成果。

3. 编辑理论研究阶段性成果

从20世纪80年代开始，经过多次研讨、交流，编辑理论研究取得了阶段性研究成果，出版了上百种研究专著，数以千计的论文，在一些问题上有了某种相同或相似的看法，观点逐渐接近统一。如认为编辑学起源于中国；编辑学是一门实践性很强的应用学科；编辑学的学科分类应属于社会科学的范畴；编辑学研究的本质是研究编辑活动的特殊矛盾，揭示这些特殊矛盾所反映的客观规律等，并在编辑活动的本质特征、编辑的基本要领上有了较一致的看法。近些年来，成果更为显著。

首先，明确了编辑学科体系的内容与基本任务。编辑学科体系包括四个方面内容，即编辑学理论、编辑业务、编辑史和编辑理论研究方法论。

编辑学理论是从建立与完善学科的角度，科学地定义编辑概念，明确学科研究对象，围绕研究内容展开的系列论述。编辑业务理论是对编辑流程、编辑工艺、编辑技巧正确完备的描述，是工作经验的高度总结与概括。编辑史是分析各时期的编辑现象，以编辑活动为对象，总结不同时代编辑活动特点，寻找发展规律的科学阐述。编辑理论研究方法论是借鉴系统论、信息论等多种方法，从不同角度对编辑理论研究方法展开的研究。

其次，明确了编辑理论框架的基本任务。编辑理论框架的基本任务是阐明编辑学科的性质、任务、研究对象，编辑活动的规律、特点以及它所反映的基本范畴和理论原理。经过十年的努力，现在已有了几种框架的轮廓，即分别从文化、传播理论或人文科学角度来研究编辑理论框架。所有这一切，都起到了指导编辑实践的作用，真正将编辑理论与编辑实践有机结合，丰富了理论内容，活跃了学术空气，有利于探索编辑规律在新形势下的表现形态，促进了编辑学科建设。

编辑理论研究目前已形成具有一定代表性的两大学派：一是文化缔构编辑学；一是科技方法编辑学。前者以社会科学为背景，采用的是社会科学传统的描述和历史观察方法。后者以自然科学为背景，采用的是自然科学常用的科学方法论和数理逻辑、数理模型方法。二者各有所长，平行发展。随着信息技术的进步，种种现代传播媒体、传播手段的介入，文化缔构编辑学和科技方法编辑学都已逐渐成熟，如果二者相互融合、相互渗透，把编辑的文化概念与数理模型有机结合起来，形成统一的编辑理论，还可取得新的研究成果。也可以借助信息技术高速传播的特点，将信息网络中传播的新的科学思想、科学方法不断移植到编辑学研究中来，使编辑理论研究集各学科研究方法的精华，构建出编辑理论研究的一片新天地。

在研究中，研究者对多媒体编辑活动的个性与共性问题也取得了统一认识。“书、报、刊、广播、电影、电视、音像制品甚至光盘和电子出版物等多种媒体的编辑活动有没有共性的问题，是在编辑理论研究已经越出图书、杂志和报纸等文字传播媒介的编辑理论的范围，需要建立适用于更多媒体的普通编辑理论的形势下提出来的。”①研究者认为，图书、期刊、报纸、广播、电视、电影、音像制品等各种媒体的编辑活动有共性也有个性。编辑活动的共性是指其开发、选择和加工原型作品，使其成为可供复制的定本，并向公众传播。以原型作品为工作对象是编辑活动的本质属性，使其成为定本是主要任务。凡符合这种本质属性的特征，就是共性。这种共性就是为了传播、积累文化的目的，对精神产品进行“策划组织”“选择优化”“编排组合”工作。因此，各种媒体的编辑活动的共性可从以下几个方面予以体会：

①编辑理论体系一般包括总论和分论。分论即部门编辑学，如音像编辑学、书刊编辑学等。编辑概念、性质、作用等即为总论，总论即为共性。

②多种传媒编辑活动的共性可简单表述为：开发选题、选择和加工作品以向公众传播。

③为了传播、积累文化，对精神产品进行策划组织、选择优化和编排组合工作即可看作多媒体编辑活动的共性。

④创意、优选、优化、组合等编辑活动的特征是书、报、刊、广播、影视、音像制品等普遍存在的共性。

多媒体编辑活动共性的认识，为建立涵盖多种媒体的普通编辑理论奠定了基础。在科学认识各种传播媒介共性的基础上建立普通编辑学，理论

① 邵益文．中国编辑学会第二届常务理事会工作报告[R]//中国编辑研究，北京：人民教育出版社，2003：487.

上是可行的。尤其是在出现多媒体和网络之后，出版编辑特别是音像出版物编辑和影视媒介编辑彼此越来越接近，有了更多的共同语言，趋同的倾向日益明显。由现在出版的图书编辑学、杂志编辑学，还有新闻、广播、电影和影视编辑学，网络编辑学等，以及阐述编辑活动一般原理的著作，可见各门类的编辑理论研究尽管发育程度不平衡，但形成了一种研究趋势，建立普通编辑学已经有了很好的基础。从探索部门编辑理论到普通编辑学的建立是编辑理论研究走向成功的标志，它应当成为指导多种媒体编辑活动的理论原理。现代科学形态的普通编辑理论体系属于应用科学范畴，其理论性比其他各种媒体的理论体系更强、更丰满，成为我国人文社会科学系统中相对独立的理论系统。

编辑学诞生于中国并非偶然，而是有其深刻的历史渊源和现实的文化、社会背景。首先，中国传统的书文化与出版印刷文化是编辑学的深厚土壤。精湛的造纸术和印刷术，浩繁的文化典籍，丰富的图书类型，不间断的著书校书活动都为孕育编辑学提供了深厚的土壤。其次，近代、现代的出版传播机构、传播活动及优秀的编辑出版活动家为当代编辑学的产生积累了庞大的后备力量。最后，中国新时代的改革开放对出版活动的重视促成了编辑出版研究及其专业教育的繁荣发展，直接导致了编辑学在中国的诞生。

4. 编辑学建立的标志

(1)出版了一批编辑学的专著。据检索，中华人民共和国成立以来国内(包括港澳台地区)出版的编辑学著作共263种，其中，1981—2003年出版的就有254种，占96.5%。这些专著对编辑学的相关基本理论问题各抒己见，起到了很好的学术探讨和学术争鸣的作用。当然，其中有些作品在今天看来已经显得有点“落伍”了。不过学术研究本来就是这样，每一个时期都是特定的发展阶段，只有循序渐进才能渐入佳境。

(2)出现了编辑学的专家群体。1984年，中国出版科学研究所开始筹建，次年的3月21日正式成立。1986年上海编辑学会成立，1987年，中国科技期刊编辑学会成立，1992年，全国性编辑学术组织——中国编辑学会(China Redactological Society)成立。从此，编辑学研究有了统一谋划和便于研究者之间联络沟通的组织。中国编辑学会以“组织书刊编辑的理论和学术研究活动”为己任，通过制定研究计划，举行学术讨论会、报告会，组织编辑理论、编辑业务、编辑史及编辑管理方面的著作等形式，突出地发挥了规划引导和组织攻坚的作用，极大地推动了编辑学研究。

(3)拥有了广泛的编辑学研究阵地。《编辑之友》《编辑学刊》《编辑学报》《中国出版》《出版发行研究》《科技与出版》《出版科学》等专业刊物都以大出版为目标，涵盖面广，并且不吝拿出大量版面报道编辑业务和编辑理论的研究成果。除了这些专业类期刊外，诸如《中国人民大学学报》《河南大学学报》《北京师范大学学报》等学术期刊先后开辟了编辑学研究专栏或研究园地。此外，还有一些以读书或书评为主的刊物，偶尔也发一些有关编辑研究的文章。有些文学报刊，如《漓江》《文学报》也常常刊发有关编辑研究的文章。这些园地为编辑学的研究提供了很好的平台和空间，大量的理论文章启发了思路，让大家思考编辑学的各类基本问题，打破了“编辑无学”的偏见。

(4)高等学校对编辑学及其相关专业的设置方兴未艾。我国编辑出版专业高等教育与编辑学研究是同时在20世纪80年代起步的。1985年，北京大学、南开大学、复旦大学编辑学专业首批招生。此后，清华大学、四川大学、武汉大学、西北大学、东北师范大学、河南大学、中国科技大学、南京大学、上海大学、北京师范大学等相继开办编辑学专业。随着出版编辑活动研究的开展，对新闻传播媒介编辑活动的研究也开始了。编辑学专业从无到有，不像其他学科有国外先进成熟的经验可以借鉴，完全凭借着教师们深入实践探索而来。30多年来，编辑学专业的教师成为无可争议的编辑学理论研究的中流砥柱，而这个专业的毕业生则理所当然地成为我国各类编辑实践的中坚力量，他们共同为编辑学的深入发展贡献着自己的才智。

5. 编辑学研究尚存在的问题

综观编辑理论研究走过的历程，取得的成绩有目共睹，但作为一门年轻的学科且又处于学科发展的初级阶段，编辑研究仍面临着许多的困惑与不成熟，许多学科问题至今未得到令人信服的解答。这些问题特别集中在编辑基础理论研究与学科体系构建方面。

(1)关于编辑基础理论研究问题

编辑基础理论研究尚缺乏深度与广度。作为编辑基础理论应当着重研究编辑基本要领、基本要素、基本原理，编辑的起源和发展，编辑的价值、作用，编辑活动的性质，编辑的本质，编辑及编辑活动的规律，等等。应该具有统领其他编辑理论的作用，其概念、要素和规律的探讨是科学思维的基本元素与基本单位，是其他编辑理论研究的基础。

基础理论研究的实践性体现在应用研究上，应用研究的重点是总结和探索编辑各个流程的特征及其规律。基础理论研究将对编辑活动及编辑工作产生普遍的指导意义。一般应用性研究具有一定的个性与特殊性，主要用于具体问题的解决，其研究对象一般都较为明确、具体，贴近实践。随着时间的推移和空间的转换以及科学技术的发展，应用研究的对象会发生改变。因而，应用研究具有一定的局限性和时效性，但基础理论研究却并非如此。

只有基础理论研究取得丰硕成果才能破除社会上的“编辑无学”思想。基础理论研究取得的成果越大，“编辑无学”越无市场。编辑基础理论是编辑理论的坚强基石。编辑理论如果一味追随潮流盲目发展，没有基础理论作指导，就无法对学科中的许多基本问题给予正确的答案。现实中，市场经济条件下的编辑工作应该如何适应社会问题、选题策划问题、编辑人文精神与科学精神相结合问题等都亟待基础理论研究的加强来予以求解。即使是编辑理论水平也需要基础理论研究来给予充实和提高。

然而，目前的编辑理论有的是对实践工作的简单总结，缺少理论高度的阐释和反省，有的陷入了狭隘的实用功利主义，或者刻意追求时尚，显现出理论的苍白与僵化，或者将一些本与编辑理论研究风马牛不相及的理论生搬硬套。理论研究中新名称、新词汇不断出现，却并没有深入展开，本着创新的初衷却毫无新见，表面呈现一派繁荣景象，却多为“学术泡沫”之类……种种不良学术风气都亟待解决、纠正。

(2)关于建立编辑学科体系问题

编辑事业发展从编辑业务——编辑“六艺”(选题、组稿、审稿、加工、发排、校对)开始，产生了几本实用性编辑理论著作，后逐步发展到一些理论问题的探讨——从各门类编辑理论的研究到数字出版和网络传播理论研究再到普通编辑学研究。它遵循着一条从自由业务到规范操作程序、从实践到理论的学科发展道路。但编辑学科体系尚不完备，研究者思想尚未取得统一认识，没能很好把握编辑理论研究方向和方法，即使有成果也是零散而非系统、临时而非长期的。

影响编辑学科体系建立的因素有：

首先，“编辑无学”还有一定的市场。社会上的部分公众依然持此论调。持“编辑无学”怀疑态度者当然也否定了整个编辑学科体系，恶化了编辑理论研究的外部环境，不利于编辑学科体系的建立。

其次，编辑史研究未能得到足够的重视。目前，编辑史研究相对其他研究内容而言尚未形成良好势头。中国有着3000余年的图书发展史，当然也就有着3000余年的图书编辑史。编辑史研究完全可以基于我国源远流长的编辑、出版传统和极为丰富的文献史料资源来进行，也可以从人文社会科学等相关学科的发展中得到启发，吸收养料。编辑史的研究不仅是出版发展的需要，也是编辑学学科建设的需要。没有编辑史研究的成果，没有对历史经验的科学总结，编辑学科体系是不完善的。中国编辑学会曾于1999年和2000年先后在南京和温州召开过两次编辑史、出版史研讨会，研讨的重点都是围绕百年出版史进行的，集中探讨了20世纪中国出版史的特点、作用及其分期问题，同时交流研究成果，总结经验，提出了改进意见。2008年12月，由中国出版科学研究所承担的国家哲学社会科学基金重点资助项目、国家“十五”“十一五”重点图书出版规划项目《中国出版通史》，在历经八年磨砺之后，终于正式出版发行。该书按历史发展顺序，将我国的整个出版历史分成九个大的阶段，邀请权威专家分别撰写成卷。全书近400万字，800余幅珍贵历史图片，填补了国内出版史全面系统研究的空白。其中有大量篇幅谈到了书籍编辑史，值得编辑史研究人员认真学习。

但也许是因为目前编辑史研究尚处在学科建设阶段，因而使其研究对象、研究范围等问题缺少充分阐释，未尽如人意。悠久而丰富的历史积淀足以使研究者从中不断挖掘出新的领域，寻找发展规律，丰富编辑理论。无论是编辑史、出版史，还是某一著名编辑家成长历程都具有科学的研究价值，尚需不断深入。

(3)编辑应用理论显现出苍白薄弱特点

编辑应用理论是编辑学科体系中的有机组成部分。目前，但凡涉及应用研究者多为肤浅的经验总结，既不生动也不深刻，而建立编辑理论体系一旦缺少深厚的编辑活动的个案研究，便会缺乏坚实的编辑实践基础。因此，总结编辑实践经验是加强理论研究、提高编辑工作水平的一项基本工作。及时总结、交流精品工程和重要出版工程的成功经验，加强对编辑活动的个案研究，丰富编辑应用理论，有利于建立编辑理论体系。

(4)“编辑”概念不统一

一门学科成熟的重要标志之一就是拥有确定而成熟的基本概念。在学科发展之初可以有多种概念的争鸣、探讨，既必需也必要。但应该有一些固定而本质的基本单元，一旦讨论成熟取得统一，便只是局部的认识与修改问题，而无需循环往复，浪费人力、财力。取得共识是可能的。在中国编辑学会第二届常务理事会的工作报告中，邵益文先生认为在“编辑基本概念”问题上“有了某些相同或相似的看法”，编辑的基本概念是：创意(策划、开发)、选择(选题、选作者和稿件审读)、优化(加工整理)和组合(编排、有序化)。这个概念有一定的代表性。无论怎样，综合多家论点，归纳精华，做出阶段性成果总结，必将有益于研究内容深层次的开发。“编辑”概念上的长期不统一暴露出学科的幼稚与不成熟，不利于编辑学科体系的建立。

正是因为以上诸原因，编辑理论研究数量斐然而质量不甚令人满意，经验色彩浓厚而缺乏深刻的理论分析，注重对编辑过程照本宣科式的复述却难以摆脱就事论事的框架，可以以某一历史名人的言行诠释编辑理论却无法构建出真正揭示编辑活动发展的固有规律，或脱离实践搞“新”名词、“新”潮流的空虚理论，或以工作总结替代学术争鸣，于是出现了编辑理论研究的表面化繁荣，缺乏实质性建树，从而影响了编辑学科体系的建立。

追求学科体系的门类齐全、内容完备、结构严谨、内部和谐统一是所有研究者的共同目标，但是，由于各自研究的依据和出发点不同，所以构建的体系存在较大的差异。到底应该建立一种什么样的编辑学科体系呢？遵循传统学科体系包含的内容，可以分为编辑理论、编辑历史和编辑技术三部分，即论、史、法可以较全面地概括编辑工作、编辑事业、编辑活动的全貌。既可做到理论与实践的结合，又保证了各部分在学科体系中的适当地位。只是建立并完善一门学科体系是一件长久之事，并非一蹴而就，既需要理论的支撑，也需要实践经验的积累。编辑理论是从编辑实践中概括与总结出来的，即使是纯粹的技能也有理论支撑。正如方法是操作手段的提炼一样，编辑理论对于实践具有普遍的指导意义。而对编辑历史的总结与回顾则主要是为了概括史料中最根本的内容，将个案与普遍原理结合起来，以启发今后的编辑工作。希冀这种学科体系能够为编辑活动带来光明的前途。

二、编辑学研究的任务

一个学科的创立，意味着它有了被社会承认的需要，同时，也说明它正在被社会所承认。当然，它更担负着为社会提供服务的责任。这是学科的社会性使然。

宏观编辑理论，应着重研究编辑活动与社会政治、文化、科技、传媒等之间的关系及其相互作用，把握编辑活动在文化生产、文化传播、文化积累中的发展规律。从微观而言，它主要探讨具体的编辑活动的内在规律，揭示各个环节的内在联系和相互作用。具体地说，编辑理论研究担负着以下重要的责任：它必须建立一套编辑理论体系；解决编辑工作现实中出现的各种问题；总结人类历史上不同时期的编辑经验；并形成一套自身不断更新完善的机制。

1. 加强编辑基础理论研究，建立编辑理论体系

加强编辑基础理论研究的目的是为了建立一个科学的编辑理论体系。体系是若干有关事物互相联系、互相制约而构成的一个整体。编辑理论体系是指编辑工作、编辑活动中已经系统化了的理论知识。它具有系统性、全面性、逻辑性的特征。编辑理论的产生和发展由编辑实践决定，有自身的相对独立性。编辑理论必须与编辑实践相结合，离开编辑实践的理论是空洞的理论。科学的编辑理论是在编辑出版社会实践基础上产生并经过社会实践检验和证明的理论，是编辑工作的本质、规律性的正确反映。

①明确概念是基础理论研究的重要内容。概念是反映对象特有属性的思维形式。通过编辑实践，可从编辑工作的许多属性中，抽出其特有属性予以概括形成编辑特定概念。编辑系列概念的形成是研究者从感性认识上升到理性认识的标志。人们是否已对编辑工作有了科学认识，都可通过形成的各种编辑概念来总结和概括。因此，明确概念是编辑基础理论研究的重要内容。编辑概念与其他所有概念一样都有内涵和外延，内涵和外延是相互联系、相互制约的。编辑概念并非永恒不变，它随着社会历史和人类认识的发展而变化。

为了统一以后的论述，现将有关编辑的几个最基本概念试述如下：

编辑：按照一定的原则从事纸质文字符号或非纸质文化作品的组织、审读、整理、加工的人。(名词意义上的编辑)

编辑：按照一定的目的对纸质文字符号或非纸质文化作品所进行的组织、审读、整理、加工的工作。(动词意义上的编辑)

编辑活动：在一定的文化政策指导下，编辑人员所从事的文化信息生产、加工、传播等系列运动形式。(广义)

编辑活动：在一定的编辑思想指导下，编辑人员所从事的策划组织、整理加工等一系列完善文化作品的运动形式。(狭义)

编辑工作：文化作品的生产、组织、积累、传播等系列活动。(广义)

编辑工作：策划、组织、加工、设计、校对作品等一系列编辑事务。(狭义)

编辑主体：具有一定专业知识和编辑技能、从事编辑活动的人。

编辑客体：编辑主体整理加工的文化物品对象。

编辑理论研究中的概念远远不只这些，取得各个概念上的统一认识是共同研究的基础。明确概念之间的相互关系是编辑基础理论研究的内容之一。

②建立并逐渐完善编辑理论体系。编辑理论具有一定的理论形态，它所研究的编辑活动的规律、性质、功能以及编辑活动与社会经济、文化、科技发展的联系等所有研究结果都可丰富编辑基本理论，经过条理化、系统化后构成编辑理论体系。一门新学科如果想发展为较成熟的学科，必须要有一个具有普遍意义的理论体系。这个理论体系的基本原理、基本方法不仅能够包含已有的各个分支，而且对未来的分支学科也应具有指导意义。正如传统图书多以纸质为载体材料，当新的科学技术带来光、电、磁类载体材料时，当网络成为文化传播的重要渠道时，编辑理论体系依然有它的指导作用。当然，它不可能成为“包医百病”的“灵丹妙药”，但文化传播与文化建设的指导思想、价值观念、根本目的是不会改变的。编辑理论体系的探讨是近20年来编辑研究的重要内容，特别是现代传媒的迅速发展和编辑活动的演变，不断地为研究提出新问题，编辑理论力求不断发展，不辜负时代赋予的重任。

编辑理论应该建立在丰富的实践基础上。因而，有的研究者便从编辑实践的具体问题出发，研究编辑方法论开始，逐步积累，构建理论体系。如钱文霖先生的《科技编辑方法论研究导扬》中将编辑工作实践中的具体问题同其他学科的方法论相结合提出科学的编辑工作方法论。这是一种很有实用价值的理论，为编辑工作者掌握和解决编辑出版工作中的问题起到了指导作用。但是，编辑理论并不仅仅包括编辑方法论，还必须包括学科的基本理论体系。于是也有研究者从构建学科的基本概念体系、基本原理开始，搭建编辑理论研究骨架，然后再一步步深入研究其他问题，并适当借鉴其他学科理论体系，使之逐渐丰满。

目前，构建编辑理论体系主要有以下三种类型：

(1)基本理论型

即建立广义编辑学或普通编辑学，包括编辑理论、编辑方法论和编辑原理，以此作为各种编辑活动的理论依据，研究各类编辑活动中的共性问题，成为一门包括图书、报刊、电视、广播、电子出版物等编辑理论的综合性、基础性学科，具有普遍的指导意义。

(2)理论实践型

包括编辑理论、编辑史、编辑技术，也有的把编辑人才论、编辑工艺纳入体系，该类型最大特征是理论和实践相结合，也是较普遍的一种编辑学科体系。

(3)应用理论型

即侧重于编辑应用理论研究，对编辑过程的总结、描述较多，对细节探讨甚于普通编辑学，具有较强的编辑实践性。此方法容易流于经验总结类。

以上三种编辑理论研究类型各有千秋，基本框架都十分清晰。但建立并完善其中任何一种都不是一件容易之事。既需要理论的支撑，更需要实践经验的积累。这本身就成为编辑理论研究的重要课题。研究编辑理论体系，不是人为地设置一个框架，而是为了进一步深入研究编辑理论与编辑实践；不是对研究体系的限制和束缚，而是为了加快编辑理论走向成熟的过程。

2. 明确编辑活动在整个社会文化系统中的地位

长期以来，许多人对编辑、编辑活动都不甚了解，如认为编辑是“述而不作”之事，“编辑无学”，“编辑学是应用学科，无艰深理论好谈”，等等，至于其在整个社会文化系统中的地位更不甚了解，认为一部文化学术史，包括思想意识、科学技术、文学艺术等知识的历史，都只是著作家与著作家单线联系的历史，抹杀了编辑在收集、编次、审订乃至创造性加工中的作用，更没有看到编辑在文化传承、文化积累、文化创造中的重要功绩。

编辑活动在整个社会文化系统中起着有序化、规范化、系统化及文化创新的作用。

通过编辑活动，知识体系由低级到高级、由中到外、由古到今编排了起来，奉献给读者的是政治的、经济的、军事的、技术的若干系列，它以规范化的开本、纸张、版式被社会认可、接受，原始状态的信息被合理组织成便于阅读、接受、传播与保存的物质载体。这是客观存在的事实，也是一个必须被明确的过程，只有这一过程被大众知晓、肯定时，这一过程中的主体——编辑的作用才会被社会知晓、肯定。

如果说，编辑在社会文化系统中有序化、规范化、系列化的作用可以通过出版物被社会认识的话，编辑在文化创新上所产生的作用则需要通过深入分析编辑活动方可为读者、社会所承认。

文化创新与编辑活动有着密切的联系，编辑的过程既是出版物系列化、规范化、有序化的过程，也是一个不断进行文化继承与文化创新的过程。继承中国传统文化精华是时代赋予编辑的职责，因而，在策划出版物的选题上、编排内容上、撰写方式上，编辑固有的思维模式与行为方式都遵循着传统文化的轨迹。另一方面，在继承中国传统文化的同时，分析它的长短得失，保存和延续自己的方式，以及规范和铸塑人们心灵的具体途径，可以为中国文化找到发展动力和前进方向，从而也为编辑活动找到开拓创新的突破口。编辑活动目标十分明确，与其说是从文化继承的角度选择编辑古典文化，还不如说是本着发展当代文化的初衷对传统文化进行新的诠释。因此，类似古典原著和通史类著作有计划地出版，各种专史也更加受到重视，专史的出版本身贯穿了编辑的当代意识。当编辑发现某一选题并整理加工出版时，他的工作必然联结着文化的保存与发展。文化创新是文化出版的必由之路，没有编辑文化创新活动，社会文化系统必定残缺不全。

编辑活动使社会文化更加丰富多彩。读者从小接触最多的一类书是教科书，单从教科书中看到的社会文化仅是规范化的文化部分，它规定着文化的积极与消极因素，带有社会统治阶级的文化属性，它所宣传的、反对的、提倡的、限制的都有明确的价值取向，但是真正的社会文化绝不仅仅是教科书中的内容，其间必然大量存在着形态生动的各种事件、人物及其相互之间的关系。因而，编辑各种出版物，让各种社会内容介入和充实进来，成为编辑出版区别于历史实物的重要渠道。因此，不同观点的学术著作、不同体裁的文学作品、不同版本的传世之作、不同设计风格的出版物包装、不同性质类别的书籍等异彩纷呈，百花齐放，编辑活动成为整个社会文化系统中不可或缺的重要一环。

编辑活动是文化创新的主力军。每个读者从小到大所接受的文化都是传统文化的一部分，思想、行为都已深深打上传统文化的烙印。但人类求新求异的本性使之一方面接受它（更多的是重复地面对它），另一方面又有深深的不满足感。因此，编辑及编辑活动成为传统与现代的中介。由于其不断追求选题上的突破，始终在寻找年代久远的文化传统与当代人生存环境、心理期待乃至浪漫情怀的契合处，有针对性地推出了系列新出版物，这种寻找传统与当代契合点的努力便是编辑活动介入文化创新事业的表征。人类的生活呈现什么状态，编辑就有反映这种状态的出版物。一代一代文化如此源源不断地延续下去，编辑及编辑活动生生不息地创造着崭新的文化。

3. 解决编辑活动中的现实问题

首先，编辑理论对实践必须具有很强的指导意义，它对编辑活动的进行有着十分直接和具体的指导作用，具有较强的现实针对性和目的性，对编辑实践活动的发展起着直接的推动作用，因此，编辑理论应当解决编辑活动中带有普遍性的问题。如，现实编辑出版工作中社会效益与经济效益相统一问题；出版部门如何处理长远目标与短期利益的关系问题；如何创造出版品牌、建立特色问题；编辑工作基本原则问题；编辑知识结构体系问题；等等。尽管编辑理论研究不能提供具体答案（其实编辑理论研究本身就不是以提供答案为目的），但它可为解决某些问题提供基本原则、方法指导，从理论上阐明按照这些原则解决问题的必要性、必然性和可行性。

其次，编辑理论研究应着重于具体的编辑实务，指导实际的编辑活动。实际的编辑活动都是具体可触摸到的、带有明显的操作性的活动。从策划选题、编辑加工到校对，每一阶段应遵循哪些操作规范，通过怎样的方式与手段才可保证其质量？电子媒体出版物与纸质图书出版物有哪些区别、不同载体材料有哪些不同特性？编辑加工的增、删、移、改的标记符号应当如何统一等都可作为编辑理论研究的内容。

目前已出版的编辑理论研究著作，多是将基础理论与应用技术分开进行研究，除了一般原理的阐释外，更多的篇幅用于应用性部分。或分为上、下两篇，上篇总论，下篇分论，如文学类图书的编辑、科学技术类图书的编辑以及编辑过程的各个环节分析等内容，与研究总论部分相互呼应。现实的编辑实践给编辑理论提供了众多研究课题，无论哪一种研究模式都应力求理论与应用的统一，解决编辑活动中的现实问题。

4. 总结人类编辑活动的历史经验，推动社会精神生产能力的提高

学科的历史积累是其发展的基础，缺乏历史积累的学科必然缺乏发展底蕴，难以为继。人类的编辑活动历史悠久，经验丰富，然而缺乏系统的总结。一方面，总结编辑历史可为编辑理论研究提供丰厚的实践经验，为编辑理论发展提供广阔的空间，另一方面，编辑理论研究成果又可为编辑活动发展提供依据，少走弯路，锐意创新，发展、丰富和完善理论，并运用先进的编辑出版思想来指导编辑出版实践，从而自觉主动地推动出版产业健康而有序地发展，推动社会精神生产能力的提高。

总之，编辑理论研究的目的即通过对编辑活动内外两方面、微观与宏观两部分的研究，揭示出各个环节内在的联系和相互作用的关系，反映出编辑活动与社会文化、科技、传媒等的关系及其相互作用。其中以具体编辑活动的内在规律为研究对象者无疑应属于微观性理论范畴；而以编辑活动与社会文化、科技、传媒等的关系及其相互作用为研究对象者则是宏观编辑理论的范畴，它着重探索编辑活动作为一种文化活动发展的规律。

编辑出版是一门实践性很强的学科专业，编辑理论对编辑活动诸方面的研究及其理论上的总结，将对当代编辑活动的发展产生十分直接和具体的指导作用，对编辑实践活动提供有力的理论指导。

三、编辑学系统结构

编辑理论经过多年的实践与探索已构成一个较为丰富、完整的系统。这个系统内部长年积累下来的实践正在逐渐被人们所探知，系统外部不论

人们是否察明，它都日夜生生不息地影响着这个系统。因此，对编辑理论系统的分析和研究有助于利用内部复杂的相互作用推动这一事业的发展，利用系统与环境的复杂关系警示人们把握理论研究方向，为编辑实践今后的发展提供更加有利的决策依据。

1. 编辑理论系统结构的发展性

编辑理论系统结构具有发展性。一方面是理论体系固有结构自身的发展，另一方面是由于编辑实践的客观环境不断发展而引起人们认识的发展与深化。从理论体系固有结构发展来看，刚开始是编辑要素之间的简单结合与影响，后来，由于要素各自结构发生裂变与分化，要素之间的结合与联系也开始变得复杂起来。如读者、作者、编者之间，从简单一面来说，就是供与求的关系，作者供应编者稿件，编者编辑出版物供应读者。但事实是由于作者的写作态度、写作背景、写作水平等众多原因，交给编辑的稿件带有多种性质，受到多方面的考察，不合格产品不会被编辑接受。而由于编辑的认识能力与水平限制，或许会对优秀作品判断失误，失之交臂。这仅是问题的一方面，从另一方面来说，编辑的作品出版后并不一定会被读者认可，作者和编辑共同劳动的“密码”，在读者那儿不能被“破译”，或者作品的内容只能得到一部分认同，或者在不同的读者那里对同一问题的理解总不相同，因此，这一条“供”与“求”的路也是不平坦的。受到许多因素制约的固有结构不再简单，相互的结合与影响当然也就复杂起来。

再从编辑实践客观环境的变化来看，首先是生产力的提高带来社会生产关系的变化，且不说编辑手段、印刷手段的每一次进步，都为编辑发展作了铺垫，单从市场经济代替计划经济体制上的变化，就可看出，原来是编辑出版什么读物，读者就购买、阅读什么作品，而现在是读者需要什么精神产品，编辑就考虑什么选题。从出版的首要环节的决定权上预示这一根本性的变化带来编辑实践客观环境的深刻改变，它触动了人们的认识神经：变化的方向是什么，变化的过程呈现什么曲线，为了这种变化该如何行动，等等。当然，人们的认识必然遵循从浅入深、由外到内、从粗到精的发展过程，才会接触到事物的本质。

2. 编辑理论系统结构的稳定性

编辑理论系统结构还具有稳定性。编辑理论系统结构不仅具有一般系统结构的构成要素，而且也遵循着一般科学方法的认识模式(如综合分析方法、批判继承方法、理论与实践统一的方法等)进行的。它能够抓住编辑理论结构中各层面的主要矛盾和问题，突出层级体系中的主干，兼顾横向与纵向的各方面联系，使之构成一个主次分明、上下左右关系清晰、相对稳定的整体。即使有所突破也是理论内在发展的必然，只会丰富理论体系，为其结构更加合理、完善进行优化。因此，这是一个在物质属性基础上，关注精神属性，以纵向层次结构为主，参照横向联系的理论结构。

3. 编辑理论系统结构的层面

编辑理论系统的层面不同。第一层面也可说是最底层面是作为物质的信息、知识结构层。需要解决的问题有信息、知识的物质属性；信息、知识在人们生活中的位置；信息、知识与载体的依存关系；等等。第二层面是作为文化的信息、知识结构层。如文化对信息、知识的要求；信息、知识在文化生产、文化传播、文化积累中的作用；信息、知识的文化性；等等。第三层面是有序化的信息知识结构层。包括信息、知识序列化的方法技术实践；构建社会文化大厦对信息、知识系列科学性的要求；信息、知识有序化与相关新兴学科的关系；有序化的信息、知识所涵盖的学科关系；等等。第四层面是作为精神的编辑出版作品属性；出版物内容与形式的文化内涵。第五层面是作为理论的编辑出版历史、现状与发展；编辑出版理论与实践之间的指导与验证关系；借鉴其他学科理论丰富与发展自我体系；等等。

4. 编辑理论系统结构的联结

“整体大于部分之和”是构成系统诸层级相互作用、相互制约而产生的整体效应。编辑理论系统结构是在各个层面基础上构成的一个整体，整体的形成是各层级彼此之间的相互联结。从物质层面的信息、知识到文化构成、文化建设、文化传播等之间的联结依靠的是物质元素与社会文明发展之间密切的关系；从文化的发展离不开信息、知识到信息、知识必须经过序列化组合才可利用，是文明社会对待物质、利用物质，以优胜劣汰的态度作出的必然抉择；从编辑的单篇作品到如何编辑出更多更好的出版物是读者与编辑的共同追求，直至产生以此为研究对象的编辑理论。这种种关系的存在是不以人的意志为转移的，因而各层级是暂时的，联结是永恒的，只有联结才会由物质到精神、由低级到高级、从无序到有序。

四、编辑学的研究方法

研究方法以及方法论在很大程度上影响着编辑学研究的发展。编辑学研究的过程实质上也就是对编辑理论本质的认识和对编辑规律把握的活动过程。在这个过程中所运用的一切科学手段和思维技巧，即是编辑学研究方法的总和。

编辑学在其发展过程中，曾采用过不同的方法进行研究，各自都呈现出不同特点。

1. 逻辑归纳法

编辑理论研究初步形成了以逻辑归纳法为主导的概括经验的方法论体系，即直接从编辑活动的实践经验出发，总结编辑工作的一般规律，归纳基本原理，提炼出现代编辑的基本特征及其编辑方法，帮助人们认识编辑工作的实质，最后通过演绎推导的形式去指导实践。这种方法直观、简洁，可以获得广泛而丰富的经验材料及规律，通常为大多数研究者所用。如孙培境先生的《试论现代校对学体系的若干板块》①一文，作者在实践与研究中，对校对学理论进行探索，“终于看到现代校对学体系的轮廓，并对其中的若干板块有比较具体的认识”，总结为“三个主体”“两个客体”“一个基本矛盾”“一个总目标”“两个基本方法”“三个基本属性”“四个社会角色”“五大功能”等。

2. 借鉴移植法

借鉴别的学科的成功经验，引入其研究方法，从而探索其研究规律。如将传播学、系统论、信息论、控制论、耗散结构论、协同论、突变论等

① 孙培镜．试论现代校对学体系的若干板块[J]．出版科学，2001(2)．

学科的原理、方法应用于编辑理论研究之中，分析编辑活动中带有普遍性的规律。这些学科是在科学整体化、统一化的发展趋势中形成，并不断得到完善的一个横向学科群。如系统论、信息论、控制论，它们研究系统的模式、原理、功能、控制、调节，系统信息的本质及其传递、处理、转化、利用的原理和方法等。借鉴移植法只有与编辑实践紧密结合才能取得实质性进展，而一旦进入学科层面，必将为学科发展带来活力，促进形成新的生长点。同时，必须注意杜绝仅仅移植某一名称而忽略学科内涵的"泛化"现象。近些年来，人们用借鉴和移植方法，将系统科学的原理和方法引用到编辑理论研究中，做了系列的探索和尝试，取得了一批可靠的成果。如《论编辑信息学的发展和展望》①一文的作者认为"从某种意义上说，编辑工作就是从事信息的加工、处理、存储、传递、传播的工作"，于是，该研究论文从信息科学的角度，采用文献整理、学科综述、分析预测等方法，探讨了编辑学所属学科方向的建设和发展工作。移植只是一种手段，最终目的是要借助相关学科的理论和方法，进一步揭示编辑本质，形成自身的理论体系和方法体系。

3. 数学分析法

随着科学的发展，如定量分析、统计分析的方法也都开始向社会科学渗透。在编辑理论研究中用数学分析法，引入量的概念，揭示构成编辑活动各要素之间量的变化及其关系，可以增强研究的科学性，做到"心中有数"，以理服人。定量分析需要一定的数学基础。因为从信息传播的角度研究编辑现象，其过程需要量化处理；从成本核算与经营管理的角度也有"效率"与"效益"的核算过程，因此，数学分析法正在运用于编辑理论研究，与编辑活动、编辑研究发生着密切关系。如任定华先生在《科技期刊编辑学导论》一书的撰写过程中，十分重视数学方法在编辑学研究中的应用，把数学方法应用于科技期刊编辑学的理论构建之中。"不仅在方法论中提出了数学方法以便引起同仁们的重视，而且专门有'数学基础'一章，还在编辑系统

① 钟海平．论编辑信息学的发展和展望[J]．吉首大学学报：社会科学版，2000(3)．

工程等不同章节中初步建立了一些数学模型。”①不仅极大地丰富了科技期刊编辑学的研究内容，拓宽了研究领域，也为数学方法的应用进行了初步尝试。

这些研究各自角度不一，但都对编辑理论研究体系的创立、发展和完善进行了有意义的探索，推动了编辑理论研究的深入，一方面充分展示了“百花齐放、百家争鸣”的学术态势，另一方面在一定程度上也反映了人们思维方式的区别及对编辑活动、编辑规律认识上的差异。

4. 比较方法

要使编辑理论完善、走向成熟，除了应当进一步由表及里、由浅入深、步步深入地认识编辑活动的基本特征及运动规律之外，研究方法上的完善与创新也是一个不可忽视的因素。除上述三种方法之外，还有一种重要的研究方法，即比较方法。比较方法作为人类认识客观事物的基本方法之一，在自然科学和社会科学诸多领域里已有成功应用，为编辑研究提供了理论与实践方面的借鉴。

比较方法是人们认识客观事物的基本形式，也是认识客观事物的重要方法之一。它是根据一定的标准，通过对不同事物或同一事物不同性质及运动的比较，认识事物的基本属性及运动规律的方法。有比较才有鉴别。编辑理论研究中的比较方法可以有不同类型：

(1)纵向比较

编辑理论研究中的纵向比较，侧重于编辑活动的历史过程，通过不同阶段的比较，找出编辑工作一般规律。如中国古代书籍编辑活动与近现代书籍编辑活动中的共性与差异性比较；计划经济与市场经济不同体制下的编辑活动空间概念的区别；传统手工作坊式的编辑手段与“光与电”时代中的编辑技术各自产生的原因是什么；等等。在纵向比较中，进一步诠释编辑活动的时代轨迹，深刻剖析编辑活动中生产力与生产关系对社会文化所产生的促进作用，必然会增强对编辑活动规律的深入了解。

(2)横向比较

通常所说的横向比较即在一类或几类具有共性事物中寻找共同点与不

① 任定华，胡爱玲，等．编辑学导论[M]．北京：中国经济出版社，2001：346.

同点。编辑理论研究中的横向比较方法具有同时性特点。如比较西方发达国家的编辑活动与中国等发展中国家的编辑活动；比较中国内地的编辑出版活动与我国港澳台地区的编辑活动；比较不同省市的编辑出版活动特征等。甚至也可将其他学科的学术研究进展及成果同编辑理论与实践成果进行比较，观其形态，审其缘由，了解在同一时代里的不同国家、不同地区编辑活动发展情况、编辑学与其他学科发展的异同点等。这种研究方法有益于开阔视野，打开思路，避免研究中的主观主义。因而横向比较在各国科学研究中都占有极其重要的位置。编辑理论研究同样如此。

5. 多种方法的综合运用

21 世纪，科学发展越来越呈现出多学科交叉趋势，在研究手段上也趋于综合化。编辑理论研究的是一种复杂的社会文化现象，其研究内容往往直接或间接地与其他学科交叉联系、互相渗透。仅从编辑过程而言，从策划选题、组稿审稿、加工处理、版式编排到校对，每一过程都有内在的规律和特征。编辑理论研究也就必然涉及诸如社会学、管理学、人才学、语言文字学、思维学、情报学、美学、逻辑学、数理科学、系统工程学、计算机科学等传统学科和新兴学科的诸多领域。尽管编辑理论与这些学科均有各自的理论体系和研究方法，具有各自的独立性，但在学科的基本概念及学科的内涵和外延上，往往是网状交织的，存在着交接点和连接点，这种状况决定了编辑理论研究方法的多样性——它决不可仅采用单一的方法，而是多种方法的综合运用。

编辑活动发展的历史是一个不断吸收相关学科营养以丰富自身、不断综合各种关系以发展自身的过程。因而，也形成了编辑活动综合性与相关学科边缘交叉的特点。编辑理论研究以编辑活动为对象，在研究方法上也相应地体现出综合性与多学科边缘交叉的特征。因此，综合运用各种研究方法既是编辑理论研究自身发展的要求，也是社会对其提出的殷切期望。

(1)辩证而全面地分析与解决问题必须综合采用各种研究方法

编辑活动与社会有着千丝万缕的联系，任何一种社会科学的研究方法都适用于编辑学研究。然而辩证地、全面地分析、解决问题不可能仅用单一的研究方法。如在逻辑归纳法中常常会用到一种极为重要的思维形式——比较、判断。比较判断是逻辑归纳的基础，没有这一思维方式，定性、定位与定量都无法完成。采用比较的方法，其实也是立足于已有知识，进一步发展科学知识的一种探索方法。只有在纵向与横向比较之后，才能给编辑与编辑活动定性，给社会文化中的编辑工作定位，给编辑活动中各要素的比例关系及编辑效益“定量”。

编辑理论是多学科的综合。编辑活动本质上是一项多学科的综合活动，融合了语言学、符号学、信息学、传播学、社会学、美学、哲学、管理学、文化学等学科的知识。从早期研究者提出的“编辑学者化”到成功的编辑案例，无不证明了多学科知识是编辑工作强有力的后盾。雄厚的理论知识是构成编辑素质的重要内容，是编辑活动成功的重要因素。多方面知识是培养一名优秀编辑家的营养剂。同时，编辑理论还必须研究相关学科与编辑活动的关系及其对编辑活动的影响，并在自身的理论体系中，吸收相关学科的知识，形成自身多学科综合的理论特点。

编辑理论是逻辑与历史的综合。中国古代丰富的编辑活动实践为编辑理论抽象概念体系的建立起到了不可或缺的作用。据考察，中国编辑史最早可追溯到秦汉之前的原始书籍制作时期，距今至少已有3000年历史。编辑理论要研究编辑活动的历史发展过程，总结编辑活动在不同时期的特征、特点，梳理编辑活动内在的逻辑发展脉络，总结编辑活动规律，以指导今后的编辑实践。

综合性决定了编辑理论与其他多门学科的关系及编辑理论多学科边缘交叉的特点。编辑理论研究实际包含了编辑语言研究、编辑传播研究、编辑美学研究、编辑社会研究等十分丰富的内容。

(2)学科自身的更新与发展依赖多种研究方法的综合运用

编辑理论研究的方法始终伴随着理论研究的全过程。任何一个编辑主体，无论他知识多么广博与深厚，要想一劳永逸地获取编辑过程中所需的全部知识信息是绝对不可能的，只有建立一个开放的知识结构体系才可能不断地从科学技术的发展中引进新的知识元素。随着时代的不断变化，科学技术的不断更新，编辑理论研究只有具有时代性才能发挥更大效能。自然，研究者的认识必须与日新月异的科学同步发展，然而它并不是一件容易的事，它依赖于研究方法的综合运用。如前所述，比较方法的应用的确有助于理清种种逻辑关系，总结编辑工作的规律，但它需要不断尝试与其他学科的交流，从交流中获取自我更新与完善的活力，这成为学科自我成长的调节机制。因此，借鉴移植与比较归纳同时存在。只是这里有一个必须澄清的概念，即所谓借鉴不应该只是借用一个外来词汇或者机械照搬一个理论模式，不能全然不顾编辑活动本身的客观实际，而应该将其他学科的研究方法融入编辑学的“血”与“肉”中，获取养分，使之成为编辑学科发展的强大生命力。

(3)分清主次，因地制宜，时刻关注各种新的研究方法

固然，编辑理论研究是一个复杂的认识过程，需要综合运用各种研究方法。但是，在某一具体情况下，或研究某一具体问题时，研究方法有主次之分。在多数研究中，所谓某项研究采用某种方法是指这种方法在研究中起主导作用，其他方法起辅助作用。没有一种研究方法是完美无缺的。虽然每一种方法只要运用正确，都能在研究中发挥作用，但是，在不利或不适宜的环境中，各种研究方法都会暴露出其方法学上的弱点。一种研究方法对于研究某一问题可能很适合，但去研究另外一个问题就不一定适合，有时甚至是完全错误的。而且方法本身随着科学的发展也在不断变化，所以，没有一种特殊的方法是万能的。在编辑理论研究过程中，往往在不同的研究阶段上，由于具体研究任务性质的差别而要求采用不同的研究方法。例如，在编辑理论研究中可用历史法去整理前人对这个问题做出的种种判断，再用调查法去了解现存的问题和已取得的研究成果，然后用观察法掌握实际情况和发现问题，最后用逻辑归纳法提出新的观点。

由于信息技术的发展，编辑理论的研究方法也会随着信息技术的不断进步而不断创新。今后，或许可以通过计算机建立编辑理论某一课题模型，模拟实施过程，寻找最优方法，然后制成相应的软件来完成并推广应用。编辑理论作为一门综合性、理论性极强的学科，与自然科学、哲学、社会科学、人文科学等有着广泛的联系和交叉，尤其是在新兴学科、交叉学科、边缘学科等现代科学及方法不断产生、发展和创新的今天，编辑理论研究不仅需要综合运用传统科学的基本原理和方法，更需要引入当代最新科研成果和科学方法。新方法的运用能促进新理论的产生和建立。新方法也并不排斥传统方法论中正确的东西。在新的方法系统中往往吸收原有系统中的合理要素，使之与其他要素一起构成一个相互联系和相互补充的有机整体。

编辑现象及其规律是复杂的、广泛联系的、多层次的、变化发展的。

与此相对应，编辑理论研究的方法论系统也应该是一个由众多为提高编辑理论研究效率而组成的、相互联系的、相互依存的、多层次的开放系统。处于这个系统最高层次的当然是作为指导思想的哲学世界观和思维方式，处于中间层次的应该是具有一般科学方法论意义的跨学科方法，处于下面层次的便是编辑学科的具体方法了。

第二章 编辑活动

编辑活动包括编辑活动的要素、运动方式、手段、目的等内容。编辑活动是对已有作品和资料进行搜集、选择、整理和加工，使之适合传播目的与复制要求的精神劳动。对编辑活动的研究既可从纵向展开，如研究古代编辑活动与现代编辑活动的不同特点，对编辑活动历史发展进行梳理、总结，也可进行横向剖析，如分析编辑活动的具体构成要素、总结编辑活动规律等。

现代编辑活动与信息学、传播学、文化学、市场营销学等有着千丝万缕的联系，但是编辑活动却不能归入其中任何一门学科的范畴，也不是它们的分支。现代编辑活动是一项独立的文化信息收集、选择、整理、传播、积累活动，其实质是将文化信息通过一定载体形式流传给人类，为人类提供丰富的精神食粮。

第一节 编辑活动发展进程概述

编辑活动究竟起源于何时，这是一个学界至今也无法给出统一答案的问题。20 世纪 80 年代，曾经出现过两种编辑史观，即“书籍起源说”和“印刷起源说”。“这两种不同的看法，差异较大。从时间上看，一种认为编辑工作的产生与书籍的产生同步，距今约 3500 年；一种认为编辑工作的产生，在出版业产生之后，距今约 1000 年。从内容上看，一种认为，古代的编纂，既有著作，又有编辑的含义，二者合一；一种认为，编纂属著作，不含有编辑的意思，二者不可混淆。从立论根据上看，一种认为，古代没有现代意义上的专业编辑工作，编辑的含义，即《辞源》释义中所说：‘收集材料，整理成书’。一种认为，上说不足为据，另立两条作根据：一是编辑都是从事利用某种传播工具的传播活动，二是编辑活动都处于作者和读者（传者与受传者)的社会关系之中。不利用传播工具，不处于中介进行的形式上的编辑活动，实质上不是'编辑'。"①第二种观点事实上建议将编辑史的起始点定在两宋，这被事实证明只能是一种理论上的设想，迄今为止没有一部编辑史著作或系统研究编辑工作发展历史的文章真正能抛开宋以前几千年的编辑活动。而诸多研究成果也表明，编辑活动的思想灵光甚至可以追溯到上古三代。古代著书方式多为编著合一，因此编辑活动和图书的著作活动往往交织在一起。

在文字还没有发明并且被广泛使用之前，人们通过口耳相传、结绳记事、契刻记事等方式来传递和保存信息。相传黄帝的史官仓颉在已有图形符号的基础上，从各种动物的形状中得到灵感，发明了文字。文字的发明使得编辑活动的产生变得必然而必要了。最初的文字镌刻在陶器、甲骨、石头、竹木简牍等比较容易得到的载体材料上，东汉时期造纸技术有了极大的改进，为文化的发展做出了重要贡献，也使编辑活动有了更加宽广的舞台。在书籍的复制方式上，我国历经了手抄、雕版和活字印刷三个阶段。每一项新技术、新载体的发明和应用都给图书生产方式带来极大的变革，也促使编辑活动变得更加富有活力。下面，我们将1949年以前的编辑活动分为三个阶段简要介绍。

一、春秋至唐代的编辑活动

这一阶段被认为是编辑活动的初级阶段，主要采取手抄的复制方式，装帧形式以简册和卷轴为主。编辑出版事业经历了草创时期(春秋战国)、奠基时期(秦汉)、初兴时期(魏晋南北朝)和发展时期(隋唐五代)，已经逐步得到社会各阶层的认可。

东周以前，我国史官已经保存了大量的远古典籍。春秋战国时期，战争频仍，官师流落民间，致使官学衰弱私学勃兴，学术逐渐下移，不再是贵族的专利，也使得原先的典籍逐步流落民间，导致以讹传讹，急需整理。孔子是春秋时期编辑活动中最杰出的代表，也是我国第一个大编辑家。他从远古典籍中认真筛选，编辑整理出"六经"作为儒家教科书。在整个编辑活动中，他有明确的意图、科学的方法和理性的思想，值得后人学习。战

① 胡光清．编辑学研究10年概观[J]．编辑学刊，1991(2)．

国时期，秦国吕不韦组织门客将战国末期各派学说资料汇编为《吕氏春秋》，采用了两级分目法，将全书160篇分为八览各8篇、六论各6篇、十二纪各5篇，代表了战国时期书籍编辑的最高水平。吕不韦也被认为是我国策划编辑的始祖。

秦朝统一了疆域和文字，为汉代编辑活动的繁荣提供了物质基础和文化基础。西汉时期，刘向父子组织了我国历史上第一次大规模的图书编校工作，广泛搜集各种不同的本子，采用了本校和对校的方法，确定各书书名、篇目，编好目录，并撰写绪录一篇，对作者生平、全书思想、学术价值和校雠经过作扼要介绍。父子二人将这次整理经验编为《别录》和《七略》，分别为目录学和校雠学的开端。史学家司马迁的《史记》采用纪传体记录历史，纪传体自此被作为正史成为中国史学著作最权威的体裁。《史记》分为八书、十表、十二本纪、三十世家、七十列传，结构严整。东汉班固编修的《汉书》，为我国最早的一部纪传体断代史。《史记》与《汉书》奠定了封建社会史籍编纂方法的基础。此外，这一时期的《尔雅》《方言》《说文解字》以及许多科技著作也开创许多新的体例。

魏晋南北朝在政治上是一个纷乱时期，但是在文化上却是一个不可忽视的繁荣期。别集与总集的编撰在这一时期尤为繁荣。别集是作家个人的诗文专集；总集则汇集多人著作为一书。南朝梁代文学家萧统所编《文选》是我国现存最早的文学总集，共收录七百余篇作品，分为三十八类。编选过程中以“事出于沉思，义归乎翰藻”为取舍标准，选入作品以晋以后的为主。类书《皇览》、佛经编译、韵书《声类》《韵集》、诗集《玉台新咏》等也是这一时期的重要作品，可惜留存下来的很少。

隋唐时期，政府非常重视文化，大规模的书籍编修活动从未间断。唐初设立史馆修史，后世的二十四史中，有八部都在唐代编修而成。孔颖达等人在皇帝的支持下，编撰《五经正义》。《艺文类聚》《三教珠英》《文思博要》《初学记》等类书也是最高统治者直接命令编纂的。“唐代是政府组织大规模编选文学总集的肇始之秋”①，《文馆词林》《芳林要览》等都规模庞大。除直接组织文学作品编辑外，唐代的最高统治者还多次敕编诗人别集，如《骆宾王文集》、上官昭容的文集、卢纶文集、王维文集等。颜师古、魏徵、

① 肖占鹏，李广欣．唐代编辑出版史[M]．天津：南开大学出版社，2009：172.

令狐德棻、李淳风、刘知幾、吴兢、韦述、颜真卿、杜佑、柳宗元、白居易等，或著或编，编著交融，都是编辑活动优秀的身体力行者。

二、宋代到清前期的编辑活动

雕版印刷术在唐代已见应用，但是尚不普及，到宋代则应用较为广泛。各公私刻家从学术影响和商业利益考虑不得不在书稿雕版前反复推敲，对书稿进行细致的加工，对版面编排进行认真的设计，对编辑活动的要求大大提高。这一阶段，各种装帧形式层出不穷，如蝴蝶装、包背装、线装等，优美实用，极大地方便了书籍的保存和使用。

宋代重文轻武，编辑活动得以飞速发展。《太平广记》《太平御览》《文苑英华》《册府元龟》被称为宋初四部大书，形式多样，规模空前。史学家司马光等人历时十九年编纂的《资治通鉴》，是我国古代最大的一部编年体通史，成为可与《史记》媲美的史学著作。南宋陈起与许多江湖诗人相交甚好，编辑整理出《江湖集》，是这一时期编辑家的优秀代表。

明代《永乐大典》是我国历史上规模最大的一部类书，也是世界公认的一部大型百科全书，收录古代重要典籍七八千种，包括社会文化生活的各个领域。全书体例“用韵以系字，用字以系事”，检索非常方便，保存了大量古代珍贵的文献资料。冯梦龙的“三言”是通俗小说的集结，在搜集整理过程中以“导愚”“适俗”“传之而可久”为编选原则，至今依然很有影响。毛晋也是明代一个非常重要的藏书家、编辑家，他的汲古阁既是图书收藏之所，更是图书编校之处。

清前期是我国封建社会的最后阶段，也有许多重要编辑活动。陈梦雷主编的《古今图书集成》是现存最大的一部类书，也被尊为古代类书的巅峰之作、大清百科全书。纪昀主编的《四库全书》历时七年，广搜底本，精研校订，二级和三级分类法并用，与前者一起堪称我国国学整理的双璧。《四库全书》也因为其特殊的材料编选方式，一直以来毁誉参半。《佩文韵府》《康熙字典》等辞书也在中华文化史上占有重要地位。

三、清中叶至1949年的编辑活动

鸦片战争前后，中国各方力量斗争非常激烈。铅活字印刷技术在这一时期传入中国，得到迅速广泛的普及。资本主义国家利用媒体引导舆论的思想也随着先进的技术一道传入中国，各类政治报刊如雨后春笋般逐渐兴起。1874 年，王韬在香港创办了《循环日报》，这是中国人自己办的现代意义上的报纸，也是中国历史上第一份以政论著称的日报。梁启超是中国近代史上一位非常重要的报人，他投身报刊编辑工作 25 年，主编报刊十余种，如《清议报》和《新民丛报》等都极力宣扬自己的政治主张，有近代报界巨匠之称。《申报》则是我国近代办报时间最长、影响最大的一份报纸，从 1872 年开办到 1949 年停刊，前后历时 78 年，记录了从清末到民国近八十年间政治、军事、经济、文化、社会各方面的情况，具有很高的史料价值，被称为“近现代史的百科全书”。《申报》的版面分为新闻、评论、文艺(副刊)和广告，由此奠定了我国中文报纸四大块的基本结构。除《申报》外，许多有政治意义和生活气息的报纸编辑出版活动也十分频繁。

商务印书馆与中华书局被誉为中国近代出版史上的双子星座，它们互相竞争、互相学习，在教科书、古籍、辞书、外国文学、儿童文学、刊物等方面都颇有建树。商务印书馆建立了第一个现代意义的专门编辑机构——编译所，将图书的编辑工作看做社会化大生产的一个环节，提到了前所未有的高度。世界书局、生活书店、开明书店等都是此一时期非常有影响的出版机构。这些出版机构的所在地上海，则是中国近代当之无愧的出版中心。

这一时期涌现了许多著名的编辑家，张元济、王云五、邹韬奋、鲁迅、叶圣陶、严复、章太炎、蔡元培、李伯元、吴趼人等都是其中的佼佼者。总之，新的技术和思想的入侵，给古老传统的编辑活动以全新的氛围，此时的编辑活动在继承传统和不断学习中努力提高自身的水平和自主的能力，写下了令人骄傲的篇章。

第二节　编辑活动的基本问题

编辑活动是编辑主体影响编辑客体及其外部环境的一种或若干种行为的方式，是编辑个体存在的基础，没有编辑活动就没有编辑，也就没有编辑客体。编辑主体所展开的各种形式的活动都是在物质生产活动的基础上产生的。编辑活动区别于编辑运动，它不是自发的，而是有编辑主体心理成分参与的积极主动的运动形式。

编辑是编辑主体作用于编辑客体的活动。编辑客体作为编辑的对象进入编辑活动，其形式是多种多样的。作者的原始文字初稿可以是客体，一种或多种文字的报纸、期刊可以是客体，非纸质形式的图片、影带等可以是客体，还有广播、网页等同样都可作为客体。随着社会的发展，编辑活动日益丰富，编辑对象也日益增多。其实，凡是进入编辑活动被编辑主体处理的客体，不论其具体形式如何，只要是经过某种劳动创作的文化物品，都可以称其为作品，都是编辑的对象。

在编辑实践中，编辑主体与编辑客体产生了对立统一的关系，即整理加工与被整理加工的对立，编辑主体的存在是因为编辑客体的需要，一旦主体不再存在自然也就无所谓客体，离开主体，客体无法成为标准"宗本"进入流通渠道，没有客体，主体的生存及活动都无法存在。在编辑实践中，编辑主体与客体还具有相互推动、相互发展的统一性，随着编辑主体文化及综合素质的不断提高，会对客体的出版选择产生更高要求，而在信息技术条件下，编辑客体的电子文稿的出现，又对编辑主体的加工与校对等方式提出了新的要求。相互适应的过程也就是相互发展、相互促进的过程。

一、编辑活动的性质

研究编辑活动必须注意到当代编辑活动的复杂性，与相近学科的兼容性和多学科的交叉性。传统的编辑活动具有明显区别于当代编辑活动的特点，在认识编辑活动的某一特征时，不可孤立地抹杀其余特征。由于时代发展的多元化，编辑活动的复杂性也逐渐增强，自然表现出多方面特征的综合。在认识到编辑行为既是一种著作行为也是一种传播行为的双重性时，也应认识到它绝对不会是编辑活动的最终和最完整的表述。

1. 物质性

物质是不依赖于意识而又能为人的意识所反映的客观实在。编辑活动的物质性表现在以下方面：①编辑主体性质来源于客观物质世界。②这种精神活动最后必定在客观物质上得以反映。没有编辑客体——物质载体，精神的永远只能是意识，物质客体成为承载编辑主体精神的物质。③编辑活动是以其物质表现形式而呈现出来的，否则便只是空中楼阁。

2. 时代性

每一历史阶段都呈现出不同的编辑活动特征，它不仅表现在编辑主体开展编辑活动所需要采用的手段与方式上，而且客体的内容与形式也呈现鲜明的时代特色。前者如传统的手工撰修、编著合一、电脑编辑、数字化编辑活动等，后者指简单的记载事实与复杂的科学论著之内容。简策、竹帛、册页书本式文献与磁带、光盘、网络化知识之表现形式，无一不体现出时代性。

例如中国古代最典型的编辑活动特点就有编著合一；个人编著，书籍校雠性较强；官方组织编撰，传道性质与标准性较强；等等。

中国古代编辑活动与著作活动常集一人之身，甚至著、编、印、发集一人之身。西汉刘向校雠先秦古籍，就是集编校著于一身。近代学者孙德谦(1879—1935)把刘向校雠工作概括为23条。其中"定书名""叙源流""撮要旨"等属于编著工作，既包括著者的一部分，也包括编者的一部分；另外，如"辨异同""订脱误""删复重""增佚文"等工作也是编辑与校对工作的结合。或许是因为与当时的生产力发展水平相适应的图书形式——竹简，既不易流传也不易阅读，更不易修改，因而决定了著、编、校难以或不能截然分开，"编校合一"自然有其合理的一方面。再如李时珍著《本草纲目》，同样也是作者与编者集于一人之身，书中图文并茂、文注统一的格式既可看做是作者所做的工作又可看做是编者的杰作，特别是他组织人力、物力刻版、印刷，甚至还为《本草纲目》的发行四处奔波。这是一种典型的著、编、印、发合一形式。

随着社会经济的发展，社会分工逐渐细致，因为编辑出版书籍是一批量生产的、重复性的工艺活动，与作者分离可以成倍提高工作效率，也可使作者更专注于自己的工作，著作者便从出版中分离了出来，作者不再是出版者，出版者成为专门出版他人作品的人。

现代编辑活动与古代编辑活动的"收集资料，整理成书"已有较大的不同，不仅在内容上有较大扩展，其收集资料与整理书稿的方式方法由于借助了现代科学技术发展成果，也都发生了根本变化，绝不可"同日而语"。现代编辑活动过程因为注入了诸多新的因素和观念，其编辑活动与规律也必然带有时代特性。

3. 间接性

编辑活动区别于工农业生产活动的一个显著特征是，工农业生产活动成果形式基本上可以判定其作用大小，而编辑活动产生的成果作用是间接的，甚至是在当代不被社会所接受的。编辑活动最终只能是在接受者接受了客体内容的基础上将其内容吸收、融化，再转化为工作生活动力后方才发挥作用。从接受客体到接受者的理解消化，再到潜移默化融入接受者工作生活中必须经过一个阶段，时间或长或短，作用或大或小，但极少有类似于某些工农业产品成熟即吃、成形即用那样直截了当产生作用的。

4. 制约性

编辑活动受诸多因素制约。从编辑主体而言，受主体知识素质、能力等方面的制约，从编辑客体而言，制约因素源于读者(听众、受传者、观众)和出版物(磁带、图书、唱片、广播、网络)。一方面受读者阅读水平、欣赏能力、兴趣爱好的制约，另一方面受出版物形式大小、制作手段、记录信息方式、阅读使用方法等条件的制约。此外，对于文献史籍的整理，还受作品原稿、作者水平的制约。这些制约都从多方面要求编辑主体适应与调整。而由于这种种制约因素，编辑活动的范围、深度、数量、质量均会受到影响。

5. 创造性

编辑活动是一项极具个性、发挥主体创造能力的活动。尽管受诸多因素的制约，但在客体内容、编排形式、记录手段、外形制作上都可突破旧有程式，予以创造。出版物内容的创造重在开发新意、延展思想，增加内容方面，在深刻性上下功夫，而形式的创造则多是侧重技巧性。没有创造性的编辑活动不会产生活力与生命力。

6. 系统性

编辑活动是一个综合运行的系统。无论系统的哪一部分都是整体的必要组成部分。即若干个子系统构成母系统，母系统是各个子系统的发生地。子系统每一细微部分的变化积累下来，会以“堤溃于蚁穴”或“千年陈酿”来影响母系统。子系统之和必定大于母系统。

编辑活动是一个矛盾系统。各种矛盾的互相作用和运动构成了编辑活动的矛盾运动系统。现代编辑活动在实践中常会碰到经济效益与社会效益的问题，形成长期品牌与短期利益的问题，编辑素质与时代要求不相适应等问题，所有问题都是矛盾，汇集所有矛盾即显示最基本的编辑主体与编辑客体之间的矛盾。这一对矛盾构成了编辑活动矛盾系统的基础。其他诸如社会效益与经济效益的矛盾、长期利益与短期效益之间的矛盾都在此基础之上。编辑主体和客体的存在及其对立统一的关系，决定和推动了编辑活动的存在和发展。这一对矛盾的解决将使其他编辑活动中之矛盾迎刃而解。同时，也会使编辑活动进一步向前推进。从编辑主体与编辑客体的这一基本矛盾生发出的编辑活动矛盾系统是编辑理论的基本内容，编辑理论研究就是要理清这一矛盾系统中的各种关系，给出正确处理矛盾的基本原则和方法。

二、编辑活动基本要素

何金南先生曾用场强叠加原理和多元耦合强度模型定量分析编辑活动系统的增值与减值问题，其中提到“编辑活动场”与“编辑六元”。据此分析法可将编辑活动要素作进一步细分。

构成编辑活动的基本要素可以分为两部分：一是具有能动性的“三者”，即作者、编者、读者；二是“三者”工作对象——“三本”，即稿本、加工本、出版本。“三者”和“三本”构成编辑文化关系的六个基本元素。一切编辑活动都是在这“六元”基础上围绕着“四场”——即作者场、编辑场、读者场及社会文化产品定位场来展开的。① 这种编辑活动场论源于奥裔英国科学哲学家波普尔(K. R. Popper)于 20 世纪 50 年代提出的第三世界即人类文化世界学说。

编辑活动围绕着“四场”“六元”持续旋转，可用四环模型定量分析计算(见图 2-1)。编辑活动场是作者、编者和读者以稿本、加工本、出版本为中心的共同参与的文化创造体系。

---

① 何金南．编辑活动场论“六元”观[J]．编辑学报，2000(3)．

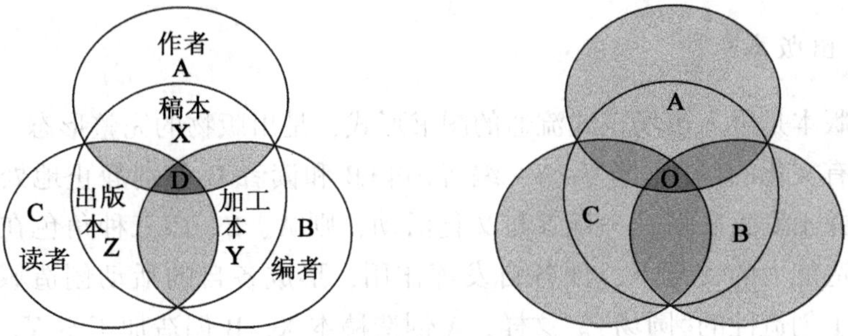

图 2-1　何金南先生的编辑活动场“六元”分析模型

1. 作者

作者是具有较大创作自由的人。写作发自主观内心，围绕某一主题全面系统地发表见解、陈述观点、明确概念、自成体系。创作时以自己的观点学识、研究成果、思想感情为基础，提交的稿本是自己心目中的定本。

2. 编者

编者是对作者稿本进行编辑的人。任何阐发都必须在作者作品的基础上进行，须兼顾读者心理，在综合各方欣赏、理解、阅读能力之后进行加工。

3. 读者

读者是对作品进行最后评价的人，也是接受作品并使之产生效能的主体。

4. 稿本

稿本是作者完成作品前的原始底本，具有史料性。它是寻找作者思想轨迹及作品形成的源地，是编辑工作的基础。

5. 加工本

加工本是编辑工作的对象，为作品正式出版进行从内容到形式系列编辑的客体。它是最能体现编辑思想的作品。

6. 出版本

出版本是进入市场正式流通的图书形式，是出版物的完整形态。

没有文化的作用，作者 A、编者(辑)B 和读者 C 分别静止地处于各自位置，并不发生联系。一旦参与文化活动，则 A、B、C 三种角色在主体意识和创造能力的支配下，便各自发挥作用，形成各自的活动创造域，三点变成三个创造性的“圆场”。这样，A 创造稿本 X，B 创造加工本 Y，C 能动地接受出版本 Z，“若考虑社会文化积累和沉淀影响，即社会文化品味场中作品 D 的能动作用与导向作用，则形成以文化信息 O 为中心的四个圆场互为交叉的运动格局。在 O、A、B、C 文化信息活动场中，A、B、C 三者的共同作用产生了 X 与 Y、Y 与 Z、Z 与 X 的交叉区(图中用不同灰度表示)。由此可见，在一个完整的编辑活动中，作者、编者和读者三种角色不仅共同介入，占据各自位置，而且‘你中有我，我中有你’，全面体现社会文化产品形成的机制和条件”。①

值得说明的是，作者、编者和读者三种角色虽然共同介入社会文化创造性活动体系，但各自创造方式不同，能量大小也不同，所以上图中用等距、等径、等强度来表示编辑活动场中三方面创造作用的发挥不尽客观，只是用于解释三者而已。

三、编辑活动的规律

关于编辑活动规律，阙道隆曾提出“两个区分”和“两个了解”，即区分编辑工作的方针、任务、要求和编辑规律，区分编辑活动的本质和编辑规律的辩证统一关系，了解编辑活动的特殊规律和普遍规律的辩证统一关系。他提出了编辑活动的四条规律：

(1)尊重作者创作个性与编者选择把关相统一规律；

(2)传播已有文化成果与文化创新重构相统一规律；

(3)保证文化产品质量与掌握最佳传播时机相统一规律；

(4)编辑活动的内容要求与传播媒介的特点功能相统一的规律。

① 何金南. 编辑活动场论“六元”观[J]. 编辑学报，2000(3).

有人主张研究编辑活动的基本规律要从分析编辑活动的矛盾入手，认为编辑活动的矛盾很多，但基本矛盾是两个，即编辑与作者的矛盾、编辑与读者的矛盾，其中编辑与读者之间的矛盾是主要矛盾。在这个主要矛盾中，编辑与作者同处在矛盾的一方，即都是精神产品的生产者，都是为读者服务的，而读者是被服务的。同时提出根据主要矛盾的状况，编辑活动的基本规律可以作这样的概括：编辑以众多的精神成果为基础，用优选、优化手段，生产新的精神产品，最大限度地满足读者的需要，促进社会文明的发展。由此认为编辑活动的基本规律即是优选、优化规律。①

所谓规律，是指事物发展过程中的本质联系和必然趋势。它不以人的意志为转移，一旦条件具备，总是以相似的形态反复出现，并产生作用。编辑活动是编辑对精神产品的选择、加工，并使之达到出版条件的文化实践活动。与其他实践活动一样，编辑活动也受到客观规律的制约。掌握这些规律，可以使编辑活动朝着有利于社会主义文化建设的方向发展。

1. 编辑活动是不断寻找作者与读者之间的联结点的活动

不论哪一类编辑活动，它都不断地在组织出版一本又一本的图书或期刊等。图书或期刊的上源来自作者，下源是读者，所出版的图书必须有作者创作，也必须有读者阅读，这是由编辑工作的基本要素所决定的，周而复始，使这一活动长存于世。可以说，所有的编辑活动，从选题、审稿到编辑加工、校对、装帧设计等都是不断寻找作者与读者之间联结点的过程。没有作者的图书是不存在的，没有读者的出版物也不需要编辑。从选题来说，编辑策划选题必须能落实完成这一选题的作者，何况还有不少书稿是作者自己投到出版社或编辑部的，这就是上源落实。再看审稿，编辑在审稿中考虑的所有问题都与作者和读者相联系：能否出版这本书；如果出，有多大市场；读者读后会有一种什么评判；社会将有什么反响。直至编辑加工、校对、装帧设计等所有环节也都与作者和读者相关：读者喜欢什么样的版式，什么样的封面；作者会有什么意见；等等。

所有的编辑活动都必须遵循这一规律。否则，就不会有编辑活动的存在。

---

① 孝明．探讨编辑规律，推进编辑学的学科建设[J]．中国出版，2001(12)．

2. 编辑活动是不断寻找社会效益与经济效益平衡点的活动

编辑活动是社会文化活动的一部分，编辑工作是一种再创造性劳动。编辑劳动是社会精神产品生产；对稿件所进行的文化遴选过程，实质上也属于精神产品生产的过程。生产出来的作品质量如何，在社会上反响多大，都将在作品的流通过程中表现出来。在计划经济体制下，编辑只管看稿、改稿和发稿，只管生产不管流通。而随着社会主义市场经济体制的确立，出版的职能发生了根本的变化，图书既要为人民服务、为社会主义服务，注重社会效益第一的原则，同时，由于精神产品的特性与一般商品有所不同，还必须遵循文化发展的规律，讲究经济效益。文化是循序渐进的，是在一定基础上再向前发展的，是肩负社会道德、文明积累、全民素质提高重任的。那么，编辑活动也必须为全民族文化素质的提高做出努力，必须注重图书出版的社会效益。有利于弘扬时代精神、民族文化，满足社会精神生活需求的图书可多出，不利于社会全员身心健康的书则坚决不能出。即使因不慎或其他原因，出了社会效益不好的书，也会受到法律制裁和社会舆论的谴责。图书作为一种产品进行流通，经过市场竞争，求得生存与发展，必须着力重视经济效益。否则，图书就没有延续的力量，其社会效益也将随之消失。

编辑活动也是社会商品生产的一个组成部分，出版社通过图书商品的生产与交换获取企业发展的资本。在市场经济体制下，出版社也是一个生产经营单位，自负盈亏，成本核算对于它来说也是一本难念的“经”。因此，从图书出版中赢得更大的经济效益一直是出版企业生存的目标。本来生产图书的出版社也应该把获取更大的利润看成是情理之中的事，好书可以多印，印得多了，也就会产生相应的经济效益。问题是图书的“好”与“坏”并不完全从印数中反映出来，或者说印得多的不一定会产生相应的社会效益，这就为出版社在赢求更大的社会效益与经济效益之间带来不可避免的矛盾。到底如何生存？生存的空间能有多大？所有出版社都在不断寻找社会效益与经济效益的平衡点以使自我合法生存。

其实，图书的社会效益与经济效益并非水火不相容，并非矛盾，而应该是互相依赖，互为支持，相互统一的。将图书的社会效益与经济效益相分离的做法是不符合商品经济规律的，图书的内容与形式是人类劳动和文明成果的结晶，它本身就包含了可交换的价值量。而且，出版部门首先是要出精品，把最好的精神食粮贡献给社会，把最美好的东西奉献给读者，作品精良，读者广泛，图书的发行量就大，覆盖面就广，图书的销售上去了，传播范围宽阔了，影响力深远了，经营效益也就随之增多了。许多书都在创造极好社会效益的同时也为出版社带来了相应的经济效益，这就是所说的“双效书”。但像学术著作之类的图书，由于社会需求量少，因而经济效益受到影响。对此，许多出版部门通常采取的做法都是以盈利空间较大的畅销书来养学术著作。这便是一种求取社会效益与经济效益平衡点的做法。经济效益好才能为精品图书的发展提供物质保障。从两者深层次的关系上讲，图书的经济效益是建立在社会效益基础之上的，图书的正确导向是出版能够立足的保证，如果出版一本思想内容不健康、政治方向有问题的图书，出版部门是要被制裁和取缔的，所以只有根植于良好的社会效益基石，经济效益才会更加牢固牢靠，更有发展前途。

当然，求取平衡点绝不等于钻政策的“空子”“打擦边球”之类。那种把两种效益对立起来，或只见精神、不见物质，或只见物质、不见精神，或是以牺牲社会效益为代价换取经济效益，或是只倚重社会效益而漠视经济效益，都是对编辑出版宗旨的曲解，都是不可取的。

3. 编辑活动是不断对作品进行选择与加工的活动

选择是编辑活动的重要功能和基本特征，也是编辑活动的普遍规律。

孔子编修《六经》始终坚持“不语怪、力、乱、神”的选择标准，通过筛选，使得《诗经》保持了“风雅精神”，体现了“温柔的儒家诗教”；而《易经》则又删除了繁乱的神怪内容，削弱了文稿原有的神秘性，为这部占卜书籍赋予了更多的哲学内涵。可见选择与编辑之间的渊源关系。编辑对历史文化典籍的选择有益于延续、保存和发展传统文化，对当代著述的选择有益于反映文化发展现实，对外域文化的选择有益于把握意识形态方向。选择是编辑价值体现的重要规律和基本途径。

编辑活动是对已选定的科学文化成果不断加工的活动。选择极其重要，但加工是对选中的客体进行进一步修饰的工作，因而更加重要。历史一次一次地淘汰那些落后的、粗野的、愚昧的东西，同时留下先进的、文明的、科学的知识，经过编辑加工成为有体系的图书成果。编辑加工是创作的延伸，是编辑对作品进行的创造性劳动，通过加工，可以使作品增值。加工作品不是主观地改变作品，更不是粗暴地“划伤”作品。它是在理解作者、尊重作品基础上进行的锦上添花工作。它会经过一些交叉、比较甚至反复的过程，这是科学的认识活动的必然程序，是客观公正的理性态度择善而从的决定。因而在某种意义上，加工也是一种选择，是对书稿内容和形式进行局部的或者某一细微之处的选择。不仅对它已有的内容决定其去留，对缺陷和不足予以弥补，更要捕捉它的独到之处、得意之笔，使之更加光彩、更加突出。因此，能否通过编辑加工使作品增光添彩是对每一个编辑工作能力的考验，只有有胆有识的编辑才具有这种慧眼。

第三节　编 辑 工 作

一、编辑工作的基本原则

编辑工作中有一些根本性的东西是不可改变的，倘若有所改变，出版工作的方向就会发生改变，性质就会发生改变。这些根本性的内容制约着选题、审稿等编辑出版的重要环节。影响选题、审稿的重要因素之一便是不可背离编辑工作的基本原则。因此，制定与明确编辑工作的基本原则十分必要。

1. 政治标准第一的原则

政治是一种以上层建筑形式存在的客观现象。政治作为客体可以是政治制度、政治设施，也可以是政治思想、政治观点。人们对政治这一客体现象的主观认识以及在实践中所表现出的政治观点、政治立场等是政治意识的表现。政治是一种社会历史现象，它与国家政权和经济生活密切相关。对政治的全面、深刻了解有助于编辑正确认识出版工作中的方向，确立政治意识。正是由于政治与国家政权和经济生活密切相关，因而政治意识便带有浓重的责任色彩。图书出版的主要任务之一是宣传党的路线、方针与政策，出版物是党的重要舆论工具，所以必须高度重视编辑工作的政治意识。毛泽东同志1948年4月2日在《对晋绥日报编辑人员的谈话》中明确指出：“报纸的作用和力量，就在它能使党的纲领路线，方针政策，工作任务和工作方法，最迅速最广泛地同群众见面。”他指出，对于自己的报纸，必须于每天出版前，由一个完全懂得党的正确路线和正确政策的同志，将大样看一遍，改正错误观点，然后出版。这充分显示了毛泽东同志对于出版物宣传党的政策的高度重视。强调政治标准第一的原则，编辑必须承担相应的责任，具有高度的责任感、历史使命感和合格的政治素质，能自觉按照党和国家的政治要求，严格把好出版物政治关，充分发挥编辑出版工作的政治职能，为社会主义服务，加强阵地意识，防止错误、反动思想的侵蚀与干扰，维护党和国家的政治利益。

编辑的政治意识决定编辑的文化选择。审读并修改稿件的过程是一个创造并产生文化导向的过程。编辑选题、组稿就是在一一进行精神产品的比较和鉴别活动，什么准予出版，什么不可通过，政治标准是首要标准。这种政治制约性即是图书出版中的“一票否决制”。从出版物的主流中表现出的政治导向性体现了占统治地位的阶级意志和要求，它以传播媒体的形式表现出国家政权对政治和经济制度以及社会生活的一种文化导向。所有正规出版物都是政治主张下的产物，具有认同性者才可获“准生证”，一切否定的内容必定是与政治相违背的。确立政治标准第一的原则还因为出版物是宣传、舆论工作的重要途径和方式，一切政治主张、目的都可以通过出版物得到广泛的传播，出版物是党对群众宣传自己的理论和政策的喉舌，所以出版物的编辑工作应该密切联系群众。列宁在给格·米雅斯尼科夫的一封信中说，出版“是政治组织的中心和基础”。① 毛泽东同志在《对晋绥日报编辑人员的谈话》中说：“我们的政策，不光要使领导者知道，干部知道，还要使广大的群众知道。”针对有些同志不习惯于做群众工作，毛泽东同志指示：“办好报纸，把报纸办得引人入胜，在报纸上正确地宣传党的方针政策，通过报纸加强党和群众的联系，这是党的工作中的一项不可小看的、有重大原则意义的问题。”20 世纪 50 年代末，针对新闻工作出现的一些不良倾向，毛泽东同志提出了坚持“政治家办报”的主张。所谓政治家办报，实质上就是必须坚持政治第一的原则，对某些错误观点不敏感的书生办报现象毛泽东同志予以了批评，要求办报者必须一下子看到问题之所在，假如优柔寡断，不能在复杂的情况下辨别是非，也就难以坚持出版物的社会主

① 列宁全集[M]. 第 42 卷. 北京：人民出版社，1987：85.

义方向。

确立政治第一的原则还应注意政治必须与理论工作紧密结合。毛泽东同志在坚持政治家办报的同时，极力反对报刊只突出政治的做法。1964年3月22日，毛泽东同志批示《人民日报》吴冷西："《人民日报》要搞理论工作，不能只搞政治。"①1964年6月，毛泽东同志又指出："《人民日报》长期以来不抓理论工作，从《人民日报》开始办起，我就批评了这个缺点，但是一直没有改进，直到最近才开始重视这个工作。过去《人民日报》不搞理论工作，据说是怕犯错误……不要怕犯错误，而是犯了错误就改，这就好了。"②

强化政治意识在市场经济条件下具有十分重要的现实意义。市场经济是一把"双刃剑"。许多编辑有一种糊涂的认识，即：讲政治就不能搞市场经济，搞市场经济就不能讲政治，把二者对立起来。的确，在市场竞争机制中，一些纯理论的、纯学术的、纯精神的图书受到生存挑战，因为读者对象缺乏、编辑利润指标要求等原因，这些出版物成为无人看好的"不赚钱的东西"，而越是非政治的、越是哗众取宠的图书反倒越有极好的经济效益。政治意识在出版工作中是一种明确的指导思想，只要指导思想正确，就应该理解文化产品的直接效益与间接效益、眼前利益和长远利益的辩证关系。图书作为精神文化产品，最终要通过人们思想观念、思维方式与客观事物相结合转化为物质产品。精神产品的产品成果是以武装读者大脑、潜入读者思维、转化到其他物质产品生产中等形式出现的，当然区别于物质产品的直接效益。其最终成果并不亚于物质产品所创造的利润。在政治原则第一的前提下，所有出版领域都是可以开发的空间。有无政治观是编辑工作中政治意识的重要思想基础，是在复杂形势下编辑始终保持清醒头脑的重要思想保证。只有这样，编辑才会积极倡导有利于国家统一、民族团结、经济发展、社会进步的思想文化，注重书稿中的科学知识、科学思想、科学方法，引导先进文化的方向，真正起到党和人民的喉舌作用。

---

① 《人民日报》要重视理论工作(1964年1—12月)[M]//毛泽东新闻工作文选．北京：新华出版社，1983：217.

② 马齐彬，等著．中国共产党执政四十年：1949—1989[M]．北京：中共党史资料出版社，1989：249.

2. 丰富文化原则

编辑出版是繁荣学术、积累存储知识、传播人类思想文化、创造精神环境等方面的重要工作。本着丰富文化基本原则，编辑应在文化积累、文化传播、文化导向等几方面做出积极的努力。

(1)文化积累要求编辑注重发挥文化成果的存储作用。正如没有电的发明就不可能有电子计算机，没有蒸汽机就不会有汽车火车一样。文化的传承是因为文字符号的出现，纸张等载体材料的普及，才使所有人类文明突破口耳相传得以“白纸黑字”方式记载下来。今天的人们享受着前人创造的文化，也为后人留下今天的文化财富，可以说，自人类进入文明时代以来创造的文化成果，在很大程度上是靠编辑出版记录保存下来的。

(2)文化传播要求编辑出版物能够超越时空产生作用，不仅将远古时代的文化创造准确地记录下来传之久远，而且还会使远隔重洋的异域文化得以交流融会。贯彻“古为今用，洋为中用”的方针，正确对待传统文化和外来文化，既反对盲目崇拜传统，颂古非今，又反对否定一切传统的历史虚无主义。编辑工作还应正确对待不同民族文化的相互影响，各民族文化有相对的稳定性，故而要创造出具有本民族特征的文化，同时在接触和交流中相互影响、融合和吸引，使不同文化的碰撞、借鉴得以顺利、及时地进行，全人类文化创造的成果得以共享。通过编辑的工作使文化传播内容更加广泛，传播范围更加辽阔。

(3)文化导向是指编辑对文化发展起着指引方向的作用。编辑工作并不只是被动地记录和机械地“搬运”人类的文化创造成果，而是按照一定的原则、标准对人类文化成果主动地选择，编辑工作是人的文化主体性的充分体现，而编辑出版对文化成果的选择又直接影响着文化的发展方向。

丰富文化的基本原则还有一个重要内容，即自觉贯彻“百花齐放，百家争鸣”的编辑方针。“百花齐放，百家争鸣”不是以编辑一家之见确定出版内容，更不是以某个学术“权威”的观点为标准决定出版物的取舍，相反，它有利于巩固马克思主义阵地，有利于活跃学术空气，有利于促进文艺和科技发展。在坚持政治标准第一的原则基础上，任何学术流派都可以有发表意见的权利，任何具有代表性的学术观点都可以展示他人。其实，也只有允许各抒己见，才可开阔思路。话不说不清，理不辩不明，雅俗共赏、多种多样才会显示一个开放的社会、开放的学术环境，才会丰富文化。

叶圣陶先生关于编辑出版工作曾有一句名言，即“有所为，有所不为”。他说：“开明书店是一个私营书店，当然要赚钱的……但开明不光为赚钱，我们有所为，有所不为：有所为，就是出书出刊物，一定要考虑如何有益于读者；有所不为，明知对读者没有好处甚至有害的东西，我们一定不出。这样做，现在叫做考虑到社会效益，我们决不为了追求经济效益而不顾社会效益，我们决不肯辜负读者。”①其实，所谓“有所为，有所不为”是辩证统一的哲学观。因为世事不可能全“为”，因此，在“为”某一事时，必然也在“不为”更多事。重在选择何为“为”者、何为“不为”者。编辑亦是如此。是追求社会效益还是追求经济效益，需要选择；是迎合作者还是满足读者，需要选择；是不顾出版部门性质想出就出，还是坚持某种风格与特色有选择地编辑出书等都需要选择。选择得当，受益无穷；选择失误，会让这种“遗憾的艺术”抱憾终身，个人失误事小，误导读者事大。至今，编辑出版工作都应坚持此原则。

3. 质量第一原则

质量是图书的生命。质量第一的原则在编辑工作中的具体含义是：

(1)优质的图书方可长存于世。衡量一个时代、一个民族、一个国家书籍出版事业的成就，首先不是看书籍的数量，而是看书籍的质量。只重数量不重质量的出版是短期行为，编辑只有将图书的质量放在第一位才可使图书流芳百世，编辑价值才可得以最终实现。图书出版必须认真处理数量和质量的关系，把质量第一作为首要原则。当然，没有一定的数量也不能满足社会读者的需要，也不利于提高质量。但是，增加品种数量要以保证质量为前提，没有质量保证的数量，对社会和读者都是毫无意义的。

(2)重视图书质量是对读者负责、为社会服务的具体体现。为读者服务、为社会服务是编辑工作的基本方针。能否贯彻这一基本方针，主要取决于能否满足读者、社会精神产品的需求。编辑人员重视图书质量也就应该多出版健康有益的丰富人们精神生活的书籍，努力提供内容健康、格调

---

① 邵益文．一切为了读者：叶圣陶编辑思想的核心——在叶圣陶编辑出版思想和实践研讨会上的发言[J]．淄博学院学报：社会科学版，2000(2)．

高雅的读物，使人们精神生活丰富多彩。坚决抵制色情淫秽和封建迷信读物的出版。

(3)质量第一的原则是由设计选题、制订规划、开展组稿、审稿等各项工作组成的。每一环节都是图书质量的组成部分，既可为图书质量增光添彩，也可因为某一环节的失误出现瑕疵。内容与形式两方面都是图书质量的组成部分，内容部分在图书质量中起决定性的作用。优质的图书选题还需要完美形式相衬，为图书质量增值，但仅有完美形式的图书是不具生命力的。

(4)为了保证图书质量必须建立科学合理的评价机制、监督机制、奖惩机制和保障机制，增强编辑人员责任感，强化质量意识，把好图书质量关。

4. 效益原则

效益分为社会效益与经济效益两种。图书的社会效益是指出版后的图书在社会上产生的好的或不好的影响。经济效益是指图书出版后带给出版部门赢利或亏损的利益。一般情况下，特别是在以公有制为基础的社会主义国家，图书出版应该带来相应的经济效益，两个效益的同时兼顾称为“双赢”，但两个效益也会有发生矛盾的时候。社会效益极好的图书，可能会因为读者面窄，发行数量少，经济效益不是很理想；也有时，某类书会带来极好的经济效益，但社会效益极差，社会不允许其出版。两个效益“双峰对峙”，只有“双赢”才是图书出版的最佳效益。

效益原则的具体内容是：

(1)图书出版在获取最佳社会效益时也带来最大的经济利益，这是一种理想模式。

(2)当非理想模式出现时，编辑必须取一舍一。此时“效益原则”生效：社会效益第一。

(3)“效益原则”的实质是维护并积极支持“双赢”，质量即可产生效益，优质图书也应当带来良好的经济效益。

(4)质量第一原则与效益原则并非矛盾，既要质量也要效益。与此同时，坚持效益原则是对质量第一原则的最大支持。

“效益原则”在坚持社会效益第一的条件下，也强调开动脑筋，做出品牌，广开渠道，增加发行，获取最大的经济效益。出版部门本应也像工农业生产部门一样，把盈利看成情理之中的事，这是它求取生存、发展自我之本。作为独立经营、自负盈亏的经济实体，其经营活动既要考虑精神产品的特性和要求，又要考虑市场的作用和价值规律，争取最好的经济效益。市场经济体制带给图书出版广阔的空间，充分利用市场提供的机遇、手段、机制为高质量图书创造较大的经济效益，这是编辑工作中应考虑的首要因素。

效益原则需要法律、经济、行政手段乃至政治思想工作的监督与保障，一旦违背这一原则，单纯为赚钱而出书，或者降低出版品位，迎合低级趣味者的需求，便会使书籍质量下降，在社会上产生不良影响。此时，外部环境可以对编辑进行有效控制，故而，健全的法制和出版秩序，国家出版事业的宏观调控和计划调节是必需的。从出版内部来说，提高编辑的文化素质，增强其社会责任感，加强市场经营意识，提高经营管理水平，都应为两个效益的统一提供保证。事实证明，只有坚持效益原则，才会为出版事业带来辉煌前景。不重视图书质量，单纯追求经济效益的出版部门最后往往走入困境，举步维艰，直至倒闭。

5. 主体性原则

通常情况下对稿件的鉴别总是看它是否符合政治标准第一的原则，是否观点正确、材料确实、文字通顺、表达合理。不符合这些要求的当然不能出版。但是，符合了这些要求的稿件是否就能出版了呢？回答同样是否定的。因为即使符合了这些要求，如果没有新的东西，即新论点、新见解或新的材料、内容或新的表现、风格，而是人云亦云，陈陈相因，也毫无出版价值。在中国出版史上，曾经由于“左”的倾向影响，编辑思想上宁“左”毋右，抱着本本看稿，在观点上但求不为人先，对于新的见解，即使不视为“异端”，也不轻易通过。一个新论点、新提法，要以《人民日报》或权威刊物上发表的文章中是否讲过作为标准，讲过的或提过的，方可采用……如此做法，在传统编辑工作时代曾经是可行的，但在当代，它无法体现当代编辑所承担的历史重任，与时代精神相背离，是应摒弃的。

编辑工作的主体性与时代有着紧密联系。编辑主动参与时代发展、反映时代文化具有重要的历史意义与现实意义。跟随时代含有两方面的内容：一是编辑对国内外形势、国家大政方针理解透彻、把握准确，对时尚潮流领悟力强，并能找到与之相对应的图书市场热点；二是对图书市场中业已形成的热点进行快速跟踪。

现实社会生活节奏越来越快，当人们还来不及对形势作出正确估价时，昨日时尚已经不再引领潮流，被另一个时尚所代替，此时，刚刚上市的图书既替代了头一代选题，同时也被后一选题所替代。图书生命周期越来越短，出版节奏也越来越快。如果编辑不能紧跟潮流，主动参与、融入社会，就会被昨日选题所引领，走进一个不再新鲜的话题。因此，沿袭传统选题思路模式难以取得昔日辉煌，特别是对在地域、专业、文化资源等方面都不占优势的出版部门而言，紧跟时代应该是一种低成本、经济实用的运作方式。纵观近年来的图书市场，几乎所有图书热点的形成在某种程度上都扣紧了时代脉搏。如《老照片》系列是编辑深刻体会了读者被日益市场化的生活所触动的某种意味深长的回忆心情，因而带出系列“照片”书热；再如《绝对隐私》带来的“隐私”热不也是日益开化的社会中读者想要保留的一点点心灵栖息之地以固守个人的最后一片天空吗？更不要说《谁动了我的奶酪》《数字生存》等的策划出版了，无一不是现实生活的反映。

编辑工作是一种创造性的智力劳动。编辑主体性可以体现于多方面。选题策划就是一种体现编辑主体性的创造性劳动，有可能遭遇失败，其中的变量与不定因素较大，因而，可活动的空间也大，体现主体性的价值也就十分明显。审稿相当于“来料加工”，其过程基本上可由编辑把握，因此，发挥编辑主体性更多地侧重在选题策划环节。编辑工作的主体性原则同时也强调了编辑工作的预见性，折射出编辑案头工作技术含量的高低，是编辑对图书亮点转化为卖点而主动全程介入各个环节的有机组合过程。一本图书的运作成功与否很大程度上与编辑选题策划的主体性有关。

编辑的主体性并不仅仅体现在策划一个好选题上，如果编辑技术含量太低，即使能体现选题主体性原则，也无法挖掘出编辑主体性的潜在品质。编辑工作技术含量高低从多方面体现出来，例如确定书名。当然，作者一般都会给书稿选定一个书名，但它并不一定就是图书最终出版时的名字，正如孩子一出生就会有一个称呼一样，但却极有可能与其学名不一致。编辑可以充分开动脑筋，挖掘书名的亮点，既切合图书实际又能吸引读者注意。再如，编辑可从审读的书稿中、与作者的接触中、了解潜在的图书读者过程中等多方面尽量寻找书稿中可以进一步深挖的题材，并将此题材做深做透。本是作者未想到的却被编辑想到，当然会赢得作者的信赖，也可促使作者更加努力创作，还可满足读者，可谓“一举三得”。另外，在编辑目录、索引、插图、版式、封面等书籍辅文与书籍形式时尽量实用周全、新颖别致，外观讲究艺术效果，形成视觉冲击力。目录、索引等辅文，作者通常认为是编辑的事，即使是做了也十分不内行，更多的则是不爱做、不知道怎样做。其实，这种检索性辅文是利用书籍的有机条件。目录较之索引简单，作者做得也多。而索引，如果作者不做编辑一定要做，这是编辑技能的最佳表现。遗憾的是现在大多数的编辑也不爱或不知怎样做索引。在国外为了防止出现这种情况，专门规定了某几类书如果著作页在 300 页(32 开的书 600 面)以上时必须要有索引。我国也应该学习这种为读者着想的实实在在的办法。书籍的版面式样及封面、插图也是发挥编辑技能的有效场所。还有，书与书的不同，除了作者写的内容性质不同之外，编辑技能不同大多表现在辅文安排与版式设计上。巴掌大的 32 开版面上，其实足以表现编辑技能。但它只属于那些肯动脑筋，会动脑筋的编辑思想家。特别是在大多数书籍版面千篇一律的情况下，别出心裁的编辑就有了广阔的设计空间。独创性也是开创性。读者喜欢的一定是能充分发挥编辑技能的编辑。这些条件的充分利用既可为图书的发行销售奠定基础，又可显现各个编辑的不同风格、特色。

其实，编辑工作主体性原则无论是策划选题阶段还是加工过程都大有文章可做，注重编辑技术也是展示编辑经验与编辑技能的最佳选择，有了扎实的编辑基本功才能主动积极地工作。

二、编辑工作规范

所谓规范是一种约定俗成或明文规定的标准或法式。编辑工作规范是编辑出版部门根据需要制定的规则，对于编辑及其编辑部门成员有一定的约束力，应为编辑所共同遵守。

编辑工作规范分为道德规范、制度规范、技术规范等内容。编辑工作规范必须适合精神产品的特点，有利于发挥编辑人员的创造性，有利于出版物的创新，有利于形成新的出版特色。编辑工作规范不是一成不变的，随着时间、对象、适用范围的改变也会发生变化。一般而言，道德规范中的基本原则和精神，反映了编辑活动的本质特征和规律，有普遍的、长期的适用性。制度规范、技术规范中的基本程序、基本制度和基本标准，也有相对的稳定性和较广泛的适用范围。其他的一些规范则会随着情况的变化而变化，或者由于出版物的性质、类型的不同而变化。因此，一方面要坚持编辑工作规范，另一方面这些编辑工作规范又要适应情况的变化，还有一些规范允许区别情况灵活变通执行。这样既有利于实现编辑工作的社会功能，保证出版物的质量，又有利于发挥编辑人员的创造性，形成具有鲜明个性的出版物的特色和风格。

1. 编辑道德规范

孔子主张："志于道，据于德。"(《论语·述而》)这里的"道"指理想的人格或社会规范正当的事理，"德"指立身根据和行为准则。因儒家以仁义为道德的重要内容，故孔子所说的也就为仁义道德。《老子》中的"道"指事物运动变化所必须遵循的普遍规律或万物的本体。"德"和"得"意义相近，指具体事物从"道"所得的特殊规律或特殊性质。对于"道"的认识修养有得于己，亦称为"德"。《老子·五十一章》："道生之，德畜之……道之尊，德之贵，夫莫之命而常自然。"认为"道"和"德"虽尊贵，却不是什么主宰，而是一切任其自然。优秀出版物是先进内容与完美形式的有机结合，是代表时代水平、推动社会发展的动力，是国家政治制度要求、文化质量标准和受读者欢迎程度的综合反映，优秀出版物的生产离不开人，从优秀出版物构成的内涵来看，它需要编辑有高度的职业道德。因此，中国古代道德观对于今天的编辑而言仍有其积极意义。在西方，道德源于拉丁文 moralis，意谓风俗、习惯、品性等。

现代社会所说的道德，是以善恶评估的方式来评价和调节人的行为规范的手段，是人类自我完善的一种社会价值形态，也是人类社会意识形态之一。道德包括主观和客观两方面。客观方面指一定的社会对成员的要求，表现为道德关系、道德理想、道德标准、道德规范等；主观方面指人们的道德实践，包括道德意识、道德信念、道德判断、道德行为和道德品质等。

编辑道德首先是在国家法律、法规规定的范围之内。法律、法规约束一切人、事物和行为，编辑工作自然在其中。其次，编辑道德也必须遵守党和国家的方针、政策。党和国家的方针、政策是指导编辑工作的适时准则，具体的作品对象不能与之相违背。党和国家的方针、政策是编辑加工工作的政策规范。这两条看似不难但极为重要，关系到出版物的方向性和整体质量，不可有半点含糊。再次，必须遵循国家制定的统一标准。为了规范各项事业，国家不断出台一些行业标准，其中也不乏出版事业的各类国家标准。显然，编辑必须遵循编辑加工工作的行业规范。如《著作权法》《出版管理条例》《图书质量保障体系》等都不可与党的方针、政策相违背，必须在实际工作中一丝不苟地贯彻执行。最后，编辑必须尊重日积月累的良好习惯。因为良好的习惯做法常为大众所接受，或成为约定俗成的规矩，编辑的工作如果与之相左，就会违背常理，脱离大众。日积月累也就成为编辑工作中的习惯规范了。

编辑道德首先是社会对编辑行业行为的规定，也是编辑工作的性质、任务和要求所决定的。优秀出版物的内涵，首先在于它有健康的思想。它集中体现了一个国家、一个民族的时代精神，是一种高品位、高格调、高质量的精神食粮。它对提高全民族素质，构筑良好的文化氛围，促进经济发展和社会全面进步起到推动作用。优秀出版物的这一内涵，决定了编辑必须以生产、传播和积累社会文化为己任，必须具备强烈的使命感和责任感，必须有崇高的职业道德，其道德必须符合社会文化生产、传播、积累的规律，并受其制约，只有这样，才能把历史的文化积淀和时代的发展成果熔铸成精美的出版物奉献给读者。优秀出版物是编辑健康思想最集中的表现。如果背离这种客观规律，编辑活动必然会被社会谴责为没有道德。

一个没有脱离低级趣味的编辑，不可能生产出代表先进文化的出版物，也不可能生产出优秀通俗读物。编辑代表社会和读者选择他人所创造的作品，并通过出版或其他方式，使其能最大限度地被读者所利用。因此，如果编辑不能代表社会和读者的利益进行选择，单凭个人之喜好，或降低读者阅读水平，或误解读者需要，或歪曲作者本意，出版了不应传播之产品，社会也会对其进行道义上的谴责。

编辑道德具有历史性，其内容和形式受一定的社会物质生活条件制约，形成不同的道德历史类型。如在中国封建社会里，儒家经典至上，任何出版活动都将儒家所推行的一套完整礼仪之风、君主之道的宣传视为得道，而将哪怕是对儒家法则作出丝毫怀疑的作家和作品都毫不留情地打入冷宫。春秋时孔子将“述而不作”“学而后编”作为编辑道德的首选，是为“非天子不议礼、不制度、不考文”。再如，社会主义时期与资本主义时期的编辑道德标准有着明显区别，所维护和宣传的内容带有明显的时代性。今天，编辑道德的内容又与过去有了鲜明对比，如果不能实事求是、不能反映最先进的文化方向、不能总结最优秀的文化遗产而只唯“利润”至上，编“关系文章”，发“人情稿”，就是不道德的。不道德或道德弱化的编辑，很难想象他会去构思、策划优秀出版物的出版，而事实上，弱化的职业道德也注定了他无法编辑出版有高尚道德情操的精品出版物。只有那些具有高尚道德情操的人才会利用自己的聪明才智，利用有限的资金多为社会编辑出版优秀出版物。

道德与利益密切相关，总是反映和维护一定的利益，在阶级社会中具有阶级性，由一定的阶级利益所决定，又为一定的阶级利益服务。编辑道德同样如此。当统治者认识到出版文化对巩固社会地位、维护阶级利益的重要作用时，他们会格外“垂青”于这项文化工作，严格控制文化生产编辑加工环节，注意出版物传播范围，把握最佳出版时间，关注这项影响到子孙后代的文化积累工作。

编辑道德既受经济基础制约，又具有相对独立性和能动的反作用。依靠社会舆论、习俗和内心信念的力量，以“应当”如何的方式调节编辑自身的行为。在经济基础制约之下，编辑道德水平会有不同的反映，高尚与低下，崇高与卑微、私利与公正都会从所编辑的出版物中得到一览无余的展示。那种高尚的编辑道德会深入到出版物中，通过出版物在社会上的流传潜入人心；反过来，出版物受到欢迎，又是对编辑道德的充分肯定与高度赞扬，会激励编辑策划加工出更加符合社会需要的作品来。编辑道德对于个人而言，受编辑个体主观思想的影响和制约，与一个人的品行有着密切联系。良好的品行有益于编辑道德朝着社会公众要求的方向发展，使其编辑的出版物在选题、加工、装帧设计等方面更加符合读者的愿望。

编辑道德具有强烈的实践性，以指导编辑行为为目的。道德是意识形态的一种，它只有落实在编辑行为中时才会对社会产生直接的效益。编辑道德当然也体现在编辑的出版物中，每一种出版物都是在编辑道德的指导下完成的。中国改革开放之后，实行了市场经济体制，一些编辑热衷于打“擦边球”，热衷于出关系书、买卖书号，他们的传播活动往往以金钱为轴心，把经济利益凌驾于社会效益之上，这是编辑价值取向的严重扭曲，是编辑道德弱化的集中表现。

道德具有人类的共同性。由于人类在生存和发展中面临着诸多共同的行为调节问题，在不同的道德体系之间，具有某些共通或相一致的方面，依据道德的这种全人类性，可以为编辑道德取得统一的基础，在共同基础上发展的编辑活动与从事的编辑工作会对全人类产生深远影响。

2. 编辑制度规范

编辑制度规范是编辑应该坚持的程序和制度。所有的程序和制度均与编辑长期工作经验有关，是编辑在长期工作实践经验中总结出来的，如果没有这些统一的规章制度，编辑行业不会成为一项专门职业，也就不会产生称为“编辑”的人。编辑制度规范大多有明文规定，但也有一些是工作习惯，如果在编辑工作中违背了这些习惯，轻则可被人指责是“孤陋寡闻”“乱弹琴”，重则是“犯了常识性错误”，所以习惯规范也要遵守。例如，近年来“中央电视台”已被习惯称为“央视”，如果硬要在行文中列上“中央电视台”，其烦琐、累赘不说，还可能增加作品的出错率，同时，也会被读者认为多此一举。

国家标准分为强制性标准 GB 和推荐性标准 GB/T 两类，也就是说国家技术监督局在制定标准时是立足于倡导规范化，而非立足于强求一律。除个别做法要求统一外，所定标准多为推荐性的。我国标准化法规定，强制性标准“必须执行”，“推荐性标准，国家鼓励企业自愿采行”，“推荐性标准一旦纳入指令性文件，将具有相应的行为约束力”。这充分体现了客观的、具体问题具体分析的思想。在实际的编辑工作中，可以根据不同的作品对象做不同的处理。

然而，在编辑工作中普遍存在着对国家标准学习不够、了解不深，运用失当的现象。例如，有关数字用法的国家推荐标准提倡使用阿拉伯数字，一定程度上是为了与国际接轨。因为阿拉伯数字在英文中应用得十分普遍。但自推荐性标准颁布以后，无论是用于计算、统计的出版物还是叙述、文学描述等读物中的数字都一律换成了阿拉伯数字。其实，阿拉伯数字在计算、统计时确实简便易行，但并不适用于叙事和文学作品中的描述，因为它会破坏作品行文中的美感。本来，国家推荐性标准也是可以灵活掌握和运用的，而因为某些部门的僵化推行便使编辑的文字加工有悖常理，显得滑稽可笑了。

编辑制度规范是编辑工作规律的反映，它具有实际操作性。正如所有的编辑过程都必须遵守的程序一样，从选题开始或从阅读作者投稿开始，然后才能审读、加工、装帧设计、校对，假如破坏这种程序，先从装帧设计开始，必是无源之水，无本之木，无从做起。如果是其中某一部分，其过程也同样有先行后做、先来后到的秩序。如审读只能从头到尾，而绝对不可从作品的中间某一章节读起，否则便是违背工序，会造成大误。操作程序必须踏踏实实地遵循，而不能从简省略。跳过编辑过程的任意一环都不可能编辑出完美的作品。

例如，编辑加工中必然会遇到一些语言规范化问题。语法学本身是一门研究遣词造句规律的科学。这一学科所遵循的遣词造句规律被认作语言规范的标准。现代汉语的规范化工作经过几代语言学者的努力，已形成一整套行之有效、普遍认可的规范标准。这些标准，有些以文件形式出现，有的被作为法律法规颁布实施，还有的以规章制度要求人们遵守。作为语言文字工作者的编辑，其职责就是学习、掌握这些规范标准，并把它们准确地运用到加工对象上，对加工对象的语言进行梳理、辨析，力求使稿件达到国家标准和行业标准。编辑为此所进行的一系列工作都是编辑语言规范化工作。

编辑制度是全体编辑共同遵守的、按一定程序办事的规程或行动准则，如选题审批制度、审稿制度、校对制度、成品检查制度等。种种制度可以使从业者少走弯路，提高工作效率。然而，制度也有一定的历史性，当时代变迁，人们广泛应用高新技术手段时，旧制度会变成羁绊发展的绊脚石，制约工作效率的提高，需要被新的制度所取代。新制度在经历了一个痛苦的“分娩”阶段后诞生成为发展先进生产力的重要力量。

制定制度的目的是为了出版更多的受读者欢迎的出版物，坚持编辑制度是因为编辑制度有利于高质量出版物的出版，有利于增强作品的社会效益与经济效益。因此，如果取消编辑工作的某些程序和制度，可能会增加单位时间的出书量，但出版物的质量却会降低。特别是在社会主义市场经济阶段各种思想潮流都十分活跃，如果“关口”把守不严，制度形同虚设，就会使一些伪劣图书流传到社会上毒害人们的思想。

3. 编辑技术规范

编辑是一项不仅需要思想而且还需要技术的工作。既然有技术就有对技术进行规范的必要。编辑工作的任务是通过出版或其他手段交流信息，传播和积累知识。为了便于信息知识的交流和文献资料的检索利用，需要有统一的标准和规则，这就是编辑工作的技术规范。对编辑产品和出版物的质量、规格、检验方法以及对编辑常用的符号、图形所作的技术规定都是编辑规范的内容。它是从事编辑文化生产、建设的一种共同依据。规定和推广这些编辑工作规范，对于保证作品顺利出版、提高出版物质量、合理利用资源、便利协作配合和提高编辑劳动生产率等都具有重要作用。

编辑技术规范有一部分由国家制定颁布，也有一部分是编辑实践中的约定俗成，分指令性规范、指导性规范和参与性规范三种，三者执行时运用的灵活程度有所不同。指令性的技术规范以法规形式确定下来，是必须遵守的，而其他两类技术规范，虽有明确的要求，但未作硬性规定，执行时可以灵活变通。例如，1991 年国家科委、新闻出版署联合发布的《科学技术期刊管理办法》第 22 条明确规定："科学技术期刊应当实施有关国际标准、国家标准和法定的计量单位，使期刊的编辑出版工作标准化、规范化。"期刊的标准化项目主要包括编排规则、版式、名词术语、计量单位、简化字、人、地译名、简称和略语、标点符号、参考文献格式等。对期刊考评有硬性指标的项目一般都有明确的国家标准，部分为推荐性标准，关键在于熟悉这些标准并严格执行。

编辑按行业标准处理作品对象时，应对其到底是强制标准还是推荐标准区分清楚。有时，即使是强制标准也还有不够完善之处，这就是为什么国家标准不断进行修改的原因。例如，1987 年 3 月国家技术标准监督局曾下发 GB-7714-87 号强制性标准——《文后参考文献著录规则》，在实际运用过程中却由于过分烦琐、呆板而最终未能采用，说明国家标准也有一个逐渐完善的过程。在现行的某些标准中也存在相互矛盾和不妥之处。例如：GB/T15834-1995《标点符号用法》中"省略号用法"例句显示，省略号不与其他标准符号重叠使用，而"冒号用法"的例句却是："同志们，朋友们：现在开会了。……"诸如此类的问题还有很多。例如，"连接号"说是只占一个字的位置，例句"北京——广州"直达快车中却用的是两个字长的破折号。因此应该在遵循编辑工作技术规范的同时，强化编辑本人的专业与知识修养，尊重规范又不唯规范是瞻，具体作品具体处理。

总之，编辑道德规范、编辑工作规范和编辑技术规范是互相联系的，其根本目的都是实现编辑工作的社会功能，推动科学文化事业的发展繁荣。编辑工作必须遵守编辑规范，因为它们是保证出版物质量的基本条件，不可缺少，不可忽视，不可违反，凡忽视和违反这些规范者，都是未能充分、正确认识它们的重要性，不能正确处理改革与编辑规范的相互辩证关系。同时，还要辩证地理解和灵活地运用编辑规范，要认识“规范”有一个完善过程，做到尊重而不盲从，不能把规范变成束缚手脚的僵化条文。而编辑做到这一切的条件是，必须加强学习勤动脑，在实践中善于总结规律，促进规范向更科学、更完善的方向发展。

第三章 编辑人员

编辑是出版事业的中心环节，编辑人员是编辑活动的关键。从人力资源管理的角度分析，人力资源是指能够推动整个经济和社会发展的具有智力劳动和体力劳动能力的人们的总和。对于一个出版企业来说，人力资源则能够帮助实现企业的经济和社会效益。编辑人员作为出版社的关键人力资源，扮演着重要的作用。现在无论国家出版部门还是某一工作室都已认识到建立一支高素质的编辑队伍的重要性。它是出版企业赢得社会效益和经济效益的前提。

第一节 编辑人员的构成

一、编辑人员的构成

编辑人员指专门从事编辑工作的人员，一般分为文字编辑和美术编辑。除美术出版社外，文字编辑居主要地位。对于一般出版社而言，这两种类型的编辑分别承担着作品生产流水线中的不同任务，他们共同保证图书产品给人以从内而外的美的享受。当然，美术编辑的工作离不开文字编辑的建议和指导。

如果按专业职称划分，从高到低依次为：编审、副编审、编辑、助理编辑。国家目前采取多种方法来确定专业职称，对助理编辑和编辑职称的评定采取考试的方式，副编审及编审则采取考评结合的方法。

按工作职务划分，从高到低依次为：总编辑、编辑室主任、编辑。在编辑责任中，总编是终审人员，编辑室主任为二审(复审)责任者，责任编辑一般是承担初审的编辑。三者在书稿的审读过程中担任不同的角色，共同保证书稿的内容质量，其中就包括政治、学术、艺术、市场等诸多因素的考量。

在西方出版界，大多将编辑划分为组稿编辑和案头编辑。后者即是负责书稿加工工作的编辑。美国是按出版全过程中三个明显有别的阶段进行分工，分为策划编辑、责任编辑与生产编辑三者。策划编辑是核心，相当于生产经理，负责市场分析与决策、组稿。责任编辑负责选题之后的编辑加工，生产编辑负责制作与印刷，包括校对与装帧，保证制作质量与出版时间。① 中国改革开放后，西方这种划分编辑的方法也出现在我国出版社中，于是出现了策划编辑与文字编辑。

二、责任编辑与策划编辑

在日常的编辑活动中，有两类非常重要的编辑人员，即责任编辑与策划编辑。前者是按编辑对书稿所应承担的义务划分，后者则是从编辑人员的工作内容出发。对于一本书而言，有的时候责任编辑与策划编辑是同一个人，有时则不然。

1. 责任编辑

责任编辑是在图书编辑出版的全过程中起主导作用，并对图书的社会效益和经济效益负主要责任的编辑。责任编辑的名称是 20 世纪 50 年代新中国的出版事业初创时期从俄文翻译过来的。苏维埃国家出版社建立个人工作责任制是列宁倡导的，最初是为了明确政治责任。而现在的责任编辑通常既包括政治责任、经济责任、法律责任，又包括文化责任，实现文化传播的规范、先进和安全。目前书报刊的出版中都会在相应的地方署上责任编辑的名字，这既是一种责任，也是一种权利和义务的体现。这一安排使得责任编辑在分享作者的荣誉感和成就感的同时，也无法理直气壮地说“文责自负”这类带有推卸责任的话了。

责任编辑包含两层含义：一是在一定的历史条件下，按照一定的编辑方针对出版物进行策划、组织、审读、加工、评价，为文化建设提供支持与保障。二是从本职工作出发，干什么工作必须对什么负责，责任编辑应对自己所经手的出版物承担一定的责任。责任编辑不只是对一个具体的出

① 冯小竹．策划编辑、责任编辑、生产编辑[J]．中国出版，1999(3)．

版物进行编辑加工，而是以一个项目负责人的身份，始终体现主体意识，对选题出版的具体行为负全部责任。出版物的特殊性质决定了责任编辑必须对自己所负责的出版物后果承担一定的政治责任、法律责任、经济责任、道德责任。当出版物取得“双赢”时，责任编辑为社会、为出版部门做出了贡献，得到肯定的回报，是一种光荣与自豪；当出版物社会效益不好或出现经济亏损时，责任编辑当对此承担主要的责任，受到相应的处罚。责任编辑应当控制选题生产的全过程，除了对组稿、稿件编辑加工要具体实施外，对装帧设计、印刷复制、市场营销、货款回笼等都有提出要求并一一落实的必要。

对书稿负责的绝不仅仅只有责任编辑。责任编辑并不是一种职业，它是针对某个特定的书籍而产生的一种称谓。比如，某人是某某书的责任编辑，某人可以做责任编辑等，而绝不会有某某是责任编辑的说法。离开了书，就无所谓责任编辑了。从这个角度出发，与书有关的其他人员也会承担相应的责任，比如该书的复审、终审，甚至整个出版社都会为某本书担上一定的“责任”。这样，也更加有利于调动出版企业各个不同部门之间的积极性和荣誉感。因此，责任编辑与整个出版企业之间，往往存在着一荣俱荣，一损俱损的利害关系。

2. 策划编辑与策划编辑制

策划编辑作为一个专业名词是在我国 20 世纪 90 年代出现的，策划编辑地位的确立是随着现代编辑工作的发展而明确的。1997 年 6 月 26 日，国家新闻出版署颁布的《图书质量保证体系》已正式将“策划”列入“编辑出版责任机制”，并作为首要环节。策划编辑主要有以下具体工作内容：

(1)它是编辑出版的前期准备。在摸清了作者的素材及准备的文稿、出版市场及读者需求后，可以同作者一起进入制定选题、组织稿件、设计规划编辑出版的各阶段进程。

(2)代表出版社寻找合适作者，认真与作者协商稿件的写作方式和规模等细节问题，甚至参与到文稿的写作过程之中。

(3)在书稿写作的同时，甚至更早的时候，就考虑图书的宣传方案，直到付诸实施。

(4)图书投入市场后，密切关注图书的市场命运，身体力行参加宣传工作，扩大图书的知名度和影响力，以期得到最好的反响。

与策划编辑的工作内容相适应，目前许多出版机构采用了策划编辑制。策划编辑制是伴随着我国策划编辑群体的涌现而诞生的一项具有现代出版特色的新型编辑人员组织形式。这种制度适应了新形势下编辑出版工作发展的需要，从西方的实践经验来看，也被证明是一项合理的、先进的制度。策划编辑制对编辑工作的影响表现在如下方面：

(1)策划编辑制使编辑工作的流程双向延伸，并促使了编辑工作重心前移。传统的出版机制之下，编辑工作的中心和重心都在案头工作，即书稿的审读和编辑加工。而目前的实践证明，图书选题的开发与优化在现实生活中占有重要的地位，它与书稿的审编一起构成了生产优秀图书产品的双臂。策划编辑制突破了传统的编辑工作流程，使对图书市场的调查研究和分析及图书的宣传反馈都成为编辑工作的重要环节，大大强化了选题的重要作用，克服了传统编辑工作机制的局限和弊病，使编辑工作更加完善和系统化。

(2)策划编辑制让图书出版的整个过程更加和谐。传统的出版体制下，图书出版的各个环节都有专人负责，专业化确实得到了保证，但是也形成了各自为政的局面。图书从内容到形式，每个或几个环节由一个人负责，而一旦滞销或者出现其他问题，则互相推诿，难以找到问题的关键。比如编辑责怪发行人员宣传不力，发行人员则认为这类图书根本不适应市场需要等。随着社会的发展进步和一系列高新技术进入出版领域，编辑的素质和能力都需要得到相应的拓展和提高，客观上编辑已经具备了掌控全部图书流程的条件。策划编辑制下的书籍生产新方式，是以书籍选题的开发为主，并从整体上突破部门间的封闭式运作，从全流程上督促图书出版各个环节的一种大出版书籍生产方式，以选题开发为起点，一抓到底。

(3)策划编辑制为各种类型的编辑人才提供了发展的平台，有力地提高了编辑工作的效率。传统的出版人事管理机制是一种静态管理，缺乏人才的流动。老话说，树挪死人挪活，只有注重编辑个体的多样性和心理素质的差异性，才能够人尽其才，人尽其长。策划编辑和文字编辑分开的改革，是编辑工作更趋专业化和精深化的表现之一。然而，不可忽视的是，有的优秀编辑既有良好的选题策划能力又具备娴熟高超的文字加工技巧，策划编辑制同样可以让这类人员得到很好的锻炼。策划编辑中同时又是文字编辑的大有人在。

三、网络编辑与新媒体编辑

媒介融合时代，传统的出版格局被打破，出现了出版业与不同媒体融合发展的趋势。出版格局的变化以及出版技术的革新，使出版从业人员的数量、结构、能力要求等都发生了巨大改变，同时也产生了一些新的职业，网络编辑与新媒体编辑就是这个时代的产物。

1. 网络编辑

随着网络的普及，网络编辑应运而生。网络编辑，是利用相关专业知识和计算机技术从事互联网内容建设的人员。2000 年以前，网络编辑的主要力量是有着计算机学科背景的专业人才；2000 年以后，传统媒体的编辑逐渐进入网络大潮，成为网络编辑的主力军。从网络媒体的发展现状看，网络编辑的学科背景、知识结构呈多元化发展趋势。网络编辑既需要掌握计算机等现代信息技术，也需要具备一定的专业知识和媒介素养。

2005 年，劳动和社会保障部公示了第三批新职业，“网络编辑员”名列其中。根据《国家职业标准网络编辑员》的规定，网络编辑共分为四个等级，分别是：网络编辑员、助理网络编辑师、网络编辑师和高级网络编辑师。据有关部门估算，2014 年我国网络编辑从业人员近 600 万人，而传统媒体的编辑记者仅有 75 万人，网络编辑不仅在数量上远超传统编辑，而且其增长量与需求量也都呈上升趋势。2016 年，国务院取消了包括网络编辑员在内的职业资格许可和认定事项，降低了就业创业门槛，放宽了市场准入，为大中专毕业生和人员转岗创造了更多的机会，为网络媒体发展创造了便利条件。

网络编辑作为网站内容的设计师和建设者，主要工作是通过网络对信息进行收集、分类、整理和发布，并且与网民互动。具体而言，网络编辑的工作职能包括：参与网站管理和栏目规划，引导网民访问，提高网站访问量；对网站的某个栏目或频道进行信息筛选、编辑、审核以及内容更新；收集和处理网民的意见和反馈信息，积极参与网民互动；组织策划专题活动，并开展网络营销推广工作。

从能力要求上看，网络编辑首先要熟悉网页制作软件和网络搜索工具，了解网站开发、运行和维护的相关知识；其次要有良好的文字功底，洞悉文字、图片、音频、视频的文本特性和传播优势，掌握新闻、评论等各类文章的撰写，具备较强的专题策划和信息采编能力；再次，要善于捕捉社会热点，具备敏锐的新闻发现能力、信息分析能力和受众沟通能力；最后，网络编辑还要有资源和产业意识，要有一定的设计理念和审美能力，要有开阔的视野和不断学习的态度。只有具备了这些能力，网络编辑才能适应媒介融合发展的需要。

2. 新媒体编辑

新媒体是相对传统媒体而言的，它涵盖了所有数字化的媒体形式，包括数字化书报刊、数字电视、移动网络媒体等。在万物皆媒的环境下，新媒体既是一种媒体形态，也可视作一个载体、一个平台或一个产品。新媒体编辑是网络编辑在移动互联网时代的延伸，但它不是简单的外延拓展，而是需要用全新的新媒体编辑思想和理念来体现特定的传播规律与编辑原理。

首先，新媒体编辑要具备编辑的基本能力和素养，包括政治素质、职业道德与专业素养等。新媒体有强大的交互功能，网民可以在网上发表自己的言论，也可以参与各种讨论，这些内容往往良莠不齐、鱼龙混杂，新媒体编辑如果没有较高的政治素质、思想觉悟和责任意识，没有做好内容把关工作，就可能导致舆论导向错误，造成一系列负面影响。

其次，新媒体编辑要具备全媒体思维，将自己打造为全媒体人才。在媒介融合时代，传统媒体与网络新媒体融合发展已成趋势，新媒体编辑面对的不再是单一的媒体形式，而是多种媒介形态共存互通。因此，即使是同一内容，也要考虑用全媒体手段去传播，除了文字和图片，还可以将内容制作成音频文件、短视频、Flash 动画，在文中添加超链接等。同时，还要研究用户的兴趣爱好与阅读习惯，尤其是要重视手机用户的移动化、个性化阅读需求，学会利用新媒体的交互性去加强与用户的沟通。

在瞬息万变的新媒体时代，新媒体编辑的地位和作用显得十分重要。要成为一名合格的新媒体编辑，除了具备编辑的专业技能和全媒体思维外，还需要具备主动性意识、信息服务意识等特殊的职业意识。无论是搜集信息还是发布信息，新媒体编辑都要主动出击，抢占先机，将信息以最快的速度传播出去。在传播的过程中还可以主动设置相关议题，主动与网民互动交流，主动寻求与其他媒体的合作，将新媒体的优势发挥出来，扩大传播影响力。网络新媒体的本质特征是技术驱动、用户中心。新媒体编辑的信息服务意识即是在工作中秉承信息要满足用户需求的观点，在了解用户的基础上为用户推送特定的信息内容。这就需要编辑重视内容策划与建设，推动内容产品推陈出新，做好新媒体环境下的内容服务工作，为广大网民获取信息、分享知识提供便利。

四、编辑团队建设

个人的力量毕竟是有限的，出版部门在具体分工的时候必须综合考虑个体的优势和不足之处，合理配比，以期使编辑部门形成一个又一个精良的团队，也就是我们通常说的编辑室。不过，目前图书市场非常活跃，许多民营书商参与其中，有些书商本身就只有极少数几个可以称作编辑的人员，其本身就只能算作一个编辑室，因此，传统的编辑室概念往往并不能涵盖目前的编辑团队状况。笔者在此强调的编辑团队，是由若干编辑人员，甚至少数发行人员参与的，从图书选题策划到最后的市场营销、信息反馈都齐心协力、全程负责的一个战斗集体。

(1)编辑团队是保证编辑活动正常进行的图书生产部门

编辑团队在出版部门中起着承上启下、协调左右的枢纽作用。编辑团队的工作以保证完成编辑活动全过程为基本前提条件。其基本工作内容包括编辑团队内编辑人员的全部编辑活动及协调编辑活动与整个出版过程的关系，以实现出版部门的最终目标。这个目标绝不单一指向经济效益指标，而是指向能够体现两个效益最佳结合的一系列定性和定量的目标体系。因此，编辑团队既是一个出版物的具体生产部门，又是完成某一经营目标的实体。

(2)编辑团队是图书内容属性的主要责任单位

编辑团队作为编辑部门的基层组织，承担了精神生产的主要工序，拟定选题与审稿均由编辑团队内人员承担，三审制中的前两位责任者都在这一集体中，而且是审读工作中最细致、最基础的两审，是图书生产过程中不可替代、不可缺少的工序。因而，编辑团队理应是图书内容属性的主要责任单位。具体到一本书的编辑，或许只是责任编辑具体负责编辑事务，但效益却与编辑室内每一人员有关。

(3)编辑团队是形成出版特色的基本单元

出版部门的社会效益与经济效益首先通过编辑团队来实现，因此，出版部门的出版风险也首先由编辑团队来承担。精神产品有较大的个性发挥余地，个性产品的特点给生产者即编辑提供了广阔的发挥创造性的天地，同时，决定了编辑与决策者要采用个性化的方式来对待每一本书稿，宏观上不能笼而统之，微观上不得掉以轻心。具有个性产品特点的图书一方面为编辑团队形成出书特色提供了条件，另一方面也设置了障碍，因为个性是共性的外在表现。在高度专业化和个性化的知识经济时代，仍应以知识板块组成的编辑室为主要组织形式。编辑室的特色决定了出版部门的特色，编辑室的优势造就了出版部门的品牌和形象。因此，可以说，编辑团队是形成出版特色的基本单元。这也从另一方面要求编辑团队中的人员最好自由组合产生，彼此更加了解信任，容易形成合力。

编辑团队的领导是该团队的主要负责人，其工作职责是协助出版部门领导，根据本部门的出版发展方向、实力所决定的出书规模、结构、特色和目标，以选题的策划、论证与书稿的审读、加工作为日常工作的重点，对编辑团队实施计划管理、质量管理、人事管理及协调印制、发行工作，领导全团队人员完成出版部门的经营目标。

第二节　编辑人员的职业意识

所谓编辑人员的职业意识，是指图书编辑人员在长期的编辑工作实践中所形成的对本职工作的一种特定思维。它通过感性过渡到理性，产生一种深刻的体验和认识，自然形成一种特有的思想能力、创造能力。是否具有职业意识是其进入本职工作状态的反映。只有调动全部的热情投入到编辑出版活动中才会时时刻刻观察到工作之不足，思索改进之方法。活跃于20世纪30年代出版界的编辑家赵家璧先生突出的编辑特质就是敏感。他总能把握住对出版界先进经验的整体认识，保持对先进编辑技艺的感觉，创造出新的、具有开拓意义的出版物。当然，人人都有一种思维定式，这种定势一旦占据重要位置，一般外力不容改变。但职业敏感却往往能战胜这种定势，突破常态，产生不可估量的价值。

一、责任意识

编辑的责任意识是指编辑在出版工作中所具有对国家与读者的责任感。

责任意识是编辑工作党性原则的集中体现。它包括意识形态领域里的政治敏感力、全局观念等对党和国家的责任，也包括出版物内容与形式方面对读者起的引导、教育作用。换言之，如果编辑人员在任何时候都能坚持出版工作的政治导向，树立正确的政治观念，坚定正确的政治立场，保持高度的政治敏锐性，具备敏锐的政治鉴别力，就是具备了对国家的责任意识。例如，编辑在处理作品中有关党和人民的利益、主权和领土完整、国家安全、民族团结、宗教信仰和涉外关系等一系列问题时旗帜鲜明，就是对党和国家责任意识的最好诠释。社会主义国家的编辑出版事业要求每一个编辑都把出版物的社会效益作为出版的最高准则，正确区分真善美与假丑恶，保证党和国家的根本利益。凡是作品中涉及重大原则问题时都应与国家利益保持一致，否则，稍有不慎就可能违背国家利益。

编辑的责任意识还包括对读者负责。通过编辑的创造性智力劳动，选择、加工和传播人类文明和文化，为读者介绍更多的优秀之作。巴金先生认为，编辑工作的指导思想就是“把更多的好作品介绍给读者”。他编的《文学丛刊》等大型丛书，向读者推荐了大批优秀作品。其中，鲁迅的《故事新编》、曹禺的《雷雨》等都成为文学史上的不朽名作。他这种对读者负责、全心全意为了读者的编辑意识与时下某些编辑粗制滥造、马马虎虎、满不在乎的做法形成了鲜明对照。从社会的角度强调编辑的责任意识，其目的在于发现和培养作者，满足、引导和提升读者的阅读品位，创造和积累文化。从编辑的角度强调编辑的责任意识，其目的在于保证出版物内容正确、丰富、精彩。无法承担这一责任者不应做编辑，即使是成了一名编辑也绝不会是一名优秀编辑。

编辑的责任意识可以通过图书评选工作进行检测。一年一度的优秀图书评选工作大致经过了以下评选程序：图书评选资格审查、质量自检结果复核、交叉质检审读、分组评议、大会评议及投票表决。尽管每次参评图书都通过了各单位的质量自检，但在交叉互检中仍有若干种图书因编校质量不合格而遭淘汰（如果时间更充裕，评委的交叉审读更详尽，则淘汰率还会更高）。评选是一次检阅，编辑理应精挑细选自己的代表作去参加评选，为什么还会出现这种现象呢？表面上看是漏校率高所致，然而说到底还是编辑责任意识问题。如果连参评图书都存在难以容忍的舛误，那其他图书质量便可想而知了。强调编辑责任意识也就有了更加突出的时代意义。

编辑责任关系重大。编辑要尽职尽责，要十分谨慎地使用手中的权力。在从事各项活动时，保持高度负责的精神，正确理解社会行为规范、道德准则和职业责任之间的内涵，深入考察和综合权衡主、客观条件，慎重抉择书稿及编辑加工时所采取的各种行为。

编辑的责任表现在他对编辑工作性质的理解上。编辑工作本身具有行为支配和选择标准的意义，在当代社会，它成为一种控制编辑行为和指导编辑工作的伦理力量。随着商品经济的发展，图书市场的竞争，编辑工作方式的变化，凡具有责任意识的编辑，都应自觉抵制与党的出版政策相抵牾和对社会发展、读者阅读无益的书稿，注重编辑责任意识，推动出版事业的繁荣和编辑工作的进步。陆费逵先生曾说："我们书业虽然是较小的行业，但是与国家社会的关系，却比任何行业都大。"①这种责任意识构成了他优秀出版家的品质。商务印书馆元老张元济先生，为了做好出版工作，竭尽全力，搜集海内外有价值的图书版本，最终建成涵芬楼，并使之成为闻名于上海甚至全国的东方图书馆。王云五先生三年之内读完35巨册《不列颠百科全书》。戴文葆先生在编辑吴晗的明史著作时，在北京图书馆查考了几百万字的《李朝实录》。1998年5月商务印书馆出版的第9版《新华字典》的错误率为零。② 正是这些编辑的强烈责任意识，给后世留下了光辉典范。

编辑的责任意识往往体现在他所编图书的出版上，在履行社会责任的同时创造价值利润，从而为社会文化建设，抵制不良行为，维护社会公德，净化社会环境起到了积极的作用。

二、中介意识

编辑是作者与读者的中介，连接着上游的精神产品生产，下游的精神

---

① 陆费铭，王秀．我国近代教育和出版业的开拓者：回忆我的父亲陆费伯鸿[J]．编辑学刊，1993(1)．

② 黄嘉正．看评奖图书，话编辑的责任意识[J]．出版科学，1999(4)．

产品转化。字面上“中介”二字是中性的，仅是作为双方之间的连接点进行传递的问题。但对实际的编辑工作而言，绝对没有仅连接两端那么简单，编辑的中介意识并非像其词汇性质那样中立、消极、盲目，而包含了积极性、创造性、主动性的思想内涵。

1. 中介意识强调积极性

单纯说“中介”即是处于中间地带的两端沟通，与书评、新闻评论、文学评论等的评介有着某种相通之处。即它们都是在描述中进行评论。而编辑的中介区别于书评等评介的重要一点就是它并不是客观的陈述与评论。它是站在社会出版或读者的立场上对书稿作出的选择。这种选择非消极而是充满积极因素。介者，参与、加工也。不能与作者取得共鸣者自然无法参与进去，没有明确的编辑思想者也无法对作品进行加工。

2. 中介意识强调创造性

一般中介性的工作只要为双方牵线搭桥即可。如职业介绍、婚姻介绍等，无须强调创造性。有的甚至因为增加了创造性反而造成用户的不信任感。但编辑的中介意识强调创造性，作者的书稿通过一定的修改可以适合更多的读者，可以使作品更有特色，满足更广泛的社会需求，如果编辑能够站在社会出版的立场上进行审视，进而创造性地提出审读意见的话，便可以为作品的正式出版发挥更好的效益，产生更大的作用。

3. 中介意识强调主动性

编辑的确是一种中介，但这种中介非被动而是充满主动性的。被动地等待不会“碰”上优秀稿源。即使“碰”上也纯属巧合。只有通过调查研究，主动出击，确定选题，寻找适合读者需求的作者，将已出版的作品主动拿到社会上去征订，让读者知晓才可能成功。选题主动、组稿主动才会为图书赢得市场先机，这种中介也才会沟通读者和市场。

总之，使书稿转化为书籍的必要中介，就像酶在人体中作为生命成长转化的必要中介一样。只有强调中介意识的积极性、创造性、主动性，编辑的任务才会完成圆满，编辑的劳动才会得到承认，出版才有地位。

三、服务意识

编辑是社会文化的生产、积累、传播者。从作者来说，编辑是作品的“助产士”，没有编辑的劳动，稿件永远不会有进入正式出版市场的可能。从稿件的修改到编排，从内容的构成到形式的取舍，编辑忠心耿耿，怀着与作者一样的期待，盼着它早日“出世”。然而，一旦作品发表，读者记住的仅仅是作者的名字，即使作品获大奖，读者也难以对编辑产生深刻印象。所以有的作者将编辑这种呕心沥血、为他人作嫁衣的劳动称为“水泥柱里的钢筋”——光使劲，不露面。这是作者所体会的编辑服务意识。

能够有专门机构、特定人员从头到尾全方位考虑文化发展宏观规划、指导阅读，实为社会、读者的幸运与骄傲。一种需求产生，紧接着有满足这种需求的服务是一件十分惬意的事。就像思想上的航标、生活中的“维生素”、学习中的良师益友一样，读者时时处处都感到方便，书籍成为生活中不可缺少的伙伴。任何时代的文化都是在前人基础上的发展，如果没有编辑工作，社会文化何以为继？读者生活何以发展？而当这一切顺理成章时，靠的就是编辑的作用，是编辑的服务带来了一系列的文化生活，影响到我们生活的方方面面。其实，每一位读者读到的每一本脍炙人口的文化作品都是对编辑默默无闻的劳动的肯定，每一个人成长过程中潜移默化的素质转变，依靠知识武装起来的智慧大脑无不让我们感到书本的可爱。也正是编辑的劳动才产生了可爱的书本，这就是我们赞美编辑的理由。这种服务意识几乎与编辑与生俱来的职业意识同时产生。

其实，并非一定要强调“编书有名”，正如农民生产了粮食、工人生产了布帛，却从来没有要求署上自己的名字一样，服务本是工作性质所要求的，并不一定要追求与作者同等的名誉。古代社会，由于生产力条件低下，编著合一，编辑劳动与著作活动往往融为一体，编者与著者常常系于一人之身。现代社会，“作者”与“编辑”早已成为区别得十分清晰的两个概念，这也是文化生产不断发展进步的需要。

编辑是否具有服务意识，或服务意识强弱与否，可通过所编辑的图书反映出来。假如没有服务意识，就必然不会顾及读者，就会产生类似于书籍辅文可有可无，书籍插图一概麻烦，一味追求高档次、装帧豪华而不顾读者购买能力、照顾关系作者、发表职称论文等行为。正是基于此，强调编辑服务意识才有深刻的现实意义。

编辑人员的服务意识和中介意识既有联系也有区别。其联系在于二者是相互促进的。如果对中介意识领会得较透彻，就可强化服务意识，如果服务意识增强，同样会促进对编辑中介性质的认识。从根本上说，服务功能完成得好，中介工作也就顺利。二者都是通过对读者的尊重来发挥文化建设与传播作用的。

四、市场意识

在计划经济向市场经济转变这一特定历史时期，编辑也正在由传统只管编书不管发行逐渐向必须承担一定经济风险的市场经济体制过渡。编辑参与了图书生产、图书宣传、图书销售、收集反馈信息的全过程，它是现代出版企业在市场经济条件下，编辑与出版、经营与管理实践活动中凸显的一种新的编辑出版理念。在现代市场经济中，编辑人员自觉不能坐以待毙，但如何参与却是一个新鲜课题，足以引发编辑人员的深层思考。

市场意识并非是指编辑在处理任何问题时都以市场为导向。当然不以市场为导向，并不意味着可以不尊重市场法则，也不意味着可以违背市场规律。编辑工作中有许多营销行为，只有在编辑确实认识到它的重要性时，才可能更有目的性，才可能在编辑工作中发挥出更加积极的作用。

1. 市场意识必须体现在编辑全过程中

编辑市场意识即是指在市场经济背景下，编辑所具有的与市场相吻合的行为观念。它体现于编辑工作的全过程，包括社会主义市场经济条件下编辑对图书商品属性的总体把握以及与此有关的图书选题策划、营销宣传、最佳出版效益等方面。

计划经济时代，出什么书、怎样出都由行政管理部门决定，编辑只要按照固定的模式仿制即可，图书一经出版，编辑工作即可完成，无须关心谁来买、卖了多少，也无须关心自己以及出版社的营利情况，亏损有国家财政作支撑。在这种计划体制中，无法发挥编辑个人的聪明才智，也无须竞争，长此以往必定没有生机、失去活力。而在市场经济条件下，无论是图书选题还是出版数量，也无论是编辑还是出版社，都被放置于一个迅速变化的社会中，迫使所有参与者最大限度地调动能力，发挥能量，跟随市场这只“无形的手”旋转，稍不留心便会落伍直至退出。因此，市场意识必须紧紧伴随编辑全过程，即使是拟定书名、版式安排、辅文配备、纸张选择等环节，也都与编辑市场意识有关。

市场意识体现于编辑选题策划环节中。可以说选题的过程也就是熟悉市场、了解市场、帮助决策的过程。获取市场信息是从事选题策划工作的基础。市场了解得越彻底，选题获胜的把握就越大，市场赢利的空间也越大。因此，市场意识不是说有就有、说重要它才显得重要的。编辑参加各种图书订货会、积极跑书店、与读者面对面交谈、与书店工作人员交谈都是了解市场的有效方式。而这些手段在计划经济时期往往被忽略。一旦选题确定了下来，落实作者、落实书名、核算成本也都能反映编辑的市场意识强弱与否。

图书编辑加工环节同样也需要编辑的市场意识。图书编校质量的好坏直接影响到出版部门的社会与经济利益。有市场意识的编辑会在处理图书版式时尽量选取读者喜爱的方式；在决定开本大小时，从读者对象、图书内容性质、时代感上去考虑；在处理字体字号等细节问题时照顾到读者对象的具体情况；在封面设计时与美术编辑进行融洽沟通，处理好艺术性与读者审美水平的关系。当然也包括审读全文时对文章布局谋篇的结构、主题内容的揭示、论点与论据的考证时的社会眼光。有的出版部门为了便于收集读者信息，书中附一张征求读者意见表。这是市场意识的积极反映。过去图书编校中编辑多从个人角度出发来决定一切。现在，即使是出版时间都成了重要的市场意识指标，正如某些书需要“抢”占市场一样，“过了这个村就没这个店”。如果没能把握好出版上市时间，会贻误销售最佳时机。

编辑过程中的编后环节依然必须强调市场意识，如许多重点图书都会赶在大型的订货会之前制作完毕以便于宣传。过去流传“好酒不怕巷子深”，现在“好酒”也要“大张旗鼓”地宣传。为了图书一上市就能有一个良好的开端，现代出版格外重视“造势”环节。征订目录、签名售书、广告、书评等一哄而上，形成一种促销氛围。其中有一部分工作是营销人员的任务，但编辑对于自己所编的书籍是最为了解的，其切身体验往往更能够找到一本书最合适的宣传点和宣传手段。编后环节还有一项重要内容即读者信息的收集。图书推向市场后，编辑要及时收集读者反馈意见，建立一条畅通渠道。它必将有利于下一步的选题策划、图书制作、编辑加工等工作，有利于图书的出版工作向高质量、精选题、高回报的方向发展。

2. 市场意识既要强调经济效益更要强调社会效益

市场意识不等同于赚钱意识，强调编辑的市场意识也绝不是提倡赚钱意识，衡量一个编辑的工作业绩如果只看为出版社创造了多少经济效益，必然导致编辑工作误入歧途。市场意识既要强调经济效益更要强调社会效益。从另一角度来说，经济效益的获取是以满足社会效益为基本前提的。图书出版如果不能在社会文明需求的总原则控制下进行，那么即使可能有一部分出版物能够获得较为乐观的经济效益，也只能是短暂的，而追求长期"双赢"才是对市场意识的全面理解。

市场意识也不等同于追逐市场。简单地顺应市场只会永远跟在市场的后面，而难以控制、引导市场。市场既需要引导更需要创造。能够吸引读者的图书除了内容与其水平相当之外，图书质量一般都还略高于读者水平，它能够满足读者的精神需求，读者通过消费图书，从中获取知识，启迪智慧。读者在享受、愉悦的同时培养、提升了阅读能力。而真正能够吸引读者的正是这些对读者有所帮助的图书。如果一味顺应读者，只会消磨读者的阅读兴趣，最终失掉读者，失掉市场。《读者》杂志的编辑在概括成功秘诀时就指出了"领先读者半步"的方式，强调编辑对读者的引导作用。

3. 市场意识的核心是竞争

竞争需要超人的胆识。所谓胆识是集智谋于一体的大胆设想。它具有前置性，一般在他人尚未认识到的领域里快捷出手。它的基础在于把握市场和行业全局，预测计划推出后的社会效益和经济效果，构想方案的可行性等。编辑家的胆识多表现为选题上的新颖，挑选新作者的眼光以及装帧设计上的不拘一格。如赵家璧先生设计《中国新文学大系》选择作品的侧重点突破常人所思，以反映民主、自由主义精神作家的作品作为对象，从而集中了鲁迅、茅盾、郑伯奇等"左联"作家和老舍、巴金、钱锺书、师陀等民主主义作家的代表作品。今天，回过头去想想赵先生当时 20 余岁的年龄便充分展露了过人胆识，可敬可叹。这种过人胆识来源于他对社会、文学界及编辑出版界各类情况的正确判断，清醒的头脑避免了编辑活动中的盲目性，从而顺利出版了这套影响深远的文学丛书。

但编辑作为精神产品的生产者和把关者，必须秉承着大编辑家张元济先生“有所为有所不为”的原则，坚守着文化的一片纯美天空。

五、创新意识

编辑工作作为一种创造性劳动，在编辑实践过程中离不开创造性思维活动。创新意识与创造性思维不尽相同，创新意识是编辑创造性思维的前提，创造性思维是创新意识在编辑实践中的反映，两者具有密不可分的关系。

创新意识是当代编辑从业者必备的素质，创新意识的培养与开发对于编辑人员适应新形势下的出版环境具有举足轻重的作用。首先，创新是文化发展的源泉，出版创新关乎文化创新。出版业是文化产业的重要组成部分，承担着文化积累和文化传播的重要职责。编辑创新不仅能为出版工作提供必要的思路，而且能明确出版的价值取向，体现出版业的文化思潮和发展方向。其次，创新是出版部门打造竞争优势的动力。随着我国文化体制改革的不断深入，网络新媒体的迅猛发展，出版业的竞争变得越来越激烈。编辑是出版部门的核心力量，如果缺乏创新意识，编辑出版的作品缺乏个性与特色，读者就会逐渐失去购买和阅读该社图书的耐心，从而失去对该出版单位的信心。因此，编辑要有创新意识，在确定出版社风格定位的基础上，努力打造作品的独特个性，以满足读者日益多元化的阅读需求。

编辑创新意识主要包括理念创新、内容创新和形式创新三个方面。

1. 理念创新

理念创新主要指编辑在出版活动中能根据市场环境和客观条件的变化，不断调整编辑思路，更新编辑理念和行为方式，使出版活动与客观环境相一致。出版活动中，如果编辑安于现状，安于习惯，易形成一种习惯定势，这种定势可能导致编辑在面对变化时难以做出恰当的选择和决策，从而限制了编辑的应变能力和创造力。目前，出版体制改革不断深入，数字出版、复合出版等出版形态日新月异，编辑的工作环境已经发生了翻天覆地的变化。有的编辑能看清时代发展趋势，积极转变观念，投身到新的工作实践中；有的编辑却故步自封、墨守成规，不愿意接受新事物，不敢迎接新的挑战。从长远来看，编辑工作要想实现突破，满足读者日益多变的阅读需求，就必须打破传统思维习惯的束缚，积极创新，在编辑出版的各个环节构建新的工作理念。

2. 内容创新

出版业内容为王，理应坚持内容创新。图书内容的优劣与否，关键在于选题，“选题失误，一误再误”。出版部门之间的竞争，从某种意义上来说就是优质选题和优质内容的竞争。

通过观察近些年的新书占比情况，可以发现新书对整体图书市场的贡献不断下降，无论是新书码洋还是新书册数，在市场中所占的份额越来越少，从2008年开始一直呈现下降态势，到2018年，新书码洋贡献率仅为17%，新书册数贡献率仅为14.12%，这既说明老选题在市场中的作用，也说明内容创新有待加强。

此外，在图书市场繁荣的背后，还存在原创力不足、选题雷同、跟风模仿等现象，这也是内容缺乏创新的表现。以跟风出版现象为例，近年来，我国图书跟风出版现象愈演愈烈、屡禁不止。当一本书成为畅销书之后，就会有一系列图书模仿它的书名、内容，或者封面、版式，在短时间内形成出版热潮。一方面，跟风出版会导致严重的同质化问题，为了蹭畅销书的热度，一些出版单位推出了与之同类型的图书或书名类似的图书，致使读者在图书卖场看到的都是相似的面孔，难以分辨，也使一些富有个性和特色的图书难以出头。比如，“老照片”读图怀旧系列、“厚黑”系列、“水煮三国”系列、“奶酪”系列、“后宫”系列等，都是近年来比较显著的跟风出版的案例。另一方面，跟风出版会扰乱图书市场秩序，为了在短期内获得较大的经济利益，跟风图书的出版周期往往大幅缩减，内容比较单薄或者有明显拼凑的痕迹，图书质量无法得到保障，必然会对我国的图书出版行业发展造成严重的损害。

在文化多元化、网络信息化以及媒介融合的当下，传统图书的内容创新越来越难，但出版单位要看到自身的优势，重视已有的出版资源，对有价值的资源进行内容整合与二次开发，将出版社的传统业务与网络媒体、移动媒体结合起来，深入挖掘，积极创新，探索适应读者多元化需求的新方式。

3. 形式创新

除了内容创新，图书的装帧样式、媒介形式、营销手段等也要创新。数字出版、数字阅读不仅给传统出版带来了冲击与挑战，也给图书的跨界发展提供了新的机遇，传统图书无论是内容载体还是传播方式，都要寻求融合创新的发展之路。

对纸书而言，在内容已定的前提下，图书的装帧设计会在很大程度上影响甚至决定一本书的销量。从开本大小、版式设计，到材质选用、装订方式，图书设计的各个细节都要在完美呈现图书内容的基础上，表现出独特的个性特色和艺术审美。例如 2016 年获得“世界最美的书”唯一金奖的《订单：方圆故事》，就在图书装帧上大胆创意，精心设计，吸引了国内外众多读者的关注。该书封面采用塑料编织袋材质，装订用的是牙签般粗细的线绳，内文版式设计也是别出心裁，文字与图案相得益彰，有横向书写的，也有纵向编排的，有些书页还特别做了折叠处理，需要读者裁开来才能领略里面藏着的精彩内容，用专业评委的话说，“本书对书芯的处理让人着迷，它采用线装的方式，将细腻富有光泽的纸张束成手感柔和的书本，典雅优美”。这本书的方方面面，从材质、排版、印刷到装订，无一不是图书形式创新的典范。

互联网时代，图书的载体已不局限于纸张等材质，开始由“有形”逐渐走向“无形”，出现了电子书、有声书、AR 图书等新的媒介形式，读者的阅读也变得更加多元化、个性化。出版单位只有紧跟时代发展的步伐，在图书的媒介形式上进行跨界创新，增强阅读的趣味性和便捷性，才能满足新形势下的读者需求。以接力出版社的“香蕉火箭科学图画书”为例，这是一套利用 AR 技术开发的儿童科学绘本，这套书不再只有文字和图画，而是可以通过手机、平板电脑扫码，为读者呈现生动直观的三维立体动画。这种新型跨界图书不仅实现了从平面到立体的跨越，而且给读者带来了“一纸多屏”的丰富阅读体验。因此，在媒介融合背景下，出版单位不仅要内容创新，还要积极探寻技术创新、媒介创新、平台创新，用新颖多样的形式将图书的内容优势发挥出来。

第三节　编辑人员的基本素质

有人说，编辑是最容易让人得到成就感的职业，也有人说编辑是费力不讨好的职业；有人说，编辑是满含文化理想和高尚情操的职业，也有人说编辑是唯利是图的职业。巨大的差别，映射出截然相反的两种编辑观、人生观。然而，不论思想观念如何，作为一个合格的编辑，一个有志于成为优秀的编辑，在当今的社会环境下，必须具备一些最为基本的素质。

一、语言文字修养

毋庸置疑，编辑是与文字打交道的职业。语言文字是出版物内容表达的符号，是其外在形式的组成部分，作者的语言文字水平对出版物质量会产生极大的影响，编辑的语言文字修养是判断出版物质量高低的重要因素。作者和编辑共同决定出版物的语言文字水平。编辑的语言文字修养主要表现在编辑处理作品时的语言文字能力和对古代汉语、现代汉语、外语及专业术语的把握水平。特别是书刊编辑，语言文字修养更是其“基本功”。21世纪，出版物无论形式还是载体材料都发生了巨大变化，但文字仍然是图书的主要表达手段，编辑工作的基本性质没有改变，编辑人员仍然应该加强语言文字修养。

1. 语言文字修养是编辑人员的基本功——工欲善其事，必先利其器

范剑华同志曾将编辑的语言文字素养概括为三个方面①，较为全面、准确。在此引用为编辑的语言文字基本功包括三个方面：第一，敏锐的语言文字感知能力；第二，高超的语言文字修改能力；第三，准确的语言文字表达能力。

敏锐的语言文字感知能力是编辑对书稿中的语言文字产生的直觉判断。这种职业敏感是编辑语言文字功底的集中体现，是编辑加工的基础，只有有所感知方可采取行动。语言文字能力的真正提高来自专业的训练和长期的编辑工作实践，只有长期从事这种编辑工作的人，才会建立起这种敏感。

---

① 范剑华．编辑的语言文字素养[J]．编辑学刊，2001(5)．

高超的语言文字修改能力是编辑不仅对书稿中的错误有所感知，而且已经采取了积极、正确的行动。这种行为符合编辑加工的基本原则，并通过增、删、移、改等手段有效地行使编辑的权利，或者使文稿的主题更加突出，或者使语言表达更加流畅，或者使文稿结构更为合理，从而锦上添花。准确的语言文字表达能力是指编辑在语言文字工作上驾驭自如，运用得当。三者相加，要求编辑不仅具备现代汉语知识、古代汉语知识、语法修辞知识，而且还能够体会遣词造句和韵律节奏的美感。

春秋时期，孔子编订我国第一部编年体历史著作《春秋》时，语言力求精辟简练，“微言大义”，一字一句寓褒贬，这既展示了他在语言文字方面的才华，也表现了他在历史著作编写方面的严谨态度。近代出版史上著名出版家邹韬奋先生，短短的一生里留下了800多万字的著译。在那黑暗的年代里，他创办了《生活日报》作为向反动派作斗争的阵地，在创刊词里，他只用了不到1000字的篇幅，就把报纸创办的时代背景、做民众喉舌的宗旨和促进民族解放、积极推广大众文化的两大目的等重大问题讲得清清楚楚。文字不多，言简意赅，起到了动员和组织人民群众的作用。① 老一代编辑家、优秀的教育家叶圣陶先生，有着深厚的语言文字功底，非常重视书稿的语言文字问题，有时为了一个词语的使用，反复推敲。他说：“我是个出版工作者，写稿子，看稿子，改稿子，发排，校对，付印，成年累月就搞这一套。我经常有一个想法，我们的书出出去，让读者吸收种种知识跟经验，同时不可避免地让读者受到语言方面的影响。”所以他苦口婆心地告诫：“写稿的人自己好好念一遍，就是自己先来检验一下，写下来的那些语言上不上口，顺不顺耳。要是不怎么上口，不怎么顺耳，必然是语言有毛病，就得修改，人家了解咱们的意见单凭语言，语言有毛病，怎么可以不修改？修改成什么样儿才了事呢？到自己满意，认为上口顺耳为止。”“写文章要顾到两个方面：要约束自己，要顾到读者。自己要尽可能写得准确、鲜明、生动，念起来上口，听起来顺耳。要站在读者的地位着想。我们和读者就是靠文章来交心的，这个一点也不能马虎。”“我们今天不做编辑工作则已，如果要做编辑工作，一方面必须熟悉生活，另一方面必须学习群众的语言，

① 范剑华．编辑的语言文字素养[J]．编辑学刊，2001(5)．

也就是学习说话。只有这样，我们才能够编辑出版有益于人民大众的通俗书报。”①叶圣陶先生对书籍出版中语言文字方面的高标准要求既是他为读者服务观点的体现，也是他扎实的文化知识基础的反映。

2. 语言文字规范化是编辑工作的指南——无规矩无以成方圆

人人都有使用语言文字的权利。但达到出版要求的前提条件是只能使用规范化的语言文字。中华人民共和国成立以后，政府高度重视语言文字规范化工作，1955年《第一批异体字整理表》出台；1958年，推行《汉语拼音方案》；“文化大革命”结束后，1985年颁发了《普通话异读词审音表》；2001年又出台了《第一批异形词整理表》。这些努力“既立足于现实，又尊重历史；既充分注意了语言的系统性，又承认语言文字发展演变中的特殊情况，为汉语言文字规范作了积极努力，使语言文字规范化朝着通用性、理据性和系统性的方向发展。”②

使用规范、标准的语言文字既是衡量作者水平的尺度，也是读者认定编辑水平的标志。所有的出版物都须编辑把关。遇上作者任意选取字的现象，编辑一般都会加以改正，因为这是明显的“硬伤”。但编辑却会在不经意中放过白字、别字、滥用的繁体字、随意的简化字等，因为编辑的语言文字水平与作者相差无几，甚至在作者之下。编辑如果能把原稿中不准确、不规范的语言文字改正过来，意味着宣传了规范的语言文字，也间接地教育了作者。所以，编辑自觉学习国家语言文字工作政策、方针，适时提醒自己不放过语言文字错误是非常重要的。

2002年春，某省曾对234种期刊进行了一次语言文字规范检查。检查内容主要包括错别字，用词不当，标点符号错误，汉语拼音不准，计量单位不当，标题、目录、引文不规范等。检查结果不及格的有35种，占检查总数的10.7%，其中语句问题平均每刊差错率为3.24%。归结来看，造成出版物语言文字不规范、差错率高的主要原因还是编辑对此认识不够，认为小小的语句、错别字不足以影响到作品质量，过去中国文人那种“语不惊人誓不休”的意志和水平都值得今日编辑认真学习。

---

① 邵益文．一切为了读者：叶圣陶编辑思想的核心[J]．出版科学，2000(1)．

② 田新华．编辑的语言文字观[J]．北京理工大学学报：社会科学版，2003(3)．

只有使用规范化的语言文字才是出版物诞生的前提条件；只有出版物流向社会了，语言文字才会产生作用；只有作品被读者认定了，编辑的劳动才会被社会承认。

历史进入到21世纪，尽管时代发生了巨大变化，但文字仍然是出版图书最重要的表达手段，编辑依然必须把语言文字作为自己的基本功来严格要求。不要说是专职的文字编辑，即使是一些专职从事策划工作的策划编辑，也需要以生动、准确的文字表达作为达到策划目标的手段。

二、人际交往能力

编辑在工作中除了与稿件打交道外，还必须与作者、读者、媒体，甚至自己的同事进行长期的沟通和交流，闭守书斋的编辑在现代化的市场条件下是没有生存空间的。因此，在繁忙的工作之余，编辑需要努力学习、不断提高与方方面面的人员和组织沟通交流的能力。这种能力在某种场合被称作为“情商”，非常贴切。事实证明，古往今来，优秀的编辑都是能够主动积极协调好各方面关系的行家里手。

1. 编辑与作者

作者是重要的出版资源，任何一个优秀的出版机构都拥有一支高水平的、稳定的作者队伍，以保证出版物的高质量。同理，任何一个优秀的编辑，也一定有这样的一支作者队伍。业内大名鼎鼎的“金黎组合”(即金丽红和黎波两位编辑高手)对作者资源的把握可以说到了炉火纯青的地步。他们在策划过程中采用的是先定作者后定内容的模式，这也是名人书的通用模式。他们的独特之处在于他们所选的作者都是既具有广泛的知名度又有一流的文化品位，二者缺一不可。作者有写作经历并有畅销的记录，出版企业推广其作品的难度就小很多，成功概率也会高很多。《少年报》的“知心姐姐”卢勤，在全国青少年读者中有很大影响，而且她出版的《做人与做事》一书曾经销售了几百万册，所以他们请她写的《告诉孩子你真棒》这本心理自助图书成为畅销书就显得顺理成章。

编辑在与作者交往过程中易走向两个极端：一是对名望大、资格老、作品多的作者由尊敬而盲目、由敬畏而谦恭，不愿也不敢随意改动稿子，即使心存疑问也多是否定自己而迁就作者，因而造成作品“硬伤”；一是对名不见经传、资历浅、无发表作品经历的作者的作品“乱砍滥伐”，违背作者意图，或篡改作者观点，致使最终失去了作品的特色。这两个极端都是错误的。因为即使是老作家也会有出现错误的可能，而写作新手不一定创作不出传世之作，任何一个名家都是从无名开始。避免极端的方法在于：

(1)提高自我理论水平。只有编辑的水平提高了，才会欣赏作品、选择作品，欣赏作者、选择作者。只有具备观察作品特色与特点的能力，编辑才会对微入毫发的缺陷有所觉察并予以纠正。“锦上添花”与“画蛇添足”都可判断编辑水平的高低。因此，编辑学习是一生之要事。思想理论落后的编辑绝编不出生命力强的作品。况且编辑工作本身已经为编辑学习、提高自我理论水平提供了极优越的条件。格罗斯著、齐若兰译的《编辑人的世界》中这样写道：“编辑不应该只是一个能充实人生的行业，同时编辑本身也是一种人文教育，你因此有机会和当代最有创造力的一群人共事，结交作家、教育家以及各式各样的具有影响力的人物。你等于在修一门你愿意付费的终身学习课程，不同的是，你修课的时候不但领薪水，而且还可以在心灵上得到无法衡量的满足。”

(2)正确认识编辑功能。编辑必须树立“任何作品都必须经过编辑环节、没有不经过编辑就直接发表的作品”的观念。对审稿中发现的错误只要判断准确就必须修改，即使作者是位老前辈、老朋友、老上级。同时，编辑对其只是作品的“助产士”而非作品的父母的身份也要有十分清醒的认识，切不可不顾作品的风格、作者的特色大删大改，或可改可不改之处也要修改，小则失去作品的影响力，大则失去一位才华横溢的作者。发现与培养无名作者成为一名大作家也是编辑的功劳。

在编辑加工过程中，既要尊重作者原稿，又要善于发现原作品中表达不清楚的内容，编辑必须作以下判断：

第一，语句是否通顺，因为只有通顺的语句方可帮助作者表达清晰的概念；

第二，语句是否有歧义，容易发生歧义的句子或句群也不能表达尽作者的主题；

第三，条理是否清晰，层次混乱的段落难以确切反映句子之间的关系；

第四，前后内容、观点数据是否相互矛盾，如果产生矛盾自然与作者意愿相违背；

第五，依据逻辑推理，是否出现由于作者跳跃性思维而未表达出来的文意。

如此，可以发现确为作者原有而非编辑主观理解失误的问题，如果对这些问题作修改便不会歪曲作者原意了。

(3)以理服人，用心交流。名家之作一般对学术问题有着多年的研究，呕心沥血写出来的东西当有大家风范，面对著名作家，编辑无疑可以学到更多的东西。在谦虚的态度中还需要理智而清醒的头脑，真正的“大家”也会对编辑的必要修改心存感激的。坦诚地交流可以使作者对出版意图更加清晰，对编辑思想理解透彻。编辑加朋友的关系可以为作品的顺利出版铺上一条畅通之道。同时，还会为今后的合作打下良好的基础。

2. 编辑与读者

编辑与读者既是供应与消费的关系，也是生产与监督的关系。表面上看，编辑出版什么书，决定着读者购买阅读什么书，没有图书的生产就没有读者的消费。但从长远看，是读者的需求决定图书的出版的，读者期望什么，编辑就应满足什么，不能满足读者需求，编辑出版得再多，也只能成为滞销产品，甚至报废。这便是市场需要与读者需要的区别。市场需要通常是短期的、局部的需要，只有读者需要才是长期的、根本的需要。

(1)满足读者需要是编辑的根本任务

曾有研究者认为传统的编辑三元是指作者、编者、读者，而现在它的序列已有了较大变化，现代的编辑三元中读者成了第一位，变为读者、编者、作者①。这充分说明读者意识在编辑观念中地位上升，编辑出版中读者观念有了进一步增强。读者是文化传播的接受者。读者需要是编辑出版的指针，忽视读者就会失去方向。满足读者首先是了解读者。调查研究成为现代出版企业走向成功之路的第一步。

(2)满足读者需要并非简单地迎合市场

满足读者不同于简单地迎合读者。“名人隐私”是可能被部分读者所热衷，然而，这与编辑的文化生产、文化传播性质所规定的根本目的不相符，也是对“读者是上帝”的误解。迎合失去了编辑工作的主体性，制约了编辑

① 钱荣贵．编辑规律探微[J]．南通师范学院学报，2000(4)．

创造性作用的发挥。在萧乾编《文艺》的年代，有些小报乐于编发文坛内幕、名人逸闻趣事，以迎合读者猎奇心理。而萧乾在《文艺》上辟专栏“文艺新闻”，重点介绍新人、新作、新问题、新论争，报道国内外的文学活动，同时规定不搞以私人琐事为内容的“文坛消息”，让读者了解整个文学界的现实，开阔眼界。编辑萧乾赢得了读者的尊敬，成为载入中国新闻史的一位“大家”。

(3)满足读者需要是编辑能动性的发挥

读者是复杂的，但只要编辑愿意将工作做细，就可以充分发挥自己的主观能动性，满足读者。例如，区分读者类型是细致深入工作的基础，通常可以按读者的自然状态加以区分：不同年龄的读者、不同层次的读者、不同职业的读者、不同地域的读者等；也可按出版物的读者定位、市场定位区分为核心读者与边缘读者、基本读者与随机读者；还可按照购买使用出版物的确定性区分为现实读者与潜在读者、市场读者与预期读者；等等。然后，编辑就可有的放矢地制定出版计划了。

编辑能动性发挥的重要之处还在于提高读者、创造读者。好的读者是引导、培养出来的。读者一般也都偏爱对他有帮助或帮助很大的图书，而对低于他水平的读物不感兴趣。真正吸引读者的是他所欠缺或者极为喜爱的读物。提高读者、创造读者会逐渐提升全民族的文化水平与审美水平，会为出版培育出更大的市场，带来更多的潜在读者。而这一切，只有发挥编辑能动性才能做到。一味迎合只会降低水平，长此以往，也就降低了图书质量、降低了读者吸引力、降低了全民素质。比如，黑格尔的《逻辑学》是一部划时代的伟大著作，但从读者的角度看，它语言晦涩，让人难以卒读，如果因此而放弃，必定损害作者的思想高度及作品影响的广度和深度。而一旦选择出版，便会使同时代及后代受益无穷，必定会对后世产生无法估量的价值。事实证明，当时编辑是睿智的。

美国大学出版协会会长小赫伯特·史密斯·贝利博士在其所著的《图书出版的艺术和科学》一书中把出版社形象地比喻为一个兼顾左右的两面神，说明“为了改变形象……出版商同时用他的右手抓住作者，用他的左手抓住读者……”这的确是一种高水平的协调工作。

作者与读者是编辑工作的上游和下游，将他们并称为编辑人员的衣食父母也不为过。拥有良好的作者和读者关系，是编辑工作能够顺利开展的前提。随着各类媒体在人们的日常生活中扮演着越来越重要的角色，编辑人员也要特别注意与媒体协调各种关系，尤其是在图书营销时代，媒体的作用无远弗届，既可能成就一部作品，也可能毁灭一部作品。这就需要编辑拥有高超的媒体交往能力和技巧。当然，编辑作为出版企业组织中的一员，建立和维护良好的同事关系、上下级关系，也有助于各项工作的顺利开展，毕竟一本图书的成功需要依赖许多人的共同努力。

三、主动持续的学习能力

在信息社会中，随着科学技术的迅猛发展，信息与知识的急剧增长，知识更新周期不断缩短，创新的频率加快，对人的素质的要求提高，学习就成为个人、组织以及全社会的迫切需要。在此背景下，建设学习型社会成为一种普遍的要求。学习型社会要求学习行为的社会化和普遍化，同时具有持续性和长久性。编辑人员作为知识产品的策划者和把关人，更应该注重不断学习提高自己。

近年来，编辑人员的学历水平得到很大提高，许多优秀的硕士、博士毕业生都加入编辑行列中来。不过，一个人的学历再高，在学校接受教育的年限再长，也不可能穷尽所有的知识，不可能在日后的编辑工作中毫无困难地解决所有问题。许多问题都是边干边学，在干中不断学习提高的。因此，掌握学习的方法，具有主动持续学习的能力，要比已经拥有了哪些知识更值得编辑骄傲。

相当长的一段时间，在编辑的知识结构上，学者持有“杂家说”和“专家说”两种不同的意见。集众家之说，融会贯通而为一家之言是为杂家。在讨论编辑知识结构的时候，“杂家”说是任何学者和编辑都不会回避的一种编辑素质。早在 1962 年 5 月，《文汇报》“笔会”栏目中，罗竹风与骆漠的两篇文章中就提出了编辑杂家说的问题。从此以后，“杂家”作为编辑的一种素质一个称谓得到了广泛的普及。

诚然，世界上有成百上千种学科，可是出版社却不可能为每一个学科都设立一个相应的编辑，这是不明智也是不现实的，对于自然科学和社会科学都莫不如此。以历史编辑室为例，他可能在学生期间对明清的历史有深入的研究，而对其他时期则相对陌生。但是，一旦成为编辑，他就不可能只编明清时期的相关稿件，他必须谙习整个中国通史。要成为一个好编辑，他还要熟悉世界历史。更进一步，由于文史哲等学科的通融性，他对文学和哲学的基本问题也应该如数家珍。随着时代的发展，编辑工作的外延不断扩大，在对书稿进行编辑加工之后，编辑还要关注书籍的市场命运和社会反应，收集相关资料，以备下次选题参考，从而做出双效书。这样，他就必须熟悉与图书营销和公共关系相关的知识。同时，在与作者和读者处理关系的时候，还要学习一点心理学和人际交往的知识，才可以很好地完成中介者的使命。所以说，编辑人员必须不断地充实完善自己的知识，不断学习，终生学习。不仅要学习科学文化知识，还要学习兼容并包的气魄，对与自己学术观点对立的文章，与自己的行文风格迥异的作品，要能够跳出“小我”的樊篱，站在中立的立场之上选编稿件。

任何专业和行业的知识结构都是有个性的，这就是其本身的专，专是知识结构的躯干，正是它，区别了世界上各种各样的学问，从而让人类的思想之树常立常青。缺乏专的杂是无结构的杂，是没有系统知识的大杂烩。从我国的编辑实践来看，编辑素质不高的原因恰恰不是不够杂不够通，而是不够专不够深，不断努力让知识更专更深才是我们应该做的。从编辑史上看，有成就的编辑往往是学有专长，造诣颇深的学者。深厚的专业知识赋予编辑以敏锐的洞察力。这种洞察力帮助编辑寻找制定理想的选题，发掘优秀的作者，成功地完成书籍的编校甚至推广活动。

从上可以看出，不论是“杂家说”还是“专家说”，都明确含有编辑需要不断学习的内涵。新形势下，编辑的自主学习意识和学习能力都应该得到更大的提高。

四、判断和审美能力

编辑的判断和审美能力是以认识能力为基础的，只有编辑对稿件、作者、出版市场有准确、全面、深刻的认识，才能做出正确的判断，才能打造出符合大众审美的优秀作品。

1. 编辑的判断能力

编辑的判断能力首先表现为市场感知力。编辑只有具备敏锐的市场观察力和感知力，才能准确判断图书市场的突破口，做到“人无我有，人有我优”，从而在激烈的竞争中脱颖而出。著名女出版人盖尔 · 瑞巴克在 2016

年的伦敦书展上说，一本畅销书的成功固然离不开市场营销和宣传的支持，但作者的创意和编辑对市场的正确判断才是第一位的。好的编辑能发掘好的作品，对读者的阅读倾向和市场反馈做出正确的判断。目前，出版机构存在对名家作品和经典文学资源过度挖掘的现象，不仅造成了出版雷同，而且这种只顾追求眼前利益而忽视市场长期效应的做法，给出版业的健康持续发展带来了不利影响。因此，编辑的市场感知力应是一种连续的、长远的、科学的判断能力，既能满足当前读者的阅读需求，也能满足出版的可持续发展和长期繁荣。

编辑对市场的感知力和判断力，亦可称作编辑的眼光。“编辑的眼光决定一本书的内容。无论是调动图书元素激发读者购买欲，还是内容的深加工，还是形式因素的处理、营销的策划，均体现出编辑眼光。”①编辑眼光是编辑智慧和经验的集中体现，尤其是对新人作品的判断，更能看出一个编辑的功底。余秋雨的《文化苦旅》当初曾在一家出版社受到了冷遇，但东方出版社的一位编辑却慧眼识珠，将这本书打造成了畅销书，并以超人的判断力开发了余秋雨的创作潜质，使之成为图书榜单上的常青树。

对编辑眼光的考量还渗透在具体的编辑活动中，从选题构思、组稿、审稿到改稿，各个环节都离不开编辑的判断能力。以选题策划环节为例，图书的内容价值实际上是选题价值在出版市场上的反映，它包括文化创造价值、文化传播价值和文化积累价值等，编辑应以选题是否有价值作为策划活动的判断依据。因此，价值判断对于一个编辑而言是非常重要的。当然，面对种类繁多、数量庞杂的稿件，要准确判断其价值也是一项非常复杂的工作，需要一定的知识积累和长期的编辑实践，更需要有强大的稿件价值判断能力。这种价值判断不仅包括稿件本身所传达出的价值观、历史观、世界观等，还包含作者通过稿件所表达出来的思想价值等内容。因此，编辑的判断能力是多层面、多角度的，只有提高了判断能力，编辑才能有效地保障图书的内容质量，才能准确地把握出版方向和价值导向。

2. 编辑的审美能力

除了对图书市场和图书价值进行判断外，编辑还应具有较强的审美意

① 金炳亮．编辑含量：超越营销的必修课[J]．中国编辑，2003(5)．

识和审美能力，全面把握作品的形态美，为读者提供形神兼备的精神食粮。

对于一本书而言，除了文字语言，还有图形、色彩、线条等其他视觉语言。这些语言符号对于读者的阅读理解和审美情趣而言，也十分有价值。虽然编辑并不参与直接的美术创作，但需要有一定的艺术鉴赏力，能够理解不同年龄、性别、文化层次读者的需求，对图书产品进行准确的艺术定位，并协助美编或绘画作者共同安排图书的文字、色彩、图形等设计元素，以别具一格的艺术形象引起读者的兴趣，激发他们的阅读欲望。

对于儿童绘本这种特殊的图书类型，更是有着不同于其他体裁的艺术美学特征，需要作者、绘画者和编辑对图文关系赋予更多的关注。乔安妮·戈尔登将图文关系描述成五种类型：文字与图画对称、图画说明文字、图画加强并细化文字、文主图辅、图主文辅。这说明图文关系可以互相诠释、说明，也可以互相启发、拓展，是一种复杂的关系。编辑如果策划设计得当，就能发挥图文结合的最佳效果，激发图书的创意内涵。反之，图文起不到应有的互衬作用，甚至产生负面影响。从编辑工作实践看，编辑在儿童绘本尤其是原创绘本的图文设计过程中不仅能起到协调作用，还能起到重要的参谋引导作用。

《这就是二十四节气》是一套原创科学绘本，除了短期内创下可观的销量外，这套书还获得了文津图书奖、中国科普作家协会优秀科普作品奖等多项大奖。该书能够成为双效图书，责任编辑王然功不可没。在创作之初，作者搜集的素材很多，想呈现的东西也很多，但王然考虑到图画书的形式要求，知识背后的内在逻辑和整套书的体例规划，建议作者删减了不少内容，最后决定每一个节气用 4 页的篇幅呈现，分别是节气故事、节气概述、节气与自然、节气与社会。为避免模块化，王然又和作者一起寻找每个节气之间的连续性内容，突出节气与生活的关联。这是编辑策划加工能力的表现。在设计图书版式时，王然为了使这套本土科普读物达到理想的高度，不断与图文作者及每个参与者沟通，提出了很多有价值的见解。比如介绍七夕节，一般的做法就是配一张牛郎织女相会的图，但王然觉得缺乏新意，也体现不了科普图画书的特色，于是她跟作者商量改为配一张牛郎星和织女星在银河两侧的位置图，辅以文字说明，启发孩子自己去了解有关天文学知识，增加想象空间。再如，每个节气里都有的节气时钟，也是编辑和作者多次尝试、数易其稿的结果。用王然自己的话说；“开始的时候，设计了一幅图，把地球绕太阳运行的轨道和太阳直射点的变化结合起来，每个节气都不同，图画得很复杂，但始终不太满意，觉得小小空间里无法展开，而且视觉呈现效果不是很好，这样的图意义就不大。经过很多天的冥思苦想，突然想到可以用时钟来表示二十四节气的循环往复，既科学又直观，小读者也更容易理解。”这两处细节的修改加工是编辑审美能力的体现，也是编辑在与图文作者、美编等人协同合作的过程中发挥主观能动性的体现。

五、组织协调能力

出版活动是一个复杂的系统工程，图书编辑出版的过程是由多个环节组成的。要使这些环节得到较好的衔接，减少矛盾和冲突，编辑必须有很强的组织协调能力，调动各种资源，协调各种关系，以确保编辑出版活动顺利进行。

对外，编辑要和作者、宣传部门、管理机构打交道，要做一个社会活动家、组织者；对内，要与印制、发行和市场部等部门进行沟通协调，做一个善于沟通的人。从当前的出版环境看，“好编辑”不仅仅要善于组稿加工，还要懂得全程策划；不仅要能单独策划，还要能与团队共同策划，这都是对编辑组织协调能力的考验。因此，组织协调能力对现代编辑来说是必不可少的，需要在编辑出版实践过程中有意识地去培养。

编辑的组织协调能力主要表现在三个方面：信息整合、流程管理和人际沟通。目前，出版业的竞争日益激烈，编辑工作已不再是“编、印、发”中的一个独立环节，而是需要全程参与的一项组织活动。这样的工作性质决定了编辑不仅要收集信息、策划选题、组织稿件，还要掌握好出版进度，做好计划和监控，同时还要控制图书的出版成本，关注市场变化和图书的销售情况。在这一过程中，编辑既要与出版社内部的各部门打交道，又要与作者、读者、媒体等产生关联，编辑必须具有较强的组织协调能力，才能高效完成各项工作目标。

1. 信息整合

无论是确定选题，还是选择作者，都要事先进行市场调查，掌握尽可能多的信息。为了了解图书市场和同类书情况，编辑可以通过逛书店、与销售人员交流等获得相关信息；为了物色合适的作者，编辑可以通过上网、参加学术会议、浏览书评等方式完成；为了了解读者需求，编辑可以通过发放调查问卷、召开读者座谈会等获得有价值的信息。可以说，信息的作用贯穿于编辑工作的始终，关系到编辑工作的效率和质量。但是，获取信息只是编辑工作的起点，并不是所有的信息都能派上用场，编辑还要对信息进行筛选、加工、整合，甚至再创造，才能将转化而来的信息内容传递给读者。

在信息时代，人们俨然已被信息包围。这些信息良莠不齐、真假难辨，先进的与落后的、正确的与错误的、高尚的与低俗的，各种信息混杂在一起，使人们在享受信息便捷的同时，也会在庞杂的信息面前无所适从。编辑作为出版文化发展中的重要信息中介，应该具备基本的信息整合能力，去伪存真、去粗取精，利用自己的专业优势为读者提供更有针对性的信息服务。因此，在信息多元化的网络时代，掌握、处理、运用信息的能力对编辑而言显得尤为重要。

2. 流程管理

一本书的出版，是编辑、排版、校对、发行等多个环节环环相扣、紧密联系的结果。编辑尤其是策划编辑，已不再局限于文案工作，而是要掌控图书的全部出版流程，这就需要以编辑的组织协调能力作为支撑条件，否则就会出现一些环节衔接不到位，或者某些环节的人相互推诿的问题。

第一，编辑要调控出版周期。图书的出版周期受诸多因素的影响，如稿件的篇幅、作者的交稿时间、编校的工作效率等。无论出版周期是长是短，为图书选择一个合适的上市时机都非常重要。现实生活中，由于图书的出版周期调控不合理而错失最佳上市时机的例子不在少数。如何保证图书在预定的时间内出版上市，需要编辑对图书的生产进度有一个总体的把握，这既包括同作者商量、向作者催稿，也包括在文字编辑、美术设计、印制发行等环节之间进行有效的调控。

第二，编辑要控制出版成本。图书的商品属性决定了编辑必须考虑它的经济效益和成本支出。对于纸质图书而言，内容和作者的名气，固然是影响图书定价的重要因素，但图书的装帧样式、开本、纸张、印刷装订工艺等，也会影响图书的定价与销售。因此，作为图书的责任编辑，必须在考量市场效应和读者购买力的基础上，科学合理地进行成本控制，最大限度地实现图书的效益。

第三，编辑要熟悉营销宣传。英国出版家艾利森·贝弗斯托克曾说：“在当今高速发展且竞争日益激烈的图书行业，市场营销不是孤立的，而是渗透于出版的全过程。”①图书投入市场后，为扩大其影响力和知名度，往往还需开展一系列宣传活动，比如召开作者签售会、读者见面会、媒体发布会等，还要考虑线上线下的营销互动，利用网络、微博、微信等新媒介进行图书宣传和促销。这些活动都离不开编辑的智慧和劳动，需要编辑合理安排时间、地点、人员、渠道等，在人力、物力、财力等多个方面做好统筹。可见，编辑必须具备一定的组织协调能力和应变能力，才能做好图书营销工作。

3. 人际沟通

新形势下的出版业正在发生着深刻的变化，编辑已不再是传统意义上的文案编辑，而是从“编书”型向“做书”型转化。做书，意味着编辑在做好书稿加工的同时，还要与作者、读者、排版人员、校对人员、发行人员等打交道，共同确保编辑出版活动的顺利进行。因此，良好的人际沟通能力在编辑工作中是必不可少的。

首先，作为编辑，必须处理好与作者的关系，掌握必要的沟通技巧。在组稿的过程中，编辑要与作者商议写稿要求和交稿时间，还要就文稿的细节征求作者的意见，甚至介入作者的创作，对作者进行有针对性的指导。与作者沟通是一门艺术，很有学问，编辑既要懂得一些礼貌和礼节，付出真诚与热情，还要拥有机智和灵活，注意区分交流的时间、场合、对象和目的，在适当的时候做适宜的事。通过交流合作，编辑逐渐建立并扩大自己的作者队伍，提高组稿的成效，并为后期的组稿工作打好基础。

其次，编辑要协调好出版社内部人员之间的关系。从内容加工到装帧设计，从印刷发行到营销宣传，编辑都需置身其中，全流程跟进。如果编辑缺乏良好的沟通能力，就很难协调各方面的关系，调动各环节的资源，就会导致一些摩擦，影响图书的顺利出版。所以，编辑必须要有角色意识，像“执行导演”一样协调好出版社内部人员之间的关系，使整个出版流程更

① 杨牧之．论编辑的素养[M]．北京：中华书局，2013：96.

加高效、和谐。

另外，编辑还要与媒体保持良好的关系。图书出版的前期、中期和后期，编辑都要密切关注图书的命运，充分调动一切可以利用的媒体资源，为图书宣传造势。无论是传统媒体还是新媒体，都有一定的传播规律，编辑与媒体打交道时要尊重媒体传播规律，合理把控图书宣传的时机和节奏。尤其是移动互联时代，编辑更应该提高自己在网络空间的互动交流能力，积极融合线上线下的各种媒体资源，以良好的组织力、沟通力，做好图书的宣传工作。

第四节　编辑人员的角色定位

一、市场经济条件下的编辑角色定位

随着社会主义市场经济的发展和对外开放的扩大，世界经济一体化已经成为当前世界经济发展的重要趋势，融入世界经济发展格局是改革开放的必然要求，与之相随，文化市场经济也已经成为经济全球化的一个主要领域。文化产业的国际市场已经形成，为了顺应改革的大潮，出版业正在激烈的竞争中求生存、图发展，处在这一时代潮流中的中国出版业必然而且已然感受到这份动力与压力并存的影响，表现出矛盾的心理和浮躁的心态，一方面要承担文化使命，一方面要学会经营管理，一方面要把握大政方针，一方面又要取得尽可能大的经济效益，而后者往往比前者更迅速见效，产生更大吸引力，于是，物质利益原则在不知不觉中逐渐成为部分编辑价值观念构成的重要基础。本是一公认的文化职业却大多以追求利益为上策，故而自觉与普通商业者没多大区别，或有意无意地放弃了应坚守的阵地，或在大潮中晕头转向，找不着北。

迷失了自我的编辑出版业将会得到一种什么样的结局呢?

先让我们来看看日本的例子。

20 世纪 50 年代，日本制订了经济倍增计划，在美国的帮助下进入了国际经济发展的大格局，实力急剧增强，经过了 50—60 年代的经济起飞阶段后，70 年代的经济水平居世界各国之前列，为世界瞩目。借助经济起飞的机会，日本出版业在 70 年代达到最高峰，进入鼎盛时期，遂成为世界出版

大国。但从70年代中期起情况发生极大变化，经济发展速度大为减慢，到90年代末期，出版业出现零增长，退书率达40%。反思其现象出现的主要原因，当归结为日本出版业在经济起飞的年代里过于注重经济效益，过于追求经济倍增，过于追求产值，完全市场化了，失去了出版业本应坚持的文化地位。因此，如果今天我们中国的出版业丢掉了出版原本赋有的在文化教育上的追求，而单纯去讨好与乞求市场或时尚，如果我们不去引导读者的阅读口味和视野，而单纯去迁就与附和读者喜好，不说提高出版水平，单是自我生存今后都将成为问题，长此以往，不仅文化建设的重任难以为继，读者水平得不到提高，出版物的种类与数量也都将下降，编辑出版之路必然越走越窄。

因此，市场经济条件下编辑角色的重新定位迫在眉睫。

那么，市场经济条件下的编辑出版人到底承担的是一个什么角色？又应当做些什么呢？

1. 市场经济条件下编辑出版者更应凸显文化人角色

在《新闻出版报》上曾有一篇文章对社会转型期的编辑群体进行了一番透彻的描述。文中说道："近年来，在强化市场经济意识过程中，存在着从计划本位的极端走向市场本位的另一个极端的不良倾向，对出版经济运作方式的强调远远盖过了对出版物文化内容的强调。我们听得最多的就是编辑的市场意识、竞争意识、经营意识等，几乎所有的出版社都在对编辑进行熟悉市场、学会经营、成本核算、收支挂钩、参与发行等市场经营方面的改革。出版行为的企业化，使人将大量精力和时间用于生产经营，而编辑的文化意识似乎过时不提；对出版市场运作的强调被简化为顺应市场，而文化思想含量在实际操作中则被忽略或淡化；编辑的角色俨然等同于一般的物质生产经营者，文化企业的特殊性被相对忽视；'编辑是出版的中心环节'的说法在'大发行部，小编辑部'等说法的流行下显得不再像以前那样理直气壮，编辑角色的功能认同出现一定程度的偏差与误解。"①文中所述实实在在，恰如其分。

---

① 钱宏，张国功．社会转型期编辑群体价值自审与文化理念[N]．新闻出版报，1999-01-15.

转型期的中国出版业面临的形势十分复杂。从宏观来说发生着传统的计划经济向社会主义市场经济转变、粗放经营向集约经营转变两个变化，这两个根本性转变必然引起人们精神世界的深刻变化。从个体思维来说，人们思想活动的独立性、选择性、多变性、差异性明显增加，反映在出版物的选择上，读者偏好呈现多样化的特征，这种极端活跃的思想引导得好有利于文化的传输，引导不当则会带来不稳定因素，假如在此时，编辑迷失自我角色，头脑发热，一味顺应、迁就，则与一般商业行为无异，也即是说如果此时放弃出版事业的文化积累、传播、引导、教育的基本功能，毫无保留地与市场拥抱，我们将丢弃我们所拥有的，而最终失去市场，因为文化建设、引导与积累是编辑出版业安身立命之本。

这里，我们必须说明，市场经济与这一切并不矛盾。并不是搞市场经济赚钱，讲文化就是赔钱。市场经济提供给编辑出版的是一种环境、一种手段、一种工具。了解并学会利用它，将给文化生存与发展带来更大的机遇，提供更好的条件，扩展更大的市场。

2. 市场经济条件下编辑出版者是科学知识宣传者和各种社会思潮的把关人

编辑出版事业是党和人民手中一个重要的舆论工具和文化阵地。目前，我国正处在改革的攻坚阶段和发展的关键时期，社会、经济、思想、生活等情况都发生了复杂而深刻的变化。面对新问题、新情况、新变化，编辑如果不能使马克思主义牢固地占领思想政治阵地，而让各种唯心论、有神论、非马克思主义、反马克思主义的东西钻了空子就是偏离了正确的政治方向，放弃了自己应尽的神圣职责。

科学是人类进步的阶梯，社会发展的动力。市场经济条件下，编辑应该是科学知识、科学技术、科学方法和文化知识的积极传播者，努力地提供更多的科学、健康、有益的精神文化生活食粮，引导广大读者发扬科学精神，消除愚昧、反对迷信。对违背科学常识和基本科学规律的来稿拒绝出版；对经不起科学检验的内容不盲从、不迷信，杜绝其流向社会；对与科学精神背道而驰的作品坚决抵制。

无论是从信息生产、传播的中介角度还是从意识形态领域“守土有责”的角度，编辑出版者都必须强化自我的“把关人”意识。这是因为：其一，在社会主义初级阶段封建残余和愚昧落后的思想观念与先进的思想观念长期并存，无人把关便会使读者良莠不分；其二，在计划经济向市场经济转变过程中，由于利益关系的变化，人们思想极端活跃，正确的与错误的相互交织，进步的与落后的相互影响，无人把关则会搞乱人们的思想；其三，市场经济也有其不可克服的弱点，所带来的消极影响，反映到人们思想中，容易诱发自由主义、拜金主义、享乐主义和利己主义；其四，对外开放在开阔眼界、增长见识的同时，西方的政治主张、价值观念也会乘虚而入，“把关人”代表一种文化导向，代表国家的根本利益，代表编辑的立场。因此，“把”好此“关”并非易事。随波逐流、人云亦云是被动消极，是非不分、美丑不辨是素质低下，只有学会过滤，重组优化，积极引导才无愧于“把关人”称号。

但仅仅做到这些是不够的。编辑还应该努力地保护、支持科学和艺术的自由发展。在认真审读的基础上，有选择地采用那些有科学研究价值和科学普及价值的优秀书稿，为科学的进步做出自己应有的贡献。

3. 市场经济条件下更需要具有鲜明编辑思想的出版人

从个体的编辑来看，编辑思想与经营意识是并驾齐驱的双轮。商业思想固然需要，然而它绝对不能替代编辑思想。坚守个性化的出版品位与追求必须以特定的思想品质为基础。它需要编辑角色偏重于学者化、专业化，而不是仅仅停留在一般的商业与市场意识上。编辑思想的内涵十分丰富，表现形式多种多样，它是编辑成熟的标志。一名优秀的编辑出版者一定具有恒定的编辑思想。因此，编辑思想具有独创性、稳定性与多样性的特点。在这种思想指导下，编辑可以以不变应万变，可以在他人的启发下拿到金子，可以以泰山压顶不弯腰之势维护他所坚持的，这也便是他所遵循的编辑之“道”，也便形成了区别于其他人的编辑风格。编辑“道”的境界取决于编辑出版者的文化情结，是一种对精神本体的形而上的追求，在现实中，既表现为一种超脱，又有着眼于长远的“咬定青山不放松，任尔东西南北风”的韧性追求。

编辑思想不仅包括确定选题、构思作品的总体结构，而且包括图书装帧设计风格和市场营销策略的总体策划。有无编辑思想在图书出版中会出现区别十分明显的两种操作手段。前者做什么书，为什么做书概念十分清楚，后者则一般是看到别人出版什么畅销后赶紧跟风搭车，把大量精力和财力放到市场炒作上。虽然有时也会获得较丰厚的市场，但随着读者的逐渐成熟和市场的逐渐规范，最终必然会引起社会的冷漠和反感。当然，要形成鲜明的编辑思想并非易事，需要有广博的学识和专门的修养；有不断汲取新知识的能力；有强烈的学术责任心，对相关的学术前沿发展动向有广泛的了解；有深邃的学术眼光等。就像信息是选题创新的源泉，创新也就是编辑思想的灵魂。一个完整的编辑思想过程就是知识和信息的分合、相交、增减、变革的过程。

编辑思想的先进性和独创性保证了选题策划的完美成功。出版人一旦形成鲜明的编辑思想，他会在各方面工作中获取创新的活力与动力，这一创造性思维活动会在编辑智慧花园中绽放出最美丽的花朵。面对市场经济条件下的编辑出版业内外部环境，应该创造出一种比传统编辑思想更有适应性的新理念，建构出更加完善的编辑思想理论体系，创造出更能激励全体人员的编辑出版体制和编辑劳动方式，充分发挥编辑的文化与经济功能，做大做强出版业，使之成为参与推动社会发展和国民经济增长的重要力量。这是编辑理论研究的重大现实理论课题。

4. 市场经济条件下编辑是出版经济增长的重要源泉

在知识经济时代，随着高新技术和信息技术的飞速发展，全球经济的增长方式已发生根本性的变化，知识正取代物质资本和劳动力成为经济增长的重要因素。与其他行业相比，出版社具有物质资本投入比例低、劳动力比例少的特点，是典型的智力密集型企业。知识资源在其产业发展中占据着举足轻重的地位。与资金相比较，知识资源对于出版业显然具有更重要的作用。一家出版社有无竞争能力，固然要看其资金、资产、营销管理、分配制度等各方面的实力，但最主要是看它是否拥有丰厚的知识资源，知识资源是其具有源源不断的创新能力的重要保证。事实也正是如此，一个编辑策划出的一个富有创意的选题所产生的社会效益和经济效益往往胜过众多的平庸图书。编辑的选题策划能力是决定出版社经济增长的重要源泉。

同时，我们还必须坚持“编辑工作是出版社的中心工作”的提法。我们承认，编辑过程不能代替出版经济增长的每一个环节，但是每一个环节都离不开编辑工作，“编辑工作是出版社的中心工作”的提法实为编辑工作客观地位的真实反映和体现。从产品生产与销售的关系来说，产品本身的品质是各种营销手段与方式的运作对象，是经营的具体内容，唯自身品质为上。除此之外，任何手段的运用、任何渠道的流通都受其局限。明白这一点对于更好地发挥编辑的主动性、能动性都是极有帮助的。何况，市场经济条件下的现代编辑观要求编辑不但要对书稿的内容和形式负责，而且还要对图书进入市场的结果负责。

总之，图书出版虽是一种商业运作，编辑虽是商业中人，但图书的精神产品特性决定了编辑的第一身份是文化的传播者与守望者，这是编辑不同于一般生产者的根本所在，也是作为一个编辑所拥有的特殊价值所在，每一个编辑都应该珍惜它、坚守它并为之骄傲。明确编辑在市场经济条件下的角色，有助于出版文化事业的发展，有助于编辑将读者文化水平的提高及弘扬民族文化作为己任，如此，也就能够使我国的图书出版业避开他国发展中所遇到的歧途，快速走出高速发展之后的发展步伐停滞、文化品位失散、附庸低俗口味的困境。

二、国际化环境下编辑的角色定位

随着广播、电视和其他电子媒介的出现，人与人之间的时空距离骤然缩短，整个世界紧缩成一个“村落”。加拿大传播学家麦克卢汉1967年在他的《理解媒介：人的延伸》一书中首次提出了这个概念。地球村的出现打破了传统的时空观念，使人们与外界乃至整个世界的联系更为紧密，人类变得相互间更加了解了。地球村现象的产生改变人们的新闻观念和宣传观念，迫使新闻传播媒介更多地关注受传者的兴趣和需要，更加注重时效性和内容上的客观性、真实性。地球村促进了世界经济一体化进程。地球村是互联网的发展；是信息网络时代的集中体现；是知识经济时代的一种形成，而现代交通工具的飞速发展，通信技术的更新换代，网络技术的全面运用使地球村得以形成。

在这个大村落里面，人们的相互了解变得非常重要，这也是地球村形成的基本条件之一，而促使各种不同文化背景的人们相互了解，则成为世界出版业的使命之一。21世纪初，我国正式加入世界贸易组织，我国出版业的国际化步伐加快。编辑出版工作者们迅速在得到许多机遇的同时，也受到来自各方面的挑战，比如选题策划、装帧设计、编辑方法和编辑素质等方面都要求有很大的提高。在国际化的环境下，我国的编辑应该从以下几个方面入手，扮演好自己的角色：

1. 立足于本民族的文化知识，做民族文化的坚守者和传播者

民族的就是世界的。对于出版业而言，这绝不是一句大而空的口号，而应成为国际化背景下我们的行动指南。经济一体化并不必然带来文化的一体化，但文化却可以被同化。中华文化经历了几千年的漫长发展，有过许多的困难和曲折，但时至今日，依然立足于世界文化之林，是世界文化中一支不可忽视的重要力量。有人说中国是一种文化的名称而不是国家的名称，如不其然，中国人不会这样长久地存在世界之上。国有兴亡，人生苦短，但文化却在它的创造者逝去后，仍然持续其生命，并继续流传几千年。中华文化强大的生命力是任何一个编辑出版人不可小觑的重要资源，也是值得编辑出版人挖掘一生的文化宝藏。

20 世纪初，中西文化交流频繁，我国打开了久封的国门，如饥似渴地向西方学习各类文化知识，力图缩短我们与发达国家在文化上的各项差距。即便在这样的大背景下，商务印书馆依然非常重视传统文化的积累，影印古籍是张元济主政商务期间最主要的出版方向之一。晚清翰林出身的张元济，运用传统的版本、校勘学知识，组织学者辑印《涵芬楼秘笈》《四部丛刊》《续古佚丛书》等大部分古书，既为商务赢得在文化界、读书界良好的声誉，也获得了可观的收入。后来者王云五则深受他的学生胡适的影响，将新式标点、分段、注释、导读等新方法运用到古书的整理中，出版了一批经过整理，易读、易解的经典读本。1902 年到 1914 年间，商务印书馆出版的古籍，仅丛书就有 53 种。

传播民族文化知识不仅包括对传统文化的积累，也包括对当代文化的发扬。当代各种流行的社会思潮、社会科学和自然科学所到达的高度、当代各类知识分子的研究成果，都需要借助书籍来保存和流传。只有沉下心来，发掘国内的各种选题，将国内市场做足做透，才是应对国际化的基础。目前有些出版社出的书，既不反映时代风貌，也与文化积累无关，单从书名看，丝毫看不出我们是一个有着五千年文明的礼仪之邦。这些书在国内就没有市场，相关人员反而还埋怨国家的相关政策不成熟，阻碍了其国际化发展的道路。长江文艺出版社地处九省通衢的湖北，与许多“京”字辈的

出版社相比，并不具有多大的地缘和人脉优势。可是，该社在前社长周百义的带领下，立足开发本民族的文化资源，出版了诸如“二月河”系列、《张居正》等优秀的历史小说，还有“九头鸟文丛”等反映时代社会风貌的文学作品。在充分做好本民族文化传播的同时，其在国际化的进程中也自然地亮点频出。2004年4月，长江文艺出版社一部以狼为叙事主体的小说《狼图腾》给我国图书市场注入活力，销量逾100万册。2005年8月31日，英国老牌出版社企鹅出版社正式与长江文艺出版社签约，10万美元预付款、10%的版税，买下《狼图腾》一书的全球英文版权。在我国每项版权输出所得版税不过5000美元的情境下，此次签约具有特殊意义。据《狼图腾》的策划编辑安波舜介绍，企鹅出版社亚洲区总裁彼得·菲尔德曾经谈到过看中《狼图腾》的原因：它的全球性。彼得·菲尔德认为，《狼图腾》是一个没有文化差异的动物的故事，人与动物如何相处、如何解决农耕文明与游牧文明的冲突等，是全世界都在关注的话题，包含整个人类的价值观念，这样的题材非常适合海外读者。这对图书选题的民族性和国际性的关系是一个很好的阐释。

2. 编辑应该通过学习，努力使自己成为国际化背景下的复合型人才

我国出版业与国际接轨，对图书编辑人员的素质有了新的要求，编辑不能只是单纯的“文字匠”，而应是兼具专业特长的专家、知识面广的杂家和会市场经营的商家，即所谓“三家”；应是集学者、设计师、儒商于一身的由多维知识构成的复合型人才，具有“学者的头脑、专家的知识、商家的眼光、兵家的谋略”，成为“三高”即高素质、高智能、高创造力的编辑；尤其是要注意学会掌握现代科技手段并运用到编辑工作中去；还要大胆进行科技创新，不断提高用现代科技改造编辑工作的能力和水平。

要想在国际化浪潮中保持本民族文化的风格和特色，在与其他国家和地区的出版竞争中立于不败之地，关键在于人才的培养和使用。具体到编辑这个行业，则必须重点研究出版业发达国家的编辑人员的培养和使用机制，以及他们对编辑人员素质的要求，从而努力缩小与他们的差距，甚至迎头赶上。就目前所了解的情况来看，努力学习，成为复合型的人才是我国编辑工作者的当务之急。

复合型的人才首先表现在对出版流程的整体把握。在整个出版流程中，

编辑既要懂选题也要懂得组稿，将二者有机结合，在组稿中选题，这样有利于开阔思路。编辑还要懂得所有出版环节的基本知识，这样才能将各个环节衔接起来。目前正在推广的策划编辑制是一种积极的尝试，但还多限于内容的策划，仅仅实现了选题和组稿的结合。

其次，编辑要让自己的知识变得驳杂。我国出版社的编辑一般有一定的专业背景，但在整个队伍中缺少经济、管理、市场营销方面的人才，在组稿中常常忽视与市场的联系，因而，编辑要注重锻炼把握市场的能力。在保证稿件质量的同时，强化市场意识，加强成本核算，加强与其他部门的合作，提高全局把握能力；敏锐地把握时代信息，提高创新能力，培养多向思维、逆向思维。多学习一些与编辑出版密切相关的新技术、新知识，同时，了解版权和外贸的相关法律知识和交流常识。掌握至少一门外语，不仅是国家相关规定对编辑素质的硬性要求，也是编辑在国际化环境下必备的基本技能。

最后，编辑不仅要做理论知识的掌门人，还要锻炼自己的各项能力。编辑要有调查研究的能力，对读者情况和作者情况进行调查，要积极参加各项研究活动，提高科研能力。编辑还要有识别能力和逻辑思维能力，对文稿的认识和选择有很高的准确度，运用思维的批判性去不断创新。创新精神是编辑必备的品格，有创新能力的编辑才能保持出书特色和独特的风格。编辑应当是社会活动家，始终保持开放的心态和热情的态度，不断地从社会各方面吸取有益的营养，做好中介工作，在国际化环境下开放办刊、开放出书，在竞争中相互学习。

3. 编辑应该成为国际文化交流的中坚力量

只要有不同的文化存在，文化交流就是必然、必需的。编辑人员在文化交流中自古以来都起着非常重要的作用，在国际化浪潮下，这种作用应该得到前所未有的强化。由于一些客观原因，我国在文化交流上依然处于弱势地位。而西方发达资本主义国家，却在近一两个世纪以来，凭借着他们强大的经济实力，在文化上也对欠发达国家进行了一系列的渗透和颠覆。表现在出版领域，最明显的就是我国的版权输出远远弱于版权的输入。

输出和输入共同构成了文化交流的两极，而这两极目前是明显不平衡的。编辑作为人类灵魂的工程师，其工作对象是精神文化产品，理应成为文化交流的中坚力量。目前各类大型的国际书展，如法兰克福国际书展、开罗国际书展、台北国际书展和 BIBF 等都不乏编辑人员的身影。具体而言，编辑人员在文化交流活动中可从以下几方面着手：

第一，在文化输入的时候要精挑细选，选择那些优秀的、适合我国国情和社会发展的文化产品，同时还要完成舶来文化的本土化运作。鲁迅先生早在近一个世纪以前就曾经撰文批判过我们对文化不加选择的“拿来主义”，为后世楷模。今天，我们在文化的引进过程中，也应该注意“批判地引进”，这既是政治和文化角度所做的考虑，又是早已实现自负盈亏的出版单位必须要算的一本经济账。首先要考虑文化背景的差异，需要在客观分析国内外的文化背景和人文环境后，理性地作出决策。詹姆斯·帕特森在美国畅销书排行榜上是非常有名的畅销书作家，但在欧美创造几百万销量的《伦敦桥》在中国市场则反应平平，就是文化背景差异造成的。其次必须保证翻译质量，语言要通俗、易懂，符合目标读者的阅读口味。

第二，文化输出要讲究因地制宜。我们长久以来在文化输出上存在一个问题，总是单方面、不经过任何市场调查地认为，在境外能有市场的图书选题一定是有关中国传统文化和艺术的，比如武术、气功、中医等，而并没有进行细致的市场调查。这就好比计划经济时代我们的出版社没有了解市场，只是凭借编辑在书斋里面构思选题一样，这种做法注定导致很多的问题。另外，境外市场本身具有很大的差异性，要了解它，出版人必须能够深入到输出国和地区的文化背景中去寻找合适的选题，实现选题的本土化。比如，美国人看重经济，德国人崇尚哲学，法国人追求艺术，俄国人热爱文学等。编辑人才的本土化也是非常重要的。2006 年，具有外资背景的桦榭和康泰纳仕两大公司就在中国本土上演了一出高薪“挖”人的大战，引起了业界一些争议，也值得我们思考。中国外文局与香港联合出版集团共同出资在美国成立了长河出版社，直接雇佣美国本地员工，这是一个很有益的尝试，我们期待中国出版业能够借政策的东风，让那些有实力的出版企业和编辑人员也加入这类尝试中来。

第三，文化输出应该以文化融合为最重要的手段。既然强势的文化输出常常事倍功半，我们就应该改变自己的文化输出方式，走文化融合式输出的道路，即用我国文化，与输入地的相关背景相联系，产生适当的文化产品。比如，关于中国传统文化的选题，《道德经》《论语》等，除了翻译出原文以外，还应该结合欧美人的实用主义理念，撰述东方古老的哲学智慧对他们的生活有什么帮助方面的文章，才会更加受欢迎。这种文化的融合往往还体现在细节中。2005年，江苏电子音像出版社对汉语教学游戏光盘《一游记》中，就对“龙”的图像设计做了改变。在中国人心目中的龙是图腾的象征，威风凛凛，而欧洲人更习惯类似恐龙的造型。为了打入欧洲市场，中方在征求了广泛的意见后，将龙设计成了一个虬髯鹿角（中国式的）大腹便便（欧洲式的）憨厚笨拙的形象。这套光盘在巴黎风靡一时，后又被制作成了英文版、德文版等，都获得了不俗的业绩。龙的形象的改变虽然只是一个小问题，但是在推向欧美市场的过程中功不可没。

三、网络环境下编辑的角色定位

进入21世纪以来，由于计算机技术、网络技术、通信技术以及多媒体技术的快速发展和普及，我国以网络期刊、网络图书、网络博客、网络游戏等为主要形式的网络出版业获得了蓬勃发展。网络出版的长足发展，对我国出版行业的影响极为深远。它宣告了我国在技术手段上彻底告别了“铅与火”“笔和纸”时代，进入了以计算机的屏幕、键盘和鼠标为主体形式的崭新的出版模式，改变了传统的编辑出版理念，使出版作为“信息内容提供者”成为我国信息产业的重要组成部分；但同时，它的快速发展与近年来同样迅猛的全球化浪潮一起形成了编辑出版工作全新的文化大背景。

网络媒体从产生的那一天起就以其开放性、即时性、互动性、个性化、虚拟化、超时空等传统媒体无法比拟的优势迅速渗透到出版领域。网络出版改变了传统出版环境下作者的弱势地位，作者可以凭借网上书稿交易平台和个人网页博客等形式进行网络个人出版，使个体编辑行为在沉寂百余年后又一次流行起来，甚至有人认为“编著合一”将成为以后书籍的发展趋势。当有一天，新兴的各类网络出版公司彻底甩开出版社，与作者直接签订合同的时候，出版社就好像是网络出版业的一个下岗工人，毫无主动权可言。新闻出版总署音像电子和网络出版管理司副司长寇晓伟认为，这绝不是危言耸听。现在网络出版技术公司与出版社的所谓合作，大多是直接用比较低的价格从出版社购买内容，而不是实质性的、互为促进的合作。网络强大的检索功能，为内容的革命、为数字化革命创造了极其巨大的价值，解放了传统内容资源的生产力，也是互联网技术改造传统出版的最重要的优势。在这样的大环境下，编辑从业者找准自己的定位，扮演好自己的角色显得特别重要。

1. 充分发挥自身的创造性特质，始终做优秀出版物内容的提供者

在纸张发明并且普及后，许多新的载体层出不穷，而编辑和编辑工作不仅没有消亡，反而更加繁荣，出现了许多部门编辑学。编辑工作去粗取精，去伪存真，保证读者能够看到最优秀的精神产品。如上文所述，网络技术虽然发达，也还是需要向出版社购买内容。因而网络条件下编辑首先要做的，就是坚持内容为王，牢牢把握内容资源，既做内容的发掘者、审核者、加工者，也做内容的拥有者。在和作者签约图书版权时，关注每本书的电子版权(网络传播权)，签约的版权要尽量包括数字版权，对已出版的图书，应考虑与作者补签数字版权。编辑是出版工作的中心环节，在网络时代，编辑把选择和加工的工作做精做细，就无法替代。科学技术愈加进步，人们面临的信息越多越杂，编辑的作用就会越大。

淋漓尽致地发挥好编辑工作的创造性特点，是做好内容的重点和关键。编辑活动最本质的特性即是创造性，网络技术即便再先进再发达，也无法替代编辑的创造性劳动。社会的本质是创造和发展的，编辑通过意识活动创造的精神产品，反映着社会创造和发展的本质。编辑作为作者、读者、社会中介的责任者，文化科学信息的传播者，编辑出版实践的组织者，社会生产力发展的推动者，正是不断通过创造性编辑活动，推出家喻户晓、流传千古的出版物，传播、积累古今中外一切有益的科学文化，从而改观人们的生活质量、人生命运，并建立起一种健康的出版文化需求关系。编辑精神生产活动的创造性是自身在社会联系中顺应真、善、美的需求和趋势，而按照美的规律进行编辑创造的一种应然和必然。编辑劳动的创造性是独立于作者劳动创造性之外的一种精神生产及智力劳动属性和创造方式。以审稿加工为例，审稿加工是编辑活动的重要一环。审稿过程中，编辑须运用创造性思维深入到作者知识结构、思维结构的深层，帮助作者对作品进行再审视、再认识、再创造、再加工。有时审稿加工过程需要编辑具体进行调整组合、修改润饰，直接参与作者的创造，帮助作者实现思想内容和表达形式的尽可能完美。作者的创造活动总是带有很强的个人色彩，而往往忽略了作品的社会功能；编辑则反其道而行之，往往从读者、从传播

的角度出发去完善作品。编辑的创造性劳动实质体现编辑工作的各个环节，体现在出版物整体面貌和文化品位，体现在出版物对社会生产力发展和人类文明的推动方面。编辑精神劳动的创造性和作者精神劳动的创造性彼此区别，相互独立，各成系统。不仅策划编辑、文字编辑工作有创造性，美术编辑、技术编辑工作同样也体现了非凡的创造性。

2. 强化网络出版意识，做出版资源的整合者

网络出版虽然表现出了强劲的发展态势，但是我们必须看到，目前处于网络出版潮头的并非传统的出版社，而是一些网络、软件和信息公司。如网络期刊，我国有纸质学术期刊7000多种，但真正占据网络期刊出版平台统治地位的却非传统期刊社，而是三家科技公司——清华同方、北大方正、重庆维普。同样在电子书市场，四大电子出版商——北大方正、书生公司、超星、中文在线虽然都不是传统出版单位，也不具有图书资源的原始积累优势，但其却经过五六年的努力，将全国560多家图书出版社、120多万种图书资源进行了数字化整合集成，成为中国电子图书出版的主导力量，已经占据了全国电子图书市场90%以上的份额。遗憾的是，几乎所有的图书出版社在这个图书资源数字化整合集成过程中，扮演的只是电子图书资源的提供者，而非控制者。传统出版社所认为的网络版图书会影响纸质图书的销售、担心图书被盗版以及网络出版人才的缺乏，是其对电子出版缺乏热情的原因所在。而事实证明，网络出版和传统出版是可以相互促进，共存共荣的。

网络出版为出版业"内容为王"的金科玉律赋予了新的含义，即谁对内容资源拥有更强的集约整合能力，谁就拥有更大的市场控制能力，谁也就能从市场中获取最大的利润。而目前大多数编辑对网络出版的认识还仅仅局限于通过网络加强对所出版图书的营销，而对于网络出版对传统出版的巨大冲击以及网络出版所蕴藏的巨大商机认识不足。网络出版不能仅满足于资讯服务和形象宣传，而是要充分利用所掌握的出版资源，借助网络技术这一新的出版形式，引导读者接受新的阅读和消费方式，以此培育新的市场。传统出版社在多年的发展过程中，积累了大量的出版资源，包括成熟的作者队伍、有市场眼光的编辑策划队伍，更有多年积累的品牌优势以及广大的读者群。这些都是网络公司所不具备的。如何利用网络技术整合

出版资源，从而最大限度地利用出版资源，培育新的市场增长点，是摆在传统出版者面前的一个严峻而且亟待解决的问题。作为出版行业的核心，编辑更需要强化网络意识，成为出版资源的整合者，做网络出版的弄潮儿。在网络时代，编辑出版人首先要做的是转变观念。网络出版既不是洪水猛兽也不是阳春白雪，它不过是将网络技术和图书出版结合起来了，只要我们抛开陈腐观念，勇敢地接受它，勤奋地学习它，就可以将先进的技术和优秀的内容有机的结合，成为网络时代的受益者。科学技术是第一生产力，如果我们充分地应用好新的科学技术，就可以快速提高我们的编辑力。

3. 勇于创新，做编辑出版事业的变革者

网络技术的普及使原有的纸质环境下的编辑理论和编辑规律遇到了新的挑战，尤其对现行的编辑工作模式产生了巨大影响。于是，关于编辑模式和编辑工作方法的变革问题成为编辑工作者面临的新的挑战之一。

编辑可以促使编辑出版全程向电脑化、网络化变革。编辑手段也从传统的笔和纸向着计算机、网络通信过渡，这使编辑从传统出版的繁重、低效的工作中解放出来，有更多的时间和精力来发挥编辑的创造力和提升其主体智慧能力。首先，功能强大的编辑工具为编辑人员的加工处理、快速修改、构思创意提供了技术平台。其次，通过网络编辑技术，网络出版的内容和表现形式可望有更好的统一。再次，多媒体信息的丰富表现力，易激发编辑人员求新、求精、求美的创造热情。编辑作业环境将因编辑手段的不断完善而发生根本性改变，从传统的纸面编辑逐步过渡到屏幕式编辑，打破了传统的著、编、印、发分离的模式，能实现编著印发一体化。编辑通过网络广泛征集选题，向世界各地的作者组稿，作者的稿件以电子邮件等形式传输到编辑的计算机终端上，并自动存储下来，编辑直接将原稿从存储器中调出，对其进行审稿和编辑加工，并能通过网络迅速和作者联系商讨有关作品的出版事宜，不必再借助鸿雁传书。在加工过程中，对于一些拿捏不准的史实概念，引文出处等，可以借助网络随时检索查询。在这种模式下，编辑工作能达到“所见即所得”的效果，编辑工作应该更侧重于策划与监督，更致力于总体设计、详细设计和各类资源的整合，编辑与作者联系的合作应该更加密切，甚至可以实现双方角色的相互转化、相互融合。

编辑还可以改变传统的出版模式，使出版流程向简单高效化变革。传统出版流程一般为作者—出版社—批发商—零售商—读者，网络出版流程则为作者(出版社)—信息平台—读者，已到了“编辑活动即出版活动”的地步。编辑工作由于运用计算机、网络等新型设备和技术，工作速度和效率也大大提升，组稿、审稿、校对、装帧设计等过程也打破了过去时空上的种种限制，由一维的工作程式向多维的工作程式转化，原有的编辑工作的一些界限也逐渐消失(如过去由策划编辑、文字编辑、美术编辑等不同人员分别完成的工作可由编辑人员一个人在相关编辑软件的帮助下完成)，并且还创生了一些新的编辑程式，部分网络编辑系统可为多名编辑人员提供“虚拟编辑室”，使得不同地域的编辑人员为同一个出版任务进行协同工作，有时甚至还可以让读者参与到编辑的环节中来，比如向读者征集选题，将书稿放到网上，让读者参与审稿和编辑加工等。编辑还可以在原稿完成之前就借助网络对作品进行宣传，比如互联网广告、微信公众号等方式都已经被出版业尝试过，投入小且直达目标读者，都被证明取得了不错的效果。图书出版后，编辑可以借助网络即时关注书籍的销售情况，读者的反映等，得到一手的信息反馈资料，而绕过中间商环节，保证信息的准确性和时效性。

第四章 编辑过程(上)

编辑活动究竟是从哪个环节开始的，这确实是一个非常难以回答的问题。比如说，你在周末为了消遣而看一本杂志，突然发现了一条非常有价值的信息，于是自然联系上了自己的工作，在思考是否能够将其变成选题。那么，编辑活动就开始于读杂志。同理，编辑活动还可以开始于看电视，上网，甚至聊天等。编辑活动还可能开始于收到稿件的那一刻或者接到命令的那一天，不一而足。

在现代环境下，对信息的搜集、整理与利用成为贯穿整个编辑过程的必要内容。因此，一般认为编辑过程起始于对信息的搜集和利用，终结于对反馈信息的整理，其间的环节则包括选题策划、组稿、审稿、编辑加工、校对、装帧设计、宣传营销等。当然，其中有些环节，比如校对和装帧设计，并不一定要编辑亲力亲为，不过编辑在其中的重要作用和热心参与却非常重要。对于编辑工作者而言，这些过程循环往复，形成一条生生不息的链条，使得工作持续进展下去。

在目前快节奏和多元化的市场环境下，编辑过程并不一定按照上述顺序按部就班地进行，可能某个环节会前置，某个环节则会进行多次，情况各不相同。下文我们姑且按照传统的编辑顺序，将编辑过程分成三个部分叙述。

第一节 选　　题

编辑是出版的中心环节，选题是出版的支点。

随着社会主义市场经济体制的确立，出版部门之间的竞争，图书市场上的较量已越来越趋向于选题的竞争和较量。优质的选题资源成为各个出版部门争抢的对象。出版部门在社会上的影响、知名度与选题密切相关。

在评价编辑工作成效中，选题起着举足轻重的作用。众所周知，决定图书价值大小的不是纸张、油墨等物质材料，而是其所载的信息。这些信息即是策划选题表现出的文化创造、文化积累、文化传播价值。图书选题策划的内容富有创意，能最大限度地满足社会群体在知识与文化上的需求，赋予图书产品以新的价值内涵，出版物的纸张、油墨等材料才能发挥作用，体现图书内容的封面设计、装帧创意才有价值，否则，即使材料再高档豪华，也一无用处。因此，图书编辑工作的价值大小往往可以通过选题体现出来。

选题策划是一种高智能的创造性劳动，选题策划的真正内在动力是潜在市场、利润以及可以为企业带来新的发展机会的需求。成功的策划不仅能迅速抓住现实的市场需求，及时推出产品，更重要的是能够把潜在的市场需求变成现实的需求，先于他人推出独特的、崭新的产品，从容地取得市场份额。只要选题新颖，适销对路，市场的“绿色通道”是永远敞开的。

选题策划水平同时决定出版部门的规模和效益。任何一家出版单位，如果能在选题上取胜，也就有了发展的资本。从一定程度上说，出版产业是在不断提高选题投入和产出比值的过程中逐步得到发展的。本是同样规模、相同性质的出版社，一方由于选题策划没有带来相应的产出，形成市场弱势，影响了其发展的方向与速度，限制了规模扩张。而另一方一旦形成独特的选题策划思路，也就拥有了使出版资源得到最优化配置的手段，就能在少投入多产出的高市场回报中占据优势。

在一般物质产品由设计向成形转换过程中，材料性能和生产加工设备起着十分重要的作用。而对精神产品生产来说，设计(选题)思路创新则意味着出版部门胜券在握。因为它的全部价值几乎都体现在选题创新之中。选题策划本是一方案，这一方案只需要文字符号与载体材料便可以构成。文字符号、载体材料几乎是任何文化人都具备的，但方案却只是有头脑、有经验者才可设计出的。在现有社会生产力下，将虚拟形态转换成现实易，但创新思维难。选题创新不同于一般产品物质与能源的消耗，一般产品只有通过物质与能源的消耗才可生产，生产量越大，消耗得越多。而出版资源重在信息，信息无限，开发无限，选题无限。同时，在信息的组织与开发过程中还可以不断产生新的信息。

一、选题的特性

1. 严肃性

选题成功与否在国外关系一个出版部或公司的生死存亡，在国内也影响到一个出版机构的生存环境和读者声誉。因此，出版社假如制订一个近期或远期选题计划，实际上也就意味着在寻找一条生存之道。一旦道路明确，就应努力付诸实施，不随意更改。

图书之所以不同于一般物质商品，就在于它的精神产品特性。选题具有超越时空的相对稳定性和长期使用价值，因而，不可急功近利，不可有短期行为，这应成为出版部门策划选题的切入点。编辑活动不能局限于仅仅审改加工的传统观念，而应当发挥自觉能动性，通过推理、假设、猜测甚至直觉来透视纷繁复杂的文化信息，做出超前判断，提出年度选题。假如制订选题规划的随意性过大，或盲目跟风，或变动频繁，失误的不仅仅是单本图书选题，更为重要的是它影响了出版部门的长远发展。

2. 科学性

选题科学性的标志是：①实事求是，符合各自领域的实际；②遵循科学发展的内在逻辑规律；③可以承受定性、定量分析与实践的检验。

只有做好调查研究才可制定出科学的选题。编辑可以通过查阅报刊、浏览文摘索引、参加学术会议、走访作者和读者等途径，准确及时地了解社会发展现状、图书市场供需情况、作者资源和读者群构成等文化信息的发展趋势，充分掌握第一手资料，从而有计划、有目标地制订选题计划，组选稿件和物色作者。同时还必须避免学术研究的重复雷同，及时发现有时效价值的文稿，特别是能够引导潮流、引领科学研究方向、推动文化发展的时代需求的文稿。当然，了解什么信息，怎样收集信息，特别是如何处理信息，都需要依靠编辑的自我决策能力。保证选题的科学性还应该注意对信息进行分析综合、分类储存和定性定量分析，并依此预测文化信息的发展动态和趋向，以便掌握编辑活动的主动权，保证选题朝着科学性方向发展。

科学性包括优化选题结构，即各类图书均有一个合理、科学的选题比例。应考虑到各类图书在市场上可能占有的份额，避免与其他出版单位选题相冲突。如果一家出版社能够有若干品种、品牌在市场上占有一席之地，其社会效益、经济效益必将蔚为可观。倘若品种单一，一旦市场判断失误即可能失去元气。

选题应与本部门的性质、所具有的著述力量、同类书曾经的市场、读者的接受程度等一并考虑。

3. 创造性

市场经济条件下企业经营管理的重要部分即是开发新产品，如果长期没能开发出新的、成功的商品，任何经营管理都是无效的。出版部门新的选题就是出版企业新的商品，共同的本质是追求商品的新价值，共同的要求是新开发的商品必须具有新颖性。不能策划出新选题就会失去经营权利。选题是一个具有创造性的活动。创造性选题与跟风有着明显区别。爱因斯坦曾言，提出一个问题往往比解决一个问题更加重要，因为解决问题也许仅是一个技能而已，而提出新的问题、新的假设、新的思路，却需要有创造性的想象力，而创造性才是科学真正进步的标志。爱因斯坦之言道出了创造性思维的基本含义和重要性。创造性思维的特性是创新求异，即在已有知识、经验基础上对未来事物和对象的创见性思索，它强调从已知走向未知。创造性是选题严肃性与科学性之外的另一重要特性。

创造性需要胆识与智略。独立的风格与特色可以在选题中得到集中表现。正如具有民族性才有世界性一样，选题具有创造性才有较大的市场占有率，从古到今即是。例如，萧统等人编辑《文选》时，并未决定选择所有先秦至梁的作品。尽管当时裴子野、萧纲等人对一些作品的看法争论很激烈，但萧统以他的创造性见识在《文选序》中果断、系统地阐述了自己的文学见解，把学术著作和文学作品区别开来，诸如“经”“子”“辞”“史”等一律不选，提出“以能文为本”的观点。其特征即是“事出于沉思，义归乎翰藻”。

以现代人的眼光去看当时选文之条件当是经深沉艺术构思之作品内容，“行文出语采而间一缘情”者才能入选。由此推动了后世对文学性质、创作类别的认识，促进了文学概念的形成，使古代作品文史哲不分的现象开始有了变化。创造的性质在这里得到了充分诠释。

既是教育家又是出版家的张元济先生先后担任过商务印书馆编译所所

长、经理、董事长等职，从事过编辑、校勘、发行、管理的工作，每到一处都力图进行新的尝试。如，他与高梦旦、蔡元培先生一起编写的《最新教科书》便是他及时抓住1902年清廷发布新学堂章程后的创新举措。这套书迅速风行全国。探究其原因便是：一是，当时各地学堂纷纷兴起而教材奇缺；二是，各科教科书内容多有创新。如国文教科书中寓思想品德教育于课文，同时还介绍了一些各地的自然风貌和人文景观以及天体、卫生、科技等各方面知识。这些新颖的内容和形式，充分体现了商务印书馆和张元济先生的开拓创新精神。

选题策划是一个知识创新过程，一个知识和信息的分合、相交、增减、变革的过程。它不是来自闭门造车或主观臆想，而是来自对信息的广泛收集、积累、提炼和研究。一个经过精心策划的高水准、高质量的选题，必然包容着最新的知识、信息，或者用全新的理念诠释的知识和文化，并赋予其新的生命力。编辑工作本身就是创作，是一种高级制作和再创造性的劳动，具有很强的思想性、知识性、学术性和技术性。这不但体现在审改、加工和编发过程中，更突出地体现在编辑活动每一周期的选题、组稿和选择作者的过程中，即注意发现新的文化动态、新的解决问题的方法和新的作者，综合分析原创与次生信息、社会文化需求，运筹和制订代表学术发展趋向的选题。完成这一思维过程，需要编辑勇于冲破传统思想的束缚，摆脱盲目崇拜的世俗和旧理论体系的局限，有开创拓展、标新立异的勇气。创新的探索，并非摒弃传统，割断历史，而是指立足于现实的场地，把握时代的脉搏，揭示对象的实质，研讨作品表现形式。温故而知新，才可在选题上求新、求深、求异。

许多创新选题虽然不是原创型的，但它们在某一方面已突破了某些已有选题的价值，实现了对已有同类选题的超越。与原创型选题比较，它们不具备首创性，但它们在某些方面却具有相当的新颖性，因而也会给读者带来耳目一新的感觉。

创新并非与模仿无关。这里的模仿并不是简单的重复，而是从外界事物中得到启示，然后借用到自己的选题中。其中最大的意义就在于新的创造，创造的成分越多，选题的价值越大。正如《孙子兵法》一书，有古老的版本，也有新的插图本，尤以丝织版的《孙子兵法》带给人们崭新的感觉一样。

选题创新的动力来源于编辑主体的外部动力与内部压力。编辑的外部压力是指职业道德、社会职责、历史使命和生存环境等方面。平时积累的知识和信息构成了选题创新内部动力的基础，具有强烈创新意识、富有想象力、思维敏捷的大脑是选题创新的条件。创新要求不受旧有框框的束缚，以发展的眼光、喜爱新事物的态度对待变化的世界。能否创新反映了编辑学术意识和学术判断能力的强弱。能够进行选题创新的编辑总是以敏锐的观察力提出问题，运用多种思维模式以及丰富的想象力去分析问题，在提出问题、分析问题、解决问题中构成新的选题。

二、选题应遵循的基本原则

选题策划决定着出版社生存质量已是出版界同仁共知共识的事实。但在实际策划选题时所报出的选题往往又经不起推敲，策划者觉得委屈，发行者觉得不遂人意。如果在选题策划之前以及论证选题时能够明确一些选题策划的基本原则，无疑会有利于选题工作的开展。

1. 与时代同步原则

所有图书的出版都是在一定政治与经济背景下选择的，即必须符合时代的要求。时代性原则是指书籍内容与时代精神风貌、社会准则、读者接受意识并联的组合体系。政治性图书毋庸讳言，如果背离国家大政，有可能影响民心，蛊惑策反的图书必遭棒杀。文学类图书可以选择任何一个时代背景下发生的场景、情节与人物，但对作者有一定的要求，只有肯定了其在历史中的积极作用方可为之，否则须慎重。对历史真实反映的前提下可以赋予新的时代意义。科学技术类图书的时代性突出表现在技术的先进性上，如果已是明日黄花，出版即是浪费。

时代总是在不断发展的，选题必须既适应社会文化环境发展，又同时吸取学术研究新的成果，使某些选题得以不断更新。这种跟随时代、推陈出新的方法尤其表现在学术著作选题中。填补学术空白，在一定时期内毕竟是有限的。而采用联想思维和扩散思维方式，根据时代发展和读者需要选择新的突破口作为选题，也可以取得成功。

遵循与时代同步原则从某种意义上也有政治性第一原则。任何政治都是时代的产物，时代决定了政治的基本内容和实际意义。新闻出版总署每年年底都会发布来年的图书出版规划重点选题，编辑可以以此为指南，有针对性地根据实际情况设置合适的选题。比如 2007 年长征选题，2008 年奥运选题，2009 年中华人民共和国成立 60 周年选题等。这既符合了政治的要求，把握了正确的导向，又能达到求新、与时代同步的目的。

2. 读者服务原则

为读者服务是策划选题时必须遵循的另一条基本原则。发行量的大小尽管不是考虑的根本因素，但它与读者紧密相关。有无读者是产生经济效益的重大前提。适用读者才是服务读者的根本。策划选题是在周密的调查研究基础上产生的，它当然会对读者有一个基本的估量，从企业经济效益出发，这可保证出版成本的收回。但是，读者需要的不仅仅是有无他们所需要的书，而是能否提供优质的书。一般而言，平庸图书出版太多，精品图书感觉不足。有“很大”出版价值与有“一点”出版价值的书稿都有可能出版，区别在于读者只想购买前者，万一买到的是不满意的书籍也只好自认倒霉，但从此会对此出版社“严加防范”。必须牢记读者是一群实用主义观点很突出的人。实用并不是只看眼前，倘若购买此书会给他今后的工作学习带来帮助，当然也就是实用类书籍。很有价值、很实用是指书中讲述的知识，准确清晰地讲清了读者一直想弄明白的问题，点破了困扰读者的难点，教会了读者在生产和生活上需要的技能技巧，传递给了读者最新的知识和信息，对读者的思想、行为、修养有较好的指导作用。编辑在选题策划时如果定位不准，读者服务意识不强，策划能力欠缺，在自己知之甚少的领域里选题，一般而言，出版的图书价值极小。

3. 成本效益原则

策划任何一个选题都有成本核算问题。有些选题可能符合其他所有原则，但却违反成本效益原则，同样失败。在经济实力强的出版社制作的某一图书，可能成为畅销图书，取得较好的经济效益；但同样的选题放在经济实力较弱的出版社运作，图书效益就可能大打折扣。一厢情愿地进行选题策划，不综合考虑投入与产出的比例关系，图书出版效益会受到很大影响。换言之，求取社会效益与经济效益的平衡点对作为企业的出版社来说是必需的，不能获取好的经济效益也就没有能力去制作大规模的“双效”图书。一般成本核算都会考虑纸张、印刷、包装材料等，但除此之外，还须计算编辑力量，出版经验等因素。选题很好，却需要编辑投入过多精力，耽误了更多的事项，也是得不偿失的。那种跨越自己专业和自己较为熟悉的知识领域而去别的不熟悉专业领域中进行选题策划的情况也是有的，不过这种选题基本上也是失败的多。

讲究效益是指每一本图书都成为获取效益的途径，那种可出可不出的书坚决不出，因为即使是出了，既产生不了社会效益也不可能有好的经济效益，反而要耗费编辑精力及其他资源，远不如将编辑所有力量都放在可以为社会和出版社谋取利益的图书上。在图书市场竞争日趋激烈的时代，满足于政治上合格、内容上不出错、经济上不赔钱的出书方式已经受到挑战。市场经济带来的是优胜劣汰，适者生存，强者发展。那些说不上好也说不上差的书，说不上赔钱也说不上发行量大的书，使出版社不断面临着书店退货、库存过分增多的问题。大量的平庸书、低水平书的出版和操作模式，使许多出版社一直在求生存的道路上徘徊。平庸书的不断出版，一方面造成了人力、物力、财力的巨大浪费，另一方面，滋长了经营者与编辑人员的平庸思想和平庸行为，使好书、精品书战略难以实施。

选题策划可以优化资源配置。任何一个出版部门的资源都是有限的，有效利用的关键在于合理配置，发挥其最大效能。选题策划一方面要考虑自己内部的条件，如是否有操作该选题的编辑力量、人员、经费、生产和营销能力；另一方面要考虑环境，如市场状况、读者层面、预测销量以及收回投资的时间等。在充分论证了上述两方面的情况之后再来决定该选题确立与否，最终投入规模等。因此，市场对资源配置起基础作用，以读者需求为导向的选题策划对出版部门的资源配置起优化作用。

4. 特色原则

即选题时必须注意到出书的整体特色。是否具有整体特色是衡量一个出版部门成功与否的标志。整体特色可以从专业优势、作者资源、编辑特长、地域所在等方面来考虑。专业优势是形成出版部门特色的前提与基础，但坚持了专业优势不一定会形成特色。要在同类出版社中拥有特色还应对图书市场定位和细分，在现实和潜在市场中找到空位。作者资源能够保证所出版的图书具有较高的水准，拥有其他出版部门所难以拥有的作者队伍本身就是特色的保证，否则，一切都是“空头支票”。编辑特长能够保证所出版的图书具有较高的编辑含金量。因为无论多么著名的作家所写的作品都必须经过编辑加工，而编辑加工量的多少可以反映该编辑甚至该出版部门的专业技能高低。它是保证选题特色的具体环节。地域所在是指选题的地方特色。图书的地方特色是整体特色的重要组成部分。单个编辑的选题假如呈现个性色彩，发挥每个编辑专长便可以形成多种多样的选题形态，从出版社的品牌与特色出发，每一个编辑的专长都可围绕出版社的特色进行。特色有特色的基础层面、过渡层面、尖端层面，属于哪一层面可由编辑提出，社内决策层决断，长期保持下去便可以做出别人没有的或者是别人即使有也无法超越的品牌。

要想扩大选题思路，举一反三是一种极好的方法。或因类似而产生联想，或因相关相异而引发新的思绪，或因因果关系导致更开阔的选题空间。掌握了举一反三之法，也就容易由此及彼，由近及远，从多层次、多角度中构思新的选题。外语教学与研究出版社在外语学习的教材与教辅、工具书等领域，占有得天独厚的市场地位，该社利用自身在语言上的优势特色，又积极开展汉英词典系列产品的开发活动，给外国人学习中文提供一流的工具书，既在选题构思上有所创新，又在出版特色方面抹上了重重的一笔。出版部门要占领市场，必须要有自己的品牌，品牌图书是出版部门的企业形象，是无形资产，它会产生一种形象效应，从而带来现实和潜在的经济效益。在信息化时代，知识更新不断提速，产品更新换代周期越来越短，出版部门唯有不断策划新的选题，才能推出新的品牌，保持与巩固自己良好的企业形象。

三、选题开发的模式[①]

在寻找选题过程中许多出版社的做法可以给后人一些启示与借鉴，总结概览，大多出自以下模式：

1. 梯形开发模式

假如出版社已找到一个市场价值大、社会效益好且易于挖掘的选题，

① 参见韩建民．出版社选题积累的几种模式[N]．中华读书报，2002-04-24.

可以在此基础上不断扩展、延伸。正如已触到一个梯形的上底，然后向纵深发展，将梯形做大，最后形成自己的品牌和特色。梯形开发模式的特点是：

(1)内容具有较大相似性；

(2)形式不规则；

(3)不同图书的读者市场变化不大。

2. 环路开发模式

出版社在某一选题基础上，按照一定的规则(如时间、地点、人物、种类等)展开，通过环路串联起来，形成一整套选题资源。其特点是：

(1)形式相同而内容不一定相同；

(2)读者市场变化较大。

有些选题已被他人抢先"注册"，但以组合出版的形式或丛书的规模效应，既可为读者带来成套书的便利，又可对某些已有选题进行系统化工作，同时，也是文化积累的一个重要方面。环路选题有两种开发模式：其一，选题策划时便以丛书形式设计；其二，在一种书形成影响之后，开发出与之配套的其他选题。如人民出版社策划的系列图书"东方书林之旅"就是选题策划创新的范例。这套系列书包括6套丛书，策划者根据各丛书的内容特点，创造性地分别将6种宋词的词牌作为丛书的名称，如《满江红书系》《清平乐书系》《西江月书系》《采桑子书系》《如梦令书系》《一剪梅书系》，从而凸显了这六套丛书典雅的文化意蕴，出版后在学术界、出版界、读书界产生了很大反响。

环路开发模式与梯形选题模式的区别是前者选题内容不同，后者选题内容相似；"环路"遵循较严谨的逻辑关系；"梯形"则较随机。

3. 点面状开发模式

开始时并无明确而具体的目标，只有粗浅的指向，在相对广泛的平面上，不断往上打点，自然形成一定背景图案。此背景图案越明显，出版部门选题特色越突出。此模式特点：

(1)随机性较梯形更大；

(2)长期自然形成而非主观定夺。但是编辑主体的灵感和顿悟起着十分重要的作用。

4. 哑铃状开发模式

即“两头大”“中间小”的出版选题开发模式。某些出版社开发选题或者是以学术价值高见长，追求社会价值，或者是以获取利润为上，崇尚经济效益，而对“中间书”不屑一顾。此种选题开发模式的特点：

(1)内容毫无关联；

(2)形式呈“顶天立地”状；

(3)读者市场变化大。

这是一种简单化的选题开发模式，而如何把所谓的“中间书”做大才是出版策划者智慧与能力的真正体现。

四、选题的内容与《选题策划书》

选题是一个综合的概念，它包括有书名(也可能是暂定书名)、作者、编辑意图、读者对象、基本内容、写作制作要求等内容。这些内容相互协调，给选题论证部门构成一个比较完整清晰的出版物形象。

出版部门在年终的时候，都会组织编辑申报下一年的图书选题规划，然后集体讨论，向上级主管部门报告。一个出版社的总体选题规划反映了出版社的出书方向和出书特色，也是出版社来年工作重点和努力目标。而这些选题最终都以《选题策划书》的形式呈现在讨论者和管理者面前。

做好《选题策划书》是编辑的必修功课之一，也是编辑创造性的体现方式之一。国外将一般图书分为虚构类和非虚构类，对于非虚构类的图书而言，《选题策划书》是出版代理机构和各类编辑人员吸引出版商的兴趣继而签订出版合同的重要工具。《选题策划书》编制得越精彩，就越能令人过目不忘，选题图书被出版的可能性也越大，出版商支付的版税也越高。因而，国外非常重视选题策划书的编制。对于我国的编辑而言，《选题策划书》起到的是向领导和同事展示选题重要信息以期获得组稿批准的作用。

《选题策划书》涵盖了选题工作的全部内容。虽然各家出版单位的策划书格式不一定完全相同，但大体都有书名、作者、卷数字数、开本装帧、同类书的出版情况、宣传营销策略及实施方案、市场预测、成本及营利情况、章节概要等。选题策划报告书首先要具有展示性，能够将即将完成的几十万甚至几百万字的书稿的精髓内容和兴奋点，依靠短短几页纸的篇幅展示出来，既无所遗漏也不显繁复。其次要具有说服力。选题策划报告书就如同一篇论点明确的议论文。整个选题策划书的内容就是为了给“此书可出”的论点提供论据。论据的提供要讲求技巧，突出强调那些新颖的、让人过目不忘的论据，诸如一个新奇的宣传营销方法，一个同类书选题的“蓝海”地带等。即便是一项普通的内容介绍也要注意做到让人信服。比如在介绍作者时，对名作者的强调自不待言，对普通作者如果是已出过书的，就要重点强调书籍的市场情况，从而说服出版商相信该作者是有一定市场号召力的，如果是新作者，则可以重点介绍作者的学识经历，以期让别人相信该作者的创作能力，也借此说明该作者是这部书稿的最佳人选。

第二节　组　　稿

组稿是选题的后续策划工作。任何选题只有通过组稿才能落实。如果说选题主要依靠的是编辑一方工作的话，组稿则是靠编辑与作者的合作才能完成的。组稿能否成功关系着选题计划的实现及策划的可操作性。无法完成的组稿宣告选题流产，表明策划失败。组稿是一项充满智慧的活动。组稿的过程既是编辑心理的较量也是体力的拼搏。

一、组稿准备

组稿前必须对选题及组稿对象有较为全面的了解。需要编辑较高的学术水平，洞察学术的发展态势，了解作者与读者各自的需求，熟悉市场行情。一旦遇有某种信息碰撞立刻能把潜在的资源开发出来，经过组稿转化为现实的资源。

1. 把握选题内涵与特征

选题的性质、读者对象及大致的篇幅既是编辑必须知晓的，也是作者写作之前必须明白的。选题是不同学科性质的，组稿对象肯定完全不同。即使是相同性质的，如果读者对象不一样，作者写作也还有不同要求。给大众看的通俗读物与专业科研人员阅读的著作对作者写作要求不一样，前者可以广泛介绍学科研究内容与基本观点方法，后者对此则可简写或一带而过，将重点放在国际国内领先领域或重点研究难点上。篇幅长短也与作者关系重大。如果只是一部书，一般一位作者(主编)即可，而如果是一套书，则可能需要多个作者(主编)。因为时间、出版时效等原因，可以多个作者齐头并进，最后统一定稿。

2. 为选题找到最贴切的作者

作者永远是出版部门紧密联系的对象，最好的作者永远是最适合选题的作者。从一本书的具体执笔者到每套书的主编，选定了作者意味着选定了一种文化品位，意味着选择了一种象征性文化。对于一些著名的作家更是如此。每一位经验丰富的编辑手中都会有一份令人炫目的作者名单，他们善于组织到最适合的作者，并让作者具体、深入地介入到文稿的整体构架及写作创意之中去，最终使选题得到最恰当的完成，达到预设的目标。在这一过程中，对编辑的综合素质要求很高。一次能够组到较理想的作者的稿子并不难，而每次都能得到最理想的作者提供的“原料”则十分不易。编辑与作者沟通的层面都会化作一个个文字凝聚于作者的笔端，对作品的成功构架产生影响。

一般而言，编辑要全面地了解有可能成为作者的人。对这些人的信息了解得越多越有益于明确写作对象。作者的信息包括以下内容：

(1)个人资料

包括作者的姓名、性别、出生日期、工作单位、籍贯、性格等，为沟通寻找突破口。作者个人资料掌握越全面，找到共同语言的可能性越大，今后合作成功的可能性越大。

(2)政治态度

作者的政治态度关系到出版物的观点、立场及论据的组织。每一个人的政治态度都与延缓性功能因素和即时性功能因素有关。所谓延缓性功能因素即是与一个人的信念、理想、价值观念、伦理观念有着非常密切关系的因素。例如，哪一个编辑都不会要求一个基督教徒撰写宣传无神论的文章；也不会向一个整天信奉“性解放”的人去要求写有关宣传传统伦理道德观念内容的书稿；而对一个梦想有朝一日能够乘上宇宙飞船的人编辑有可能把他发展成科普类书稿的作者。这都是延缓性功能因素所产生的作用。所谓即时性因素是指一种偶然的临时性的事件影响了主体行为的因素。例如，一时兴起就某一偶发问题发表言论；家里冰箱坏了才想到应该去看看家电维修方面的书籍等。编辑组稿了解作者的政治态度主要从了解延缓性功能因素入手。

(3)专业知识

了解作者原学习的是何种专业，从事的是哪一专业方向，专业造诣是否很高，已发表的作品研究范畴有多大等对组稿成功极有帮助。如，某人为经济学研究者，那么需搞清楚究竟是偏重于理论经济学研究还是偏重于经济学实务，其方向是金融保险还是工商管理，只有将这些问题弄个一清二楚，才会做到有的放矢。

(4)写作能力

写作能力关系到作者交稿时间与稿件质量。作者中有的善于口头表达，有的擅长实验技能，有的写作经验不足，也有的已出版过多部作品，编辑向有写作经验者组稿也是选题成功、组稿成功的一个重要因素。

(5)语言风格

语言风格虽然不是一个至关重要的问题，却与读者对象阅读适应性密切相关。如读者对象是少年儿童，作品就必定要用孩子的语气、稚雅的文笔、幻想的思维形成一种少儿风格。因此，了解作者的语言风格可以为选题计划的最终落实起决定因素。作者中有擅长抒情者，有不喜语言修饰者，有快人快语风格，有细腻深沉特点，发挥各人所长可以为不同作品找到最适合的作者，可适合不同读者类型。

向出版经纪人组稿，是近年来出版界出现的有别于传统组稿方法的一种新型方式。出版经纪人是作者和出版社之间的中介。说通俗些就是作者把书稿交给出版经纪人，再由出版经纪人为作者做好代理工作，将书稿推荐给合适的出版社，并从出版社给作者的版税中按照一定的比例收取佣金。在西方成熟的市场经济体制下，出版经纪人的活动是非常频繁的，许多出版社的编辑也早已习惯将出版经纪人作为自己长期的合作伙伴，为出版社提供优秀合适的稿件。在出版经纪人眼中，书稿成为名副其实的商品，如果帮助作者向出版社争取更多的稿酬甚至帮助书稿后期的营销，既能够为自己赢得收益也可以为作者争取到更多的版税，让作者有更多的时间和精力从事创作活动。其实，出版经纪人在某种程度上承担了传统编辑所应该承担的组稿工作，只不过他们是作者的代言人。英国的克利斯托费·利脱文学代理公司将《哈利·波特》的作者罗琳女士及其作品推荐给了出版社并大力营销，造就了全球出版行业的一段传奇，超级畅销书《达·芬奇密码》同样是通过出版经纪人推荐而火遍全球。让作家阿来闻名世界的《尘埃落定》，同样是通过海外经纪人在10年间将其卖到30多个国家的出版经纪人(也称版权代理人)而实现声名远扬的。

在国内已经出现了一批民间出版经纪人，但由于运作时间不长，出版经纪人市场还比较混乱，赢利者并不多。官方的出版经纪人最大的是中华版权代理总公司，成立于1998年，是中国政府批准建立的第一家国家版权代理机构，也是目前我国规模最大、代理版权种类最多的唯一一家国家级综合性版权代理机构。就民间的出版机构和个人而言，目前被业界公开承认做得比较出色的有原春风文艺出版社总编安波舜，其经纪业务主要是文学小说类书籍，还有自由撰稿人丁东，雨淋霖文化信息咨询中心总经理王炜，出版人杨文轩等。曾策划出版《致加西亚的信》《三毛作品全集》《张爱玲典藏全集》的出版人杨文轩，在与新浪网“金庸客栈”原名张莉的普通写手安意如确定合作关系后，根据她本人古典的面貌、婉约的气质和细腻的文风，为其量身定做了“漫漫古典情”系列，相继推出了《人生若只如初见》《当时只道是寻常》《思无邪》等书，并迅速被市场认可。杨文轩在发现和包装安意如的整个过程中，扮演着一个出版经纪人的角色。

但是，出版经纪人在我国的发展，还是处于起步阶段。欧美的出版经纪人之所以火爆，是因为出版经纪人有利于促进作者与出版者的最佳结合，成为出版社更好地配置出版资源的社会补充。因书稿的作者、内容、对象、印数、稿费要求都不相同，每一部书稿都要寻求新的出版者，因此在图书交易中，了解双方需求，熟悉人、书、社个性特点，力求通过最佳出版渠道来体现书稿价值，就显得格外重要。台湾地区漫画家朱德庸近年的成功，一定程度上得益于北京点形文化传播有限公司的包装和推广。2006年，在朱德庸最新漫画书《绝对小孩》上市的时候，点形文化策划了一系列活动为之进行宣传，使该书上市两个月就狂销40万册。出版经纪人的大发展是需要若干条件的，主要有三个方面：自由竞争的市场机制；出版制度逐步放开，与国际接轨；良好的信用机制的建立。与改革开放初期相比，前两个方面都有了不小的进步发展，但市场还存在许多制约因素。最突出的两点是版权保护差和业内的信用危机。盗版的猖獗势必影响到作者的切身利益，从而也影响了靠佣金生活的出版经纪人；作者与出版经纪人之间，出版经纪人与出版商之间会出现不信任的现象，使得合作受阻。然而，随着市场的成熟和各项制度的完善，出版经纪人势必在更广的范围以内发挥他们对稿件的评审和组织的作用。因而，如果编辑能够密切关注这一行业的发展状况，及时做好联系和挖掘工作，不失为一种好的稿件组织方式。同样，编辑也可以向优秀的出版经纪人学习组稿方法和营销策略。

二、组稿心理

在编辑与作者联系过程中常常需要运用人际交流理论和商业谈判技巧来指导实践。在确定选题过程中，编辑有可能已有目标对象，如果目标对象明确地接受了出版部门的邀请，编辑心里一块石头落地，算是初战告捷。然而并非每次都会如此，当然也会有出师不利的时候。作者可能因为时间紧，任务重，将编辑拒之门外。如果这位作者是理想的写作对象目标，争取他便是对编辑智慧的挑战。倘若要攻下这个堡垒，必须了解目标对象心理。一般情况下，目标对象会有以下几种心理：

(1)不认同态度

当写作目标对出版部门的选题持不认同态度，不愿意成为某一选题作者，会以某些托词，如时间不便、联系不便(暂留国外)、内容不明确等回绝出版部门。此时，需要编辑耐心讲解选题的宗旨、内容与前景，争取目标对象的理解直至最后承诺。

(2)畏难情绪

确定写作目标对象尚只是编辑一厢情愿之事，只有当目标对象承诺写稿任务时，对象才可能成为作者。有可能目标对象确有实际困难产生推诿行为。有些写作对象目标因为水平问题而不愿成为作者，有的写作对象因为时间冲突也不可能成为作者；还有可能因为出版部门之间的竞争使目标对象左右为难，如此等等，经查实确有实际困难者，编辑应在给予理解的同时尽快转移目标，以达目的。

(3)消极行为

目标对象一旦答复编辑就成为作者对象。但投入写作及完成稿件是一个行为过程，这一过程中作者会碰到许多困难，有可能承诺后迟迟没有行动，编辑必须始终保持与作者的密切联系。因为，人都是有惰性的，无人紧逼的情况下作者可能会中断写作，如果直到交稿时编辑才与作者联系，作者一旦交不了差，最着急的肯定是编辑，悔之晚矣。

(4)积极配合

作者承诺完成稿件后，编辑必须以宏观指导、微观参与等方式投入到作者的改稿之中，加强与作者的沟通，共同努力使稿件尽快达到出版要求。没有不需要整理加工的作品，再好的作品都要经过编辑整理加工。如果通过编辑的参与，稿件内容得到最大增值，作者光荣，读者受益，编辑价值也得到发挥。这一过程是编辑与作者共同创造作品的过程，是编辑引导作者完善书稿和挖掘作者潜能的过程。作者的积极态度与热情、有耐心的编辑的合作是产生优秀作品的基础。

无论写作目标对象产生上述一种或几种心理，编辑都必须深谙组稿之道，对作者接受任务态度和写稿心理予以充分理解，做到：

1. 尊重作者

作者对前来组稿的刚认识的编辑抱有戒备之心，对于不能使他产生信任感的编辑多会予以拒绝。而一旦取得作者的信任，即使有什么问题也会被忽略。因此，首先要求编辑使用礼貌用语，注重仪表，坦诚交谈，为再次见面、合作取得机会。言谈之中尊重作者。其次，删改稿件尊重作者。作者对于自己呕心沥血、一字一句写下来的文字怀有“舐犊”之情，对长期工作的科研成果更是不愿“忍痛割爱”，编辑必须给予充分的理解，尊重作者的劳动，遵守“可改可不改即不改”原则，不可挫伤作者自尊心，不可造成新的学术失误，即使必须改的地方也要与作者商量后行事。

2. 了解作者能力

能力是在人们活动中表现出来的直接影响活动效率的心理特征，它是顺利完成某种活动所必备的心理条件。一般情况下，目标写作对象一旦成为作者，就会对所创作稿件寄予厚望，认为其一定会被正式出版，而对最后不被出版的可能性认识不足，心理准备不够，直至对编辑失望，对出版部门失去信任。因此，为了避免这些情况的出现，编辑组稿前一定要了解作者能力，包括科研能力、写作能力，了解作者的工作态度和责任心，保证交稿时间和稿件质量。这种了解往往还包含了编辑的远见卓识在内，特别是对于一些新作者而言。《雍正皇帝》的责任编辑周百义就是这样的编辑。20 世纪 80 年代的二月河还是一个无名的文学爱好者，发表过一篇不出名的小说，没有出过什么长篇作品，没有受过高等教育。但是，当周百义看过写在笔记本上《雍正皇帝》的第一部《夺宫》后，觉得故事曲折动人，文笔不同凡响，当即向二月河约稿。有人曾经质疑过周百义的行为，因为几百万字的书稿去交给一个没有创作过长篇的人写，如果作者写到一半写不出来了怎么办？事实证明，周百义的决定是正确的，他对二月河能力的评估不仅捧红了二月河，也让长江文艺出版社蜚声业界。

3. 给作者以信心

作者的信心建立在编辑的不断鼓励与业绩肯定之中。一个有信心的作者会在创作中投入十分的力量，调整出自己的最佳工作状态，发挥最高水平。而一个心中忐忑不安的作者则难以创作出令人满意的作品。

总之，组稿过程中编辑应该运用心理学知识去把握作者复杂的心理变化，加强交流，学会沟通，做深入细致的工作，激发作者的创作热情，建立起一种相互信任、相互合作的良好关系，为作者进入最佳创作状态、为编辑获取最优秀作品、为读者提供最满意的书籍而努力。

4. 积极与作者保持联系

如果仅仅把组稿工作看成编辑过程的一个环节，认为与作者达成一致，签订了约稿合同，组稿工作就完成了，这在实际的编辑工作中是非常不切实际的。有责任感的编辑应该把组稿工作当成一项长期的任务，密切关注作者的写稿情况。作者在写稿的过程中总会遇到这样或那样的问题，编辑可以积极帮助解决。如果约稿后编辑即认为万事大吉从而疏于和作者的联系沟通，会使作者产生各种想法，诸如是否已经改变了出版计划，是否自己的稿件不受编辑重视等。对于一些有名望、工作繁忙的作者更是如此。在编辑史上，有许多好的作品都是编辑“催”出来的，也有些作品因为编辑的一时疏忽，改变了作品的命运。

孙伏园是鲁迅的学生，也是《晨报》的副刊编辑，鲁迅的著名作品《阿 Q 正传》则是孙伏园一手催出来的。也是因为孙伏园的一趟出差，主人公阿 Q 的命运被改变了。据鲁迅回忆，“他(孙伏园)来要我写一点东西，阿 Q 的影像，在我心目中似乎确已有了好几年，但我一向毫无写他出来的意思，经这一提突然想起来，晚上便写……”从1921年12月4日开始，《阿Q正传》在孙伏园编辑的《晨报副刊》上连载。鲁迅说，孙伏园“每星期来一回，一有机会，就是：先生，《阿Q正传》……明天要付排了。在著名作家曹聚仁的笔下，我们能看到，孙编辑的催稿艺术非常高：“(孙伏园)不仅会写稿，会编稿，而且会拉稿；一脸笑嘻嘻，不容你挤不出稿来。我们从周氏兄弟的随笔中，就可以看到这位孙先生的神情。圆圆脸，一团和气，跨进门来，让你知道该是交稿的时候了。”鲁迅被孙编辑“折磨”了两个多月，有些想把连载中的阿Q结束掉的意思。但孙伏园认定：“《阿Q正传》似乎有做长之趋势，我极盼望尽管宽心地写下去。”说过此话，孙伏园出了趟差，由另一位编辑代理编务，鲁迅便在1922年2月12日的报上发表了“大团圆”一章。等到3月底，孙伏园返回北京，阿Q已被主张“惩一儆百”的“把总”枪毙一个多月了。我们可以试想，如果那个时候有现在这样发达的通信方式，《阿Q正传》一定会以另一种方式示人。今天的编辑工作者们可以借助的通信联络手段非常多，更有理由将与作者的联系工作做好。

第五章　编辑过程(中)

这一阶段的编辑工作主要围绕原稿进行，具体内容包括对原稿的鉴定与修改，都必须编辑亲自完成，也是对编辑判断市场与展示基本功的双重考验。

第一节　审　　稿

现代编辑无疑是十分重视选题策划的。但如果以为选题设计好了就万事大吉，而忽视书稿的审读，那必然走入误区。因为一流的选题并不必然产生一流的作品。即使是严格按照策划意图完成的书稿也必须认真经过审稿环节。对于不是选题策划而由作者自由投来的稿件，审稿更为重要，如果编辑草率退稿可能埋没人才和作品，如果编辑草率签发也可能贻误读者。因此，无论从哪一方面来说，审稿都是编辑必须认真对待的一个环节。

编辑活动的核心是审稿。编辑理论研究就是要揭示编辑审稿思维规律，总结编辑审稿方法，以此来指导编辑的审稿实践。理论源于实践，只有对大量的编辑审稿事例加以分析和总结，才能从中找出规律，升华为可以指导实践的理论。从保证出版物的微观质量来说，审稿把关也十分重要，选题的价值要在出版审稿以后才能作出准确的判断，才能成为现实的东西。从编辑全过程来看，审稿处于承上启下的关键地位。选题决策失误，可在审稿时加以补救，审稿如果失误，却很难在以后的工作中补救。

一、审稿的意义

审稿是编辑工作的中心环节。对书稿审读的过程是一个充满矛盾的过程，也是一个辨别真伪优劣、探求真理的过程，是一项复杂而艰难的思维活动，表现出审读者处理正确与谬误、先进与落后的高超智慧。通过审稿这一必不可少的阶段，为编辑加工打下坚实的基础。审稿的意义表现在以下方面：

1. 审稿是一个科学的认识过程

审稿是一个严肃的科学认识过程。它通过严格的审稿程序，确立审稿原则，把握书稿质量。在这一认识活动中，审稿人必须对书稿内容有一个从外到内、从文笔到结构、从论点到论据的熟悉了解、准确把握过程，泛泛地阅读类似欣赏，粗疏地过目是一种不科学的态度。认识事物重在认识事物本质，审读书稿也重在由感性认识上升到理性认识。书稿有无新意、研究方法是否科学、资料是否翔实可靠都有赖于审稿者的科学认真负责精神。有时对一部书稿还需要从多种角度、多个层次上去观察了解，对于书稿中一些非自己所熟悉但较新的观点和方法可以借助现代化手段如网络、相关文献检索等方法予以解决。

发现和把关是编辑审稿的不可偏废的两项任务。把关不严，出了有错误的作品是编辑失职；判断失误，埋没了好作品也是编辑失职。但是目前的编辑出版工作多偏重于前者，而对埋没好作品的编辑缺少责任追究。其实，在评价出版组织、编辑人员的功过时，要从这两方面全面衡量。只重视把关，不重视发现，容易使编辑人员不求有功，但求无过。不注意发现新人新作，只注意收集、整理名人已有的作品，容易使文化、艺术停滞不前，丧失生机与活力。

审稿是一种理性的判断活动。作者撰写书稿时带有个人主观色彩，特别是社会科学类书稿，作者的思想意识与其世界观紧密相连，常常站在个人立场上进行表述。编辑审读书稿时则具有鲜明的社会性。编辑代表的是读者群体、社会大多数人的意志，因此，所出的决断必须是理性的。通过审稿，要对稿件的形式和内容进行全面深入了解，对稿件的政治性、思想性、科学性和艺术性作出评价，对稿件的文字表达、逻辑结构、语法修辞，包括特定读者的可接受程度加以审视，尤其要对稿件的出版意义、价值取向，包括是否符合特定出版社的出书特色等作出明确判断。对于审读的作品决不应以作者或审读者个人的思想爱好、审美情趣来决定取舍，应本着实事求是的原则，审读书稿的主题思想、材料依据、论点论证力量、思路展开情况以及文章布局谋篇的能力等。在掌握稿件丰富材料之后，便可以通过各种现象进行推理和判断，哪些书稿可全部接受，哪些书稿只能拒绝，哪些书稿尽管不够完善但尚有较大开发潜力。审稿是编辑选择功能的主要体现，发现和肯定一部有价值的稿件，可以取得很大的社会效益；否定一部不能或不宜出版的书稿，避免负面影响的产生，也是一种效应。

2. 审读是一种上下求索的精神劳动

审读书稿表面上看比撰写书稿容易，但就好像修改稿件比撰写稿件更难一样，审读者要“跳进跳出”。所谓“跳进”是指审稿者首先要力图进入作者的思想层面，进入作者写作领域，思考同样问题。所谓“跳出”是指审读者应该站在比作者更高的境界，以更加理性的态度审视作品。审稿人要使推理合乎逻辑，判断得当，不但要将书稿中的各种现象分类整理，还要综合运用各种思维方法，以唯物辩证法为指导，归纳演绎、条分缕析、反复思考、深刻探究。特别是对于涉及多学科领域的学术研究，还必须熟悉知晓其他学科基本原理后才可进行。如有的医学书稿内容先进，设计严密，但对统计学方法运用不当，也还需要改进，通过审稿人发现问题后可以与相关专家联系进行修改。审读就是这样一种上下求索、内外思考的精神劳动，是一种艰苦的科学研究过程。只有在对稿件作出了一个恰如其分的评价之后，审稿人才会感到苦中有乐了。

3. 审稿是编辑创造性劳动的形式

审稿过程中的创造性是在与审稿对象的特征相联系和相比较中表现出来的，书稿质量的高低也只能将其置入更高层次的文化背景中才能显示出来。编辑的审稿活动就是在专业知识与书稿特点相结合的基础上对书稿进行筛选和鉴定。在这一过程中，编辑的劳动同样具有创造性。审稿人可以对书稿中的某个论述不清晰部分提出建议，对整体结构修改发表意见，其结果完善了整部书。就像某些作家所说的，编辑就像是水泥柱里光使劲不露面的钢筋。因为编辑的这种创造性是在保持与作者共同探索真理过程中的协调统一基础上的，即双方目的是同一的。因此编辑创造性的活动空间也是很大的。从一种角度上来说，创造性的发挥是编辑审稿过程的理想境界。

从实际情况来看，出版有政治错误或质量低劣的读物，多半是由于不审稿或审稿不严而造成的。这从反面告诉我们，必须高度重视审稿环节，否则无论对社会还是对出版部门都会造成无法估量的损失。

二、审稿的制度

审稿制度是编辑工作的一项基本制度。没有制度作保证，审稿任务就无法完成。自中华人民共和国成立以来，出版物一直实行的是三级审稿制，或称三级审稿责任制，简称“三审制”。

三级审稿制是我国出版社现行的一项审稿责任制度，该项制度是20世纪50年代从苏联学来的，是在长期实践中形成的、行之有效的编辑审读制度，是编辑加工之前的重要环节，有助于编辑提高编辑书稿的实务能力和保证书稿质量，关系重大。

1. 三审制的含义和内容

所谓三审制，是指责任编辑(编审、副编审、编辑、助理编辑均可担任责任编辑)对书稿进行初审(一审)，编辑室主任(副主任)或由出版社领导委托的编审、副编审进行复审(二审)，社长或总编辑或者社领导委托的编审、副编审进行终审(三审)。在出版管理部门公布的文件中这样描述道：

> 一切采用的书稿应实行编辑初审、编辑室主任复审、总编辑终审和社长批准的编审制度。
>
> ——《关于国营出版社编辑机构工作制度的规定》，出版总署，1952.10

> 对书稿的政治内容和学术(艺术)质量做出基本评价，决定是否采用，一般应实行三级审稿制度。
>
> ——《出版社工作暂行条例》，国家出版局，1980

> 审稿是编辑工作的中心环节……稿件交来后，要切实做好初审、复审和终审工作，三个环节缺一不可。
>
> ——《图书质量保障体系》，新闻出版署，1997

这三个文件都对三审制的含义、任务作了明确的界定和说明。其科学依据在于发挥各级编辑人员的智慧才能，集体保障出版物的内容质量。不同层级的责任审稿，既有知识能力的评判条件，又有编辑组织机构权力的限定。三审制对各个审级都规定了具体的人物，在程序上交叉互补、递进制约，既可以实现对书稿客观、公正评价，也可以避免由于编辑人员知识不足和工作疏忽造成的失误，有助于对书稿质量的严格把关。

三审制对各个审级的任务作了比较详细的规定和分工，其具体内容是：

初审(一审)是对书稿进行全面检查，做出评价，提出处理意见。初审是编辑部工作中的基础性工作，担任初审的责任编辑的水平高低和认真态度，对提高图书质量和出书效率极为关键。初审是三审制的基础，必须认真把关，逐字逐句审读书稿。初审对书稿的政治倾向、思想品位、学术或艺术价值、结构体例、文字水平等方面进行全面细致地审查，对全书的优缺点要做出实事求是地评价，同时对书稿的经济效益、社会效益方面的出版价值做出评估，严格按照编辑规范对书稿进行编辑加工，并写出比较中肯的审读意见。

复审(二审)是在全面了解书稿内容的基础上，从更高的角度审核初审的审读意见是否中肯，对书稿的内容和形式再度把关，对原则性的问题和初审未能解决的问题表明自己的看法、提出处理意见，如果初审不符合要求，应退回责任编辑重新审读加工。

终审(三审)的主要任务是根据具体情况，或者审读全稿，或者根据初审、复审提出的问题有目的地抽审部分内容，并在此基础上审查初审、复审意见，对书稿的质量和形式，从全社和全局的角度考虑书稿是否适宜出版，提出书稿是否采用的决定性意见。终审既要解决初审、复审提出的问题，又要发现初审、复审未能发现的问题，要进行全面的最后的把关，是编辑审读工作中的关键环节之一。所谓提出书稿采用与否的决定性意见，包括这样三种情况：一是由社领导委托编审、副编审终审，但是未授予他们以签发权的书稿；二是按照国家出版管理规定，其采用决定权在有关上级主管单位而不在出版社的书稿；三是出版社无把握决定是否可以采用，而须请有关领导单位或专家审定的书稿。

具体分工如下：

初审的职责：

(1)对书稿的内容、结构、特点和问题进行鉴别、判断、加工、整理，作出全面分析和基本评价，明确提出是否出版和是否达到出版水平的意见。

(2)对书稿中的引文、成语、典故、年代、史实、人名、地名、注释、术语等进行核对，对错误进行纠正。

(3)统一全书体例、章节、序码等，使之规范化。

(4)纠正书稿中的语法、修辞、逻辑、标点符号的疏漏，度量衡计量单位不统一、不规范，地名或姓名的前后不统一，改正错别字，并做好审稿记录。

(5)检查文字与图表是否相符。

(6)撰写作者简介和内容提要。

(7)提出对书稿封面和装帧的意见或建议。

(8)提出自己有疑问和把握不准的问题。

(9)书稿排出清样后审读清样。

复审的职责：

(1)审读书稿，把好第二关，指出初审未发现的问题。

(2)复查初审的“审读意见”是否正确、完善，提出补充意见。

(3)对初审所提出的疑难问题予以解决或商量解决。

(4)着重从书稿的学术(艺术)上把关。

终审的职责：

(1)审读初审、复审的“审读意见”，对书稿是否达到出版水平作出最后判断。

(2)解决初审、复审提出的问题，确定退修加工方案。

(3)着重从政治政策上把关。

初审、复审、终审都要认真负责地审稿，初审在文字上把住了关，复审在学术上把住了关，终审在政治政策上把住了关，三审制才算落实。书稿三审制一环扣一环，一关连一关，环环紧扣，关关相连。

审读书稿必须具备一定的条件：

(1)必须掌握与被审读书稿密切相关的知识。因为知识相通才可能看出内容是否重要、是否前沿问题、是否过去的重复、论述是否条理等。属于前沿性者方才具备出版价值，属于重复性者则不需再次浪费资源。因此，不掌握相关知识就不会看懂书稿的内容，无法肯定或否定书稿。编辑不可能都是百科全书式的学者，不可能都具备审读任何书稿的知识根底，即使是审读自己学过的专业的书稿，也会由于知识更新而面对陌生的内容。解决此问题的关键，一是坚持编辑主体专业分工，不去审读自己尚未知晓的书稿；二是认真做好审读前的知识储备工作，涉猎一些相关知识，尤其是前沿知识。

（2）必须掌握与被审读书稿内容相同的图书出版信息。如果某书主题确实很重要，但刚被某家出版部门出版，如果再来出，是否有可能失去市场，而如果搭上顺风车又说不定会给其带来较好的经济利益。但不管属于哪一种情况，了解该选题的出版信息总是很必要的。

对于专业性极强的书籍最好选择专业审稿人。欧美地区的科技书刊，同我国科技书刊采用的审稿方法大体一致，都是“同人审稿系统”。即在同行领域内选择审稿人。这种形式被看成保证科技书刊可靠性的关键。审稿人的主要作用不是替编辑作决定，而是向他们提意见。审稿人可以是编委会的成员，或负责某一学科的编辑，或其他单位的人。审稿人的审稿意见是出版社决定稿件是否正式出版的重要依据，有时甚至是决定性的依据。如果审稿人不能对所审书稿作出客观评价，则会对出版社决定书稿取舍与否产生误导。因此，选择什么样的人担任审稿工作是出版社重要的战略性工作。

有时，出版社也挑选一些学有所成、功成名就的专家学者来做审稿人，特别是遇到自己对该领域理论难以驾驭时，首先想到的便是功成名就的专家学者，他们在各自学术领域里的学术水平确实有较深的造诣，学术研究方面也有诸多成就，但并非一定能成为最佳审稿人。他们也有不足。这种不足常常表现为对传统理论、观念自觉或不自觉的维护，对新思想、新概念有意识或无意识的抗拒。尤其对于与传统理论处于背离状态的新思想，其抵制心理更为强烈。另一现象与此恰恰相反，对作品不是抗拒而是拔高。对于出版物的学术价值加以认可无可厚非，但评价过高，随便一本书就可得到“国际先进水平”“国际领先水平”或“国内领先水平”桂冠，实则名实不符。这种拔高风气的滋长，无形中会降低专家评价的标准，为平庸之作大开绿灯。作为审稿人必须考虑其时间投入是否足够，敏锐感知最新信息是否迅速，思维创新活力是否还依然保持等问题。

专家审稿是编辑工作一项必要的环节，可以弥补编辑“精专”的缺陷。专家的评价意见可以成为重要参考，或成为决定性的意见，但编者不能放弃主体意识，完全为专家的意见所左右。正像科学研究的发现依赖于科学家一样，书稿科学价值的发现也依赖于编者。

2. 三审制目前的实施情况

目前，许多出版社的三审制都是徒有形式，名存实亡：如果抽查一下20世纪90年代以来的出版社书稿三审记录，不难见到一批初审到终审日期相距很近的情况；而且，近些年来出现问题受到查处的图书，都无一例外地有三审记录；将出版社这些年的三审意见和20世纪90年代以前相比较，现在的要简短得多。在实践中，许多编辑对三审制的执行有着不同的态度，最普遍的错误做法是将审稿和编辑加工相结合，从而使三审制变成了发稿的"三审制"。

使三审制流于形式的原因很多。首先，一些编辑在市场化的过程中对市场意识的曲解。市场是讲求速度和效益的，而畅销书则是两者结合的最佳典范。为了能够让书籍畅销，许多编辑大幅度缩短出版周期，甚至省掉某些流程和中间环节，使对书稿的审稿严重缩水，不论从内容上还是形式上都没有办法很好地把握审稿的质量。书稿的审阅也只不过变成了编辑例行的加工和挖空心思的形式设计，复审、终审的签字也只是一个发稿手续而已，精品意识早已不知所踪。其次，各类合作出版和变相买卖书号使出版社编辑的职能处于架空状态。三审的实施者不再是出版社的编辑，三审的权利也假手他人。在各类合作出版中，书稿的组稿和内容往往是由合作一方组织，书稿的编辑、发稿手续均在出版社，出版社的编辑甚至连退稿的权利都没有。一般都是随到随发，责任编辑对书稿知之甚少，审读书稿的过程实质上成为标注体例和形式加工的过程，复审和终审也只不过是签名而已。综观各种出问题的图书，这类"合作品"占了绝大多数。从2009年3月起开始全面实行的书号实名申领制度也许能够让这一恶习有所改观。最后，松散的编辑管理制度，使编辑的审稿意识淡薄。许多出版社对编辑日益缺乏严格的管理制度，对审稿资质的标准认定不够严格。编辑出版从业人员有一个经验积累和出版专业知识再学习的过程，因此具备一定职称和专业职务的人才具有终、复审书稿的资质，但是如今一些编辑人员无视管理条例规定，一部书稿，互相找几个人签签字就发稿是比较普遍的现象，有时候跨学科的人员互相签字，根本不可能有效地审读书稿，这是对出版社管理制度的亵渎，直接关系到书稿的编辑质量，也会影响新编辑人员的审稿意识。审稿流程的形式化，对编辑队伍的建设和管理是极其不利的，同时也严重地损害了审稿制度严肃的内涵。

三审制在我国实行了五十多年，对保障和提高书稿质量起到了至关重要的作用。多人次审读把关，对降低错误率，提高书稿质量非常重要，同时，也起到了老手带新手的传帮带作用，使青年编辑逐渐提高整理加工书稿的能力。但是，三审制不是保证书稿质量的唯一法宝，从市场经济角度看，也不能说三审制是完美和先进的制度，在实施的过程中，三审制由于实施者的个人素质不等，最终效果可能大相径庭。许多学者针对审稿过程中出现的问题，也提出了若干改进措施，如保障机制和整理加工两个重点前移、复合审读清样制，“前三审”和“后三审”相结合制等。而从国外引进的，被科技期刊广泛应用的双向匿名审稿制是一项比较成功的改进。双向匿名审稿制度保证了审稿的公平性，有效地杜绝了人情稿、关系稿，让优秀的稿件有机会获得广泛的传播。当然，这种缺乏透明度的方式，完全取决于审稿者的素质，也有其不合理的一面。由此，有人提出了网上公开审稿的建议，并对其利弊和可行性进行了充分探讨。相信这种制度会让三审制焕发新的活力。

三审制是图书编辑管理的基本审稿制度，尽管形势在发展，时代在前进，科技在进步，管理的信息化在加剧，三审制也应该与时俱进，但是其基本的核心内容还是值得在编辑工作中深深体会和认真执行的。在图书出版的新形势下，将三审制落到实处是关系到图书出版物质量高低的关键所在，将三审制落到实处也关系到出版社编辑队伍的建设和管理，而出版社的编辑队伍管理和建设则是出版社的未来，应该值得出版社管理者的重视。

三、审稿的方法

审稿的基本程序是：

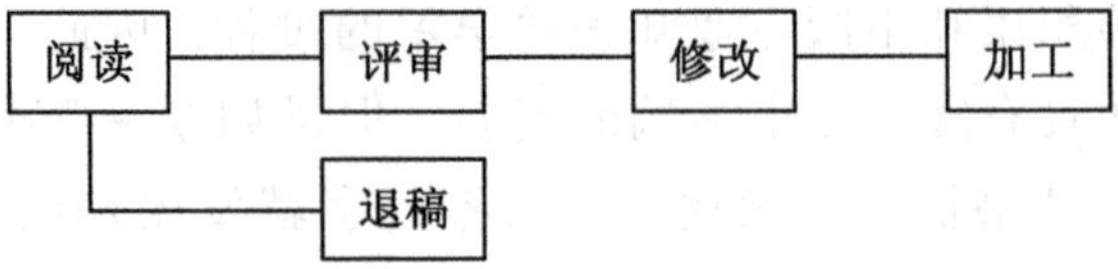

在认真阅读的基础上掌握全书稿的思想内容，然后审慎地作出评估。对决定采用的稿件要肯定其优点，同时也要指出其不足，便于作者进一步修改。对有一定基础，但还尚未具备出版水平的书稿，视作者有无修改能力而提出下一步意见；对于不拟采用的书稿，也应在认真分析其优点的基础上，指出其不适合出版之处，坦诚地向作者说明不用的理由。

由于编辑客体的丰富多彩，编辑主体的审稿方法也是多种多样的。如在科技书稿编辑中，有人总结出系统方法、数学方法、逻辑方法、范畴方法等多种行之有效的审稿方法。也有人认为，“编辑审稿，实质上就是对稿件的新与真做出判断”。① 它需要不断地吸收、借鉴相关学科的研究成果，如借鉴信息方法、直觉方法，可以判断稿件是否新；将美学原理运用于编辑审稿实践，则有助于编辑判断稿件是否真，这也是一种审稿方法——美学审稿法。

编辑应当尽量避免选题雷同，完全避免虽然不现实，但也绝不能低层次重复别人。其中把握两种方法可以有效地解决这个问题。一是坚持特色，出版部门的性质、任务是形成特色的有利条件，以“我”为主，刻意创新，不赶潮，不趋热，逐渐开发具有本出版部门特色的图书，长期努力，形成品牌与特色。二是走“人无我有，人有我新”的道路，遇到书稿与已经出版的图书雷同的情况，立即认真研究，了解它们各自的内容和特色，然后把它们作为目标，或者在内容的深度上或者在形式的新颖上超越它们。

有人把审稿方法分为三种：即“黑厢”式审稿、“白厢”式审稿和“灰厢”式审稿。②

所谓“黑厢”式审稿，就是由于编辑角色特性和专业限制等原因，编辑主体对自己需要审理的稿件的内容全然不能理解，即文稿的内容对编辑主体来说是一“黑厢”，其内部机理、结构方式深藏于厢内，人们从外部不能直接探究到内部奥秘，因此难以对其作出恰当的判断和准确的解释。所谓“白厢”式审稿，即编辑对文稿内容一目了然，犹如一“白厢”，其内部机理、结构方式显现于外，编辑很快就能对其质量作一个准确判断。“但在现实中，就编辑主体来说对文稿的全然无知或一眼洞穿，即完全的‘黑厢’或完

① 任火．个案研究——编辑学研究的必由之路[J]．编辑学报，1999(3)．
② 王华生．“灰厢”现象与“灰厢”式审稿法[J]．出版发行研究，1999(9)．

全的‘白厢’都只能是个别的现象，更为常见的是一种‘灰厢’现象。”①所谓“灰厢”现象是指编辑仅对文稿的一部分有所了解，或对全部内容有所知晓，对另一部分或某些内容并未有透彻了解，介于“黑厢”与“白厢”之间。就编辑过程中主客体的一般关系来看，“灰厢”现象的存在是编辑审稿中的一种常态。它对编辑审稿提出了进一步的要求，在知之较少的领域中担任审稿工作既然是避免不了的，那么找到一种解决问题的方法就具有普遍意义了。

现代科学所揭示的“生物全息率”告诉人们：任何一生物体的相对独立的部分都与整体有着相同的物质分布形式，局部是整体的一个成比例的缩小，局部中蕴含有整体的所有信息。“全息生物学”的研究和应用还进一步证明，“生物全息率”在社会生活和实践中有着相同普遍的应用价值和意义。“灰厢”式审稿法正是运用的这一原理。

通常，“灰厢”式审稿法采用的是分析作者思维能力、寻找真实可靠依据、对照前人有关著述等方法增加对文稿质量的判断能力。“灰厢”式审稿法可以从论题、论据、论点多方面考察作者是否具有严密的逻辑思维能力；从论据的资料信息中判定其是否具有真实可靠性；从前人著述中了解该研究的价值及发展前景。如果文稿的已知部分所显示的信息真实可靠，逻辑严密，用语准确，便可说明作者治学严谨，有深厚的学术与写作功底，且对该论题有研究基础，从而也就对文章的未知部分有信心；而如果看到已知部分零乱，结构无序，语言冗长，便说明文稿整体质量不高，也就无法作出采用决定。总之，“灰厢”式审稿法是一种由部分推断整体，由已知推断未知的方法。

四、审稿的标准

审稿的意义在于保证书稿取舍的正确性。而书稿取舍决策的正确性是保证出书质量的基本条件。因此，审稿的标准总的来说只有一条，即“质量第一”。质量高于经济效益，高于名人名家的声望，高于人际关系，高于编辑个人好恶。自然，编辑审稿应该不唯上，不唯名，不唯利，不唯亲，不唯个人兴趣喜好。唯质量定取舍，排除种种干扰，保证书稿取舍的客观公正，保证出版物质量。

---

① 王华生.“灰厢”现象与“灰厢”式审稿法[J]. 出版发行研究，1999(9).

1. 符合时代特点

审稿的首要标准是稿件必须符合时代特点，即时代生活与时代精神的完整统一。

(1)时代生活

稿件必须真实地反映一定时代的社会生活和社会文化。不论作品的创造性如何，它必须是一定社会时代的产物，必须在一定的社会背景下寻找素材，以一定时代的社会生活、社会关系或社会现象为创造的基础。换句话说，稿件所反映的社会生活、社会关系和社会现象只有和一定时代真实的社会生活、社会关系和社会现象相结合，才具有时代性。

(2)时代精神

时代精神在稿件中以鲜明而突出的立场观点、表述语言、情感态度体现。任何一个时代都存在着先进与落后、革新与腐朽等多方面的对抗，作者主体时代精神在稿件的创造过程中占有重要的地位，起着决定性的作用。编辑审读稿件不仅要审读出作者所赞扬、反对、提倡、厌恶的对象，更重要的是观察作品的主体精神与时代精神的结合点。只有当二者保持一致时稿件才具备正式出版的价值和意义。

审稿是把政治关、质量关的决定性环节，书稿的政治思想倾向和质量水平，经过审稿可以作出更准确的判断，从而使稿件的取舍建立在科学的、现实的、效益高的基础之上。

2. 注重社会效益

书稿中社会效益与经济效益的矛盾常常干扰着编辑取舍决策。对文化发展会产生较大影响的图书，经济效益不一定会很理想，反之亦然，在经济上可能会产生很高效益的书籍，却不一定有等量的社会效益。完全不顾经济效益显然是不现实的，而为了获取可观的经济效益而置社会效益于不顾，也是不可取的。正是基于某些编辑过于注重经济效益，而有意无意地忽视了社会效益，故而在审稿中强调社会效益是十分必要的。

审读对象是一定时代的产物，具备时代政治意义。政治意义的大小表现在稿件社会效益的高低程度上。作者的社会阶级性决定了稿件阐释客观对象的立场、观点、态度和策略。稿件的思想内容决定了稿件出版的价值与意义。凡是与社会道德伦理、价值标准一致的作品已经具备了出版的先决条件，其他标准都在此先决条件之下。

审读工作是编辑出版工作中政治性最强、最突出的环节，在审读中能否坚持社会效益第一的原则直接关系到出版工作能否坚持社会效益第一的原则。建设社会主义精神文明，建设社会主义文化，既要符合精神文明建设的要求，又要发挥市场经济的积极作用，还要体现社会主义文化发展的内在规律。但三者之间的关系并不是平行并列的。符合社会主义精神文明建设的原则是前提，只有在此前提下，才能考虑其他两方面的要求。

认同出版事业的文化属性，努力实现出版事业的文化功能是审读者的执着追求，也是审稿中注重社会效益的重要标准。审读的作品必须有利于文化的积累与发展，如果从文化存在和发展的角度而言，应该将它放在是否有利于文化遗产的保存、是否有利于新文化的建设、是否有利于开拓未来文化发展方向上进行检验。

3. 强调科学性

传播科学文化是出版物的重要职责。审稿的一个重要标准即是审查作品中科学性的有无。在一部分编辑意识中认为理科作品不会有政治问题，文科出版物不会有科学性问题。这是一种片面的认识。理科作品中的政治性问题相对于文科作品来说确实少，但绝对不可说没有。而作品中的科学性问题，无论是文科作品还是理科作品都绝对存在。更何况现在学科间相互渗透的现象越来越普遍，文中有理，理中有文。即使是纯理科的作品也不可忽视其有出现政治性问题的可能。同样，即使是纯文科作品，在科学性的要求上，也应该是和理科作品没有区别的。

4. 追求美学价值

审读后的作品一定要具有独立的美学意蕴。审读作品的一个基本美学价值就是作品的思想内容，一旦作品的思想内容明确，基本观点和基本技能被编辑审读出来，对作品的判断也就基本结束了。

作者创作会遵从一定的创作规律，运用一定的材料和创造技巧使作品具有独立性，从而产生较高的美学意义。编辑一旦理解了作品的思想内容，领悟到作者的良苦用心，欣赏到书中诙谐、幽默、深刻、悲愤等的风格，就审读出了作品的美学价值，无疑会对作品持肯定态度。作品的美学价值一般与材料的组织形式、展示主题的意境和高超的语言结构有关系，技巧与表现形式相连，编辑与作者相通。

正确作出书稿取舍必须处理好理性与非理性的矛盾，即是否取舍书稿要进行充分的理性分析，克服非理性行为，使决策建立在科学判断的基础之上。审读书稿是编辑个体行为，不可避免地受到个人情趣、风格、喜好等主观的非理性因素的影响。因此，控制非理性的行为极为重要，可以从提高编辑素质、加强文化修养方面入手，也可以坚持“三审制”，靠集体审读的力量克服其局限性。

五、审稿的要求

审稿必须做到及时、严格、全面、深刻、细心、精心。

及时。稿件是作者的创作成果，是作者劳动和智慧的结晶，是作者价值的再现和实现。作者将稿件交给编辑后，会一直关注稿件的审读情况，忐忑不安地等待评判意见。编辑必须理解作者这一心情，及时将稿件审读结果转告作者。

严格。即审稿标准的严格控制和把握。以质量作为审稿的唯一准则。即使作者是名人、大家，也不可因此放松对质量的要求，人情不是审稿的质量原则。

全面。任何一部作品都有不足之处。全面地评价审稿对象可以从一般文稿中发现闪光之点，再挖掘作者潜力发展出好的文稿。全面还包括审查作品的插图、目录、前言等形式内容。有一种重选题、轻审稿的观点认为，经过选题把关之后，出版物中不会出现政治错误和质量问题，因而放松审稿把关责任，不看稿件就签字发排，这种以选题把关代替审稿把关的做法有极大的危害性。

深刻。稿件既包含着表层的事实和现象，又有着深层的内核和本质。审稿人要透过事实和现象看出深层意蕴。

细心。粗枝大叶的工作作风会使优秀作品失去与读者交流的机会，会在白璧中留下瑕疵，遗憾千古。细心是每一个编辑都应该有的素质。

精心。撰写审稿报告不可敷衍了事，必须精心精当，实事求是。

第二节　编 辑 加 工

审稿是编辑加工的基础，编辑加工是审稿的延续。没有经过审稿环节的编辑加工有可能成为无效劳动。责任编辑对出版物进行修改加工是继审读后的一个必要环节。它既要解决出版物审读中存在的问题，又在某种程度上弥补审读的缺漏和不足。在编辑实践中，选题、组稿、审读、加工等各环节的工作，都是围绕着提高稿件质量这一中心进行的，审读时注意力会更多地集中于某一方面而对其他问题有所疏漏，应该在编辑加工环节中得到补正。因而，编辑加工是其他环节不可替代的。编辑加工恰到好处可使书稿“锦上添花”，加工不当则不仅会伤害作者的感情，而且可能破坏一本书的完整格调。

编辑加工与物质产品加工有明显区别。一般物质产品加工往往是将原料或毛坯经过一定的工艺流程来改变它们的某些物理或化学性能，加工后变成了另外一种性质的物品。而编辑加工的书稿与最终出版物尽管有内容、形式的变化，但毕竟还保留着原稿的基本面目和特征，其最终出版物形态有可能改变，但其物理、化学性能依然相同。因此，编辑加工是编辑在原作品的制约下进行的一种适度的修改加工活动，其目的是在不损伤原作品基本面目的前提下提高质量。编辑加工是责任编辑的一项基础性工作，是出版流程中不可或缺的组成部分。对书稿编辑加工是责任编辑应尽的职责。从本质上看，编辑加工就是一种编辑行为，它是在尊重原作的基础上对“准出版物”进行的文字性修改、技术性规范工作，是《著作权法》赋予责任编辑的权力。编辑加工的最高层次是顺理成章、点铁成金、锦上添花。

一、编辑加工的内容

编辑加工是以对读者、作者、社会负责的态度对作品进行处理，即按照出版物的要求，改正原稿中的错误及不规范之处，保证作品的质量，为出版物的社会传播做准备。一般说来，通过审稿决定采用的稿件都具有向社会传播的可能性，在理论阐述、资料运用、文字表达等方面已具有一定的水平，此时再做编辑加工，重点主要集中在以下方面：

1. 在图书内容方面所做的编辑加工工作

首先，关注的是政治思想性问题。有的学术理论作品立论严谨、立意新颖、论述独到，但却在政治思想上存在着某些不足，或违背国家法规，或泄露国家机密，或伤害民族感情等，需要编辑一一修正。其次，关注的是作品的学术性问题。学术研究的目的是探求真理，在探索过程中各种不同理论、不同观点、不同学派的争执是正常的。允许不同观点、不同学派交叉碰撞、相互争鸣。但编辑必须十分谨慎地区别文中所说是错误观点还是学术争鸣。作者知识结构的非均衡性可能带来学术上的误区。一般来说，作者敢于涉猎的领域大多不会产生专业性知识把握不当的问题，但每一个作者掌握的知识是不均衡的，深度广度也不相同。有的作者着力于某一专业理论问题的阐述和论证，对其他专业知识了解不尽确切，对相关问题缺乏研究，不够深入或走入极端，在写作中也可能产生失误。最后，关注作品的科学性问题。科学精神的本质是实事求是。人们在认知客观事物过程中，不受非科学因素的干扰，才可能完全以物的尺度、理性的态度和科学的法则对客观事实作出符合实际的判断。有的作品尽管在思想观点上没有问题，在学术上也十分有创见，但作品中观点和材料把握不当，与主题无关的套话、空话、废话太多，或结构松散，逻辑性差，或公式、图表、符号等方面不符合规范化要求等，均为不科学的表现，需要编辑加工整理。

虽然以上问题尚未影响到出版物选题，但会影响到出版物的质量，因而都有进行编辑加工、技术处理的需要。有些作者自认为书中内容已交代得很清楚了，但编辑站在读者的立场上也可能会有不懂之处，在加工稿件时，就要对所涉及的多个学科知识严格审查，不清楚者必须弄个一清二楚，有错误者必须改正，有疑问处还必须借助工具书和各种资料处理，甚至向其他有关专家请教，才能避免向读者传达错误的信息。

编辑加工时如果善于总结各类出版物内容中可能出现的问题，事先格外加以注意，必然有利于作品内容质量的提高。例如科技论文通常存在的毛病是文章内容松散，观点不鲜明，主题不明确，中心思想不突出，使人感到只是原始材料的堆砌；也还有些文章层次不明，从头到尾无章节、无标题，没有把要论述的问题分层次展开。遇有此类问题时，编辑加工还包括章法结构、标题、语法、文字、标点符号等方面。

2. 编辑加工在形式方面的工作

编辑对作品形式方面的加工主要通过理顺结构关系，删掉与作品主旨无关的枝蔓，以达到层次突出，段落分明，逻辑严谨的目的，如此才能重点更明确，论述更充分，说服力更强。一般来说，作品本身结构严谨、论证清晰、层次分明、逻辑缜密的并不多见，编辑面对一些叙论纷繁、杂乱无章的作品必须掌握好调整、剪裁的尺度。在不对作品伤筋动骨的前提下，可以通过适当的裁剪组合、调整梳理，将散乱的观点加以归纳综述，使结构紧凑合理，论述严谨清晰。

作者的语言文字表达能力和材料组织能力以及出版物的体裁形式都会影响到稿件质量。作品不同的表达方式产生的功效有很大区别，而且还影响读者选购，编辑加工可建议作者修改并不擅长的体裁；有的作者容易在语法规则、文字规范、标点符号等方面产生问题，如错别字与不规范用字、语法错误或严重语病等也十分需要编辑的修正；其他诸如重大历史事件的年代及主要人物、国外重要人物的规范译名、中外重要地名、基本的逻辑概念和逻辑程序、专业学科的基本术语等看似形式问题，其实与内容有着密切的关系，均是编辑在对作品形式进行加工时的重要内容。

3. 编辑加工中注意出版规范问题

编辑加工还应该注意出版规范等技术性问题。每一个作者都可能是专业领域里的行家里手，却并不是出版领域的能工巧匠，由于对出版要求不熟悉，诸如文中的纪年数字、注释、引文、参考文献的写作等会有较多的不规范行为，编辑应对引文进行校正，特别是对经典著作、重要文献的引文，对重要的统计数字、历史年代的核校都应准确无误，对作品中不符合规范化、标准化的地方都应加工改正，例如，数字的书写法、公式符号的标准化、计量单位的规范化等。即使是某些作者对出版知识很熟悉，也可能存在着某一出版部门的出版物统一规范的问题，如统一的注释形式是脚注，还是尾注，还是夹注；再如大小标题的序号规范，标题字体字号与正文字体字号，著录项目的字体字号等都需要经过编辑版式设计来解决。

这些技术性问题相对思想性、学术性、科学性等问题来说确是次要的，但并不是不重要的，出版物的质量要求必须高度重视、耐心细致，以堵住一切疏漏。

二、编辑加工的原则

通常而言，改文章比写文章难，要改好就更难。为了使经过编辑手中的稿件比原稿更加出色，必须确立如下编辑加工原则：

1. 整体性原则

整体性原则包括三个方面。首先，即是通常所说的通读全文再作修改。阅读全文是修改稿件的第一步。只有对全文通览之后才会对文章的标题、段落、词语、观点、论据做到心中有数。在看第一遍时就匆匆修改极有可能将作者原来正确的改错了。因此，编辑要通读并细阅原稿，理清文章脉络，对该不该修改，哪儿需要修改，如何修改做到"胸有成竹"，然后才能进入实际的修改操作阶段。如一位编辑曾经遇到这样一篇作品。作者提出"要以社会主义商品经济思想，来规范我们的经济活动……"该编辑认识到，"社会主义商品经济"的概念在我国经济改革进程中只是一个短暂的阶段性提法，而该作品产生在中国共产党的"十四大"前后，此时建立社会主义市场经济体制已成为我国经济体制改革的目标。虽然"商品经济"的提法较之长期的"计划经济"和"有计划的商品经济"的提法更进了一步，但从经济发展的进程和该作品上下文意思来看，作者是想表达更深的含义，即市场机制作用问题。所以循着作者这一思路，编辑将原作品"商品经济"的提法改成了"市场经济"。这一改动，既使作者感到满意，也有益于读者。① 其次，整体性原则的另一方面是不可脱离文章整体删改某句、某段。每一段、每一句都是全文的组成部分，单看它可能会认为多余或不当，但从整体上看则可能是的确必要的。跳出局部总揽全局以避免瞎子摸象、挂一漏万的现象。最后，注意前后照应。一般文章都是前后呼应，有前因后果的关系，编辑加工时切勿因"斩头""去尾"而影响了文章的结构，也切勿"瞻前"不"顾后"而造成文章前后矛盾。

---

① 廖中新，谢廖斌．谈谈编辑加工的"度"[J]．大学出版，1997(3)．

2. 强化读者意识原则

选题策划过程中大家都很重视读者，然而，编辑加工中的读者意识却颇受人们冷落。这是认识上的误区。图书的内容主次是否安排得当，是否满足了读者的需求，是否能使读者看得懂用得上，都是决定读者是否购买图书的重要依据。一个精心策划的好选题，若加工时不考虑读者的需求，不考虑图书与读者层次的统一性，作者写什么样就是什么样，只是统一体例和改改错别字，这个选题即使策划得再好，也不一定能成为一部成功的作品，甚至会使本应畅销的图书成为一本滞销书。金盾出版社的编辑在加工书稿时，非常注重分析读者需求情况，凡是读者阅读需要的内容，书中尽量详述，责任编辑在编稿时一般不采用高深理论类读者难以接受又不必掌握的内容。作者创作时代表他个人的立场，编辑加工时却必须代表读者立场，这是编辑社会责任使然。

3. 有错必纠原则

作品中如果有错必须改正，切忌搪塞敷衍。一般编辑会因专业问题迁就作者，对有疑问之处不敢修改，或有对知名作家的盲从心理，认为大作家写的一定正确，即使是发现有错也多是怀疑自己，不敢修改，这都有强调“有错必纠原则”的必要。有错必纠，不懂之处可以通过查阅工具书，询问专家解决，将问题一追到底。对知名作家的作品只要是站在读者的立场上就不会盲从了。当改不改是一种极不负责的态度。但如果修改不当也会产生新错，产生新错的责任当然应由编辑来负。因此，有错必纠还必须一纠到底，直至正确。

4. 可改可不改即不改原则

一篇文章或一部书稿，相同的观点会有不同的表达方式。作者的语言表达方式有可能与编辑的语言表达方式存在差异，只要可以说明问题，没有必要非得按编辑的习惯来做修改不可。优秀的文章除了编辑作些字体字号的加工之外甚至可以一字不改。一个负责任的作者下笔之前经过了深思熟虑，对如何布局谋篇用心良苦，编辑应当理解。区别“改与不改”是对编辑基本功的考验，“画蛇添足”与“锦上添花”是两种截然不同的修改效果。

热衷于“鸡蛋里面挑骨头”的编辑，甚至将此当做编辑责任心强的表现是既多余且有害的，必须坚决加以制止。诸多的编辑都将不随意修改原稿作为尊重作者的表现。例如既做过编辑又做过作者的孙犁先生主张对采用稿尽量少改，不可妄改，不为改稿而改稿。可改可不改者，不改，可删可不删者，不删。故他从不大删、大改原稿，也不大给作者出主意修改稿件，更不喜欢替人家大段大段做文章。

5. 保持原稿的风格与特色原则

作者的写作风格是作品魅力的重要组成部分。读者通过作品可了解作者的许多方面，“文如其人”是也。因此，保持原稿的风格与特色也是编辑加工的一条重要原则。作者的思维习惯、语言特点、表述方式都带有个性化的色彩，这是编辑无从替代的，“费力不讨好”倒在其次，更重要的是把握文稿内容以及保持文风自成一体，作者比编辑更具主动性与优越性。作品风格主要是作者风格，故而每一出版物都有不同的风格。编辑风格是编辑在加工过程中所具有的一种鲜明特色，它区别于作者风格。

6. 作者修改为主，编辑加工为辅原则

遇到必须修改的内容，可以由编辑建议作者自行修改。编辑仔细阅读原文后，从出版的角度提供修改的思路、内容与方法，供作者思考借鉴，具体执笔修改交由作者完成，编辑不可代劳。作者与编辑各自工作侧重点不同，内容、结构修改靠作者，文字润色与技术加工则主要靠编辑。

三、编辑加工中的思维活动

编辑加工过程中存在一系列的思维活动，编辑会以其特有的思维活动方式对出版物进行深入细致的分析、判断、归纳、整理，表现形式最终集中在出版物的内容与形式上。编辑在加工过程中的思维活动与出版物的加工质量有着密切联系，同时也与编辑自身素质密切关联。编辑思维活动进程倘若与出版物内容保持步调一致，会进入最佳编辑状态，使出版物获取高质量的加工效果。

1. 编辑思维活动是情感和理智的高度统一

所谓编辑最佳心理状态是指编辑加工过程中情感和理智的高度统一。对作品、作者的理解有助于调整编辑整理加工中的心理状态。将个人的主观能动性发挥到极致，使情感找到释放的窗口，再与理智相结合，由积极的思维活动转化成出版物的再创造。思维水平的高低决定着再创造的有效程度。出版物的再创造能力是编辑能力的体现，能力的发挥是思维的结果。出版物加工过程中的每一点变化都是依靠编辑思维活动完成的。

编辑加工过程中的思维活动是情感与理智的高度统一。没有情感的编辑加工活动不是理智占了上风，而是缺乏激情，无法产生创造。只有渗透情感的出版物(即使是纯自然科学内容的出版物也有作者丝丝缕缕、难以割舍的那份情感在其中)才具有吸引读者的力量。编辑加工亦然。编辑的立场、观点都会转化成对出版物的情感的组成部分。情感产生激情与动力，理智是情感表达的闸门。如何表达情感，理智可以起重要的作用。当面对一位知名作家的作品时，理智有助于把握质量，有益于读者，盲目崇拜对提高出版物质量无益。理智与情感能够取得高度统一的编辑思维呈现一种特点，它会根据一定的目的、任务在大脑中构思出一种新的设想，进入再创造的加工阶段。再创造是在原作品的基础上从多角度、多维面、多层次去认识作品的内容与水平，提出有建树的设想和方案的另一种思维形态。

思维是编辑加工过程中最高层次的心理活动，是一种积极主动的再创造的思维方式和心理动势。每一次思维都会产生一种结果，意识向行动的转化会改变出版物的某一方面。固然标点符号、错别字的修改需要编辑思维，但内容的精练、结构的处理更是高智能的努力结果。随着编辑工作的深入，思维成为驾驭出版物理论体系、文章结构、编辑意图的航标。越是清晰、完整、迅速的思维活动越可能产生高效的编辑加工。

2. 编辑思维活动是一个循序渐进的过程

编辑思维活动是一个循序渐进的过程，这是人类对事物的认识活动规律所限定的。编辑思维活动分为感性认识和理性认识两个阶段，感性认识有助于对加工对象产生感觉和印象，理性认识有助于对出版物内容的充分认识。思维活动从感性认识开始逐步向理性认识过渡，感性认识是通向理性认识的桥梁。如果要从事一项工作，必须由表及里、由浅入深、由外向内地接触，直至进入到事物的实质层面。这是认识事物的规律，同样也适合于编辑加工活动。编辑思维的理性认识沿着由具体到抽象、由盲目到概念明确的方向逐步完成。编辑在作品加工过程中对其思维活动的理性认识，最终目的是用理性化的概念指导编辑工作实践。

编辑活动中需要有整体思维，因为整体认识更加全面、高屋建瓴。但整体并不意味着否定层次、否定逻辑，整体思维是编辑思维活动的宏观控制，是编辑加工思维活动中必须经过的环节，它与层次思维、逻辑思维并不矛盾，是达到同一目的的不同手段，是理性认识的必经阶段。

编辑思维具有层次性。它是整体思维的深化，是按出版物论述内容逐渐展开的思维活动，层次思维有利于每一阶段、每一主题或每一部分概念明晰、叙述有条理、内容全面。层次性同时也表现在编辑首先把握对作品内容的理解，然后才对作品展开增、删、移、改工作。

编辑思维具有逻辑性。它必须对作品的整体、层次及各层次之间的关系加以逻辑推理，作品的内容不可前后矛盾，互相抵牾；也不可缺少论证或说明的依据。编辑对同一对象的思维有一个逐渐深入的认识过程，但总体印象无论何时、何处总是大致相当的，由此，才可进行作品加工工作。逻辑思维是以尊重客观事物规律和思维运动规律为基础的，它是在编辑实践中逐渐形成和积累的思维方式。

3. 编辑思维活动与记忆及经验密切相关

记忆是一种重要的思维活动，编辑加工过程往往是在有意记忆的基础上展开的一系列繁杂的增删移改工作。记忆可以加深编辑对作品内容的理解，对同类主题出版物的比较，对作者过去与即将出版的出版物的全面认识。经过有意记忆，编辑会对作品前后内容有所了解，无论是学术文献的观点还是文学读物的故事情节，编辑记忆了，就胸有成竹，就能提出修改意见，并融入个人见解，提供美术编辑作参考。编辑的无意记忆只会在与作者及作品发生关联时产生作用。

经验也是编辑思维活动的基础。经验本身是基于认知、记忆精华的积累，是从感性认识到理性认识过程的总结。经验也能对某种事物进行识别、预测和推断。过去的经验会使编辑在处理同类作品时更大胆、更熟练。因为在作品加工过程中，编辑会无意识地进入经验状态。但经验并非是一成不变地套用的“公式”，时间、环境因素变化后，经验不一定会产生良好效果，相反，有时经验恰好会成为抑制编辑创造力的阻力。阅历丰富的编辑会把经验作为动能，既有对经验的把握能力，又有对新事物的乐于接受、开拓的精神，保证加工的作品表达准确，修改到位。

四、编辑加工的方法

编辑加工的方法和编辑加工的内容密切相关。不同的内容应采用不同的方法。总体而言，编辑加工的方法分为增、删、移、改四种。

1. 增

增即作品有补充之意。具体而言，就是补上段落和句子中所缺少的材料或其他不可少的部分，使其更充实、完全，符合表达事物的一般要求。编辑加工的“增”有别于审稿阶段的返修补充。前者是“大修大补”，后者是“小修小补”。

2. 删

“删”有省略意，即删去作品中多余或烦琐的字、词、句、段落。

3. 移

用移动的方法改正稿件结构上的错乱或逻辑语法的混乱状态。

4. 改

改正稿件中前后矛盾之处或易发生歧义的说法；改换不正确的表述、错句别字、不规范的简化字、错用的标点符号等，凡是稿件中有失误之处，又不能删掉的，或表达欠妥的地方，编辑均可按具体情况作不同的改动。

五、正确理解“文责自负”与“编辑加工”

“文责自负”是编辑与作者相互交流过程中常常听到的一句话。有的编辑以“文责自负”作挡箭牌，推卸编辑责任。也有的作者对编辑加工不理解，认为作者已经“文责自负”就不用编辑加工。到底应该如何理解“文责自负”

与“编辑加工”呢?

1. 二者权利责任不同

“文责自负”是我国出版界奉行的一项基本原则。一般理解即为文章的责任由作者承担。所承担的是对社会的责任。即作者以对社会负责的态度进行阐述、论证。在他既要承担社会责任又有自由发表言论的权利，在责任意识下，大胆从事学术探索活动。当然，这里规定了一个适度的空间范围。在责任范围之内可以任意阐发。即作者在享受表达言论权利的同时，不应该超过社会规范和法律的范围。“文责自负”也明确了作者的写作责任。据《现代汉语词典》，“文责自负”是作者对文章内容的正确性以及在读者中发生的作用所应负的责任。它暗含着作者作为社会个体对言论出版自由权利的一种享受，是作者表达意志、情感、思想的一种权利。作者对作品文稿承担责任的同时也获得了保留自己文稿完整性的权利。

如果说“文责自负”表明的是作者的权利与责任的话，编辑加工则重在强调编辑的责任。编辑加工是在“文责自负”的基础上进行的一种修改、整理工作。它的责任即编辑主体对经过其加工后发表的文章的政治思想性、科学性及文字表达的差错率等方面应承担的责任。从程序上说，“文责自负”在前，“编辑加工”在后，编辑加工只能在作者将作品提供给出版部门之后才能进行。对双方来说，无论哪一方所承担的责任都是一个矛盾统一体，由权利和义务组成。作者有表达思想的自由，编辑有取舍的自由。编辑取舍的标准当然是以社会能否接受来衡量的。编辑是社会的代表，代表社会导向、文化时尚、阶级利益，因而当作品尚未达到出版标准时，编辑还必须加工整理，使之符合出版条件。如果做不到这一点，就是不称职的编辑、不负责任的编辑。编辑加工作品应该藏而不露，加工却未留下雕琢的痕迹是最高明的编辑，加工过头是对“文责自负”的干扰，是对作者自由写作权利的干涉，不仅不会“锦上添花”，反而会引起作者的反感。

编辑加工是在原作品的制约下进行的一种适度的修改活动，其目的是在不损害原作品基本面目的前提下提高质量。因此，加工是有限制的，它只能在一定的范围内进行。这种限制是由编辑活动的特点决定的。据《中华人民共和国著作权法》第33条规定：“报社、期刊社可以对作品作文字性修改、删节。对内容的修改，应当经作者许可。”它十分清楚地对编辑加工的范围进行了界定。《中华人民共和国著作权法》第10条规定，著作权人著作权中包括修改权，“即修改或者授权他人修改作品的权利”，包括保护作品完整权，“即保护作品不受歪曲、篡改的权利。”所以编辑对作者文稿进行修改，应取得著作权人的授权，没有著作权人的授权，即使作品观点错误，编辑也只有不予采用的权利，而无权任意改动，否则，便是违法越权，侵犯了著作权人的“作品完整权”。《中华人民共和国著作权法》既规定了编辑可以对作品进行修改加工，又明确界定了编辑加工的内容范围，因此，在编辑加工阶段既要尊重作者的作品又要尊重作者的权益，既要对作品的质量负责也要对自己的职责把握得当。

2. 二者权利和责任密不可分

“文责自负”与“编辑加工”是权利和义务的结合体。

(1)二者都包含着对社会、读者的责任

在实践中，编辑不可能对各类出版物内容的观点都精通，编辑的性质和承担的角色限定了其不可能成为各方面的专家，即使是被称为“学者型的编辑”，也只能在某一方面或某些方面有较深的造诣，而不可能对所有学问都精通。因此，决定了只有在“文责自负”的基础上才可进行“编辑加工”，作品也只有经过“编辑加工”才可进入流通领域与读者见面，发挥其社会功能，承担其责任。在作品正式出版前，二者职责明确区分，而作品一旦发表，作者仅对作品的思想性、科学性、艺术性承担责任，编辑则同时对出版物的内容与形式因素等承担责任。公开出版后编辑的责任在某种程度上更甚于作者。读者赞扬或批评某部作品的同时，也就是在赞扬或批评某个作者与某个编辑。

(2)二者同时具有发挥个体作用与能力的空间

作者有自行创作、自行阐发的领域，只要在法律与道德许可的范围之内，其空间无限大。尤其是撰写学术论著的作者，多是研究某一方面的学者，他也许对其他知识知之寥寥，但对他所研究的特定领域所投入的精力则比编辑大得多，有充分发挥个体作用与能力的空间。编辑加工虽然是在已有作品的基础上的加工，却又有超越作品自身的自由。在建议修改或自主修改中，编辑主体作用可以得到淋漓尽致的发挥。发挥编辑个体作用多少与能力大小可以分成三个层次。其一是在较满意的作品中仅仅只做出版前的加工工作，如确定开本、装订形式，标识字体、字号等，此种方式编辑加工时主体意识较弱；其二是面对可拓展作品内涵或更改作品表达方式的情况时，尽量向作者陈述清楚编辑组稿本意，与作者一起修改作品，此种方式编辑主体作用将得到有效发挥；其三是在作者仅有创意却缺乏良好的组织才能时，或在编辑做大幅度地调整后，作品有可能产生良好社会效益或经济效益时，编辑都应尽最大的可能协助、督促作者，使作品达到至真、至善、至美。

第六章 编辑过程(下)

书稿编辑加工完成后，编辑亲自进行的活动则暂告段落，但是还远远没有完结。校对与装帧设计虽然不是由编辑亲自完成，但是编辑在其中的督促和建议则是至关重要的。正因为如此，编辑必须懂得校对和装帧设计的一些基本规律。营销宣传需要编辑个人亲自参与，主动配合，它在很大程度上甚至可以决定一本书的命运。

第一节 校 对

校对，一是动词，指从事比较、核对、纠正书稿差错工作的专项业务；二是指从事校对工作的专业人员。校对功能主要是校对主体通过对校样或电脑的操作来实现的，校对功能的大小，首先取决于消灭排版错误的多少，其次取决于发现原稿错误的多少。在校对术语中分别称为校异同与校是非。所谓校异同，是指从校样或屏幕与原稿的对照中分辨出两者之间的异同。所谓校是非，是指从校读中分辨出原稿本身的是非。因此，校对的功能有两个方面：校异同以消灭排版错误；校是非以消灭原稿差错。校样对照原稿时，以校异同为主，校是非为辅。通读或检查清样时，以校是非为主，同时校异同。校对是最重要的出版条件。列宁在编辑《火星报》期间，十分重视校对工作，他指出："最重要的出版条件是：保证校对得很好。做不到这一点，根本用不着出版。"今天，校对同样是出版物付印前编辑保证出版物文字和内容质量的最后一道程序，一字之差可能歪曲原意或影响对原意的理解，甚至可能造成重大的政治性错误。

新闻出版局制定的《出版社工作暂行条例》中规定："校对工作应对原稿负责，消灭一切排版上的错误。"按照规定，出版部门校对的职责是：校对校样上与原稿不符的文字、标点、图表、版式、字体、字号等差错；做好捅行(俗称串行)、捅版(俗称倒版)、缩面等工作，检查图表安排位置合适与否，并查对与正文、页码及文字配合是否正确；注意数码的统一、齐顺；注意繁简字、异体字的运用；特别注意校对封面、版权页文字，目次，著作者姓名，点清页码，检查中缝、书眉。校对对象据此可分为九类，版式校对、标题校对、文字校对、插图校对、表格校对、公式校对、标点符号校对、页码校对、印样校对。若发现原稿有疑问，即应与责任编辑联系，原稿妥善保存，以备稽查。

校对工作一般按初校、二校、三校和核红四个校次的过程进行。必要的校次是出版物质量的保证。排版技术好，一般书报刊三校一读，工具书五校三复核。初校和印样校对大多在印刷厂完成，一、二、三校在编辑出版部门进行。一般出版物经过三次校对后由责任编辑在解决所有问题的基础上签字付型和付印。如付型或付印样还需改动，仍必须核红一次。如果是经典著作或者是对付型样、付印样改动量大者也还可以增加校次。核红是校对工作的最后一项程序。校对人员用红笔标注改错退印刷厂的三校样与印刷厂最后改正的校样进行对照复查，以核正其未改或错改之处。核红基本上只是对改正过的地方进行核对，而无须再作通篇校对。如果版心、封面、版权页、目次等都核查无误，即可签字付印。

1992 年 11 月 18 日，新闻出版署发布的《图书质量管理规定》将编校成品质量分成 4 个等级：(1)无严重文字错误，或差错率在 1/80000～1/40000 的为优质品。(2)有 1～2 处文字错误，或差错率在 1/40000～1/20000的为良好品。(3)有 3 处以上 5 处以下(包括 5 处)严重文字错误的或差错率在 1/20000～1/10000 的为合格品。(4)有 6 处以上(包括 6 处)严重文字错误或差错率在 1/10000 以上的为不合格品。这一规定对校对与编辑都提出了严格要求，编辑与校对是共同保证出版物质量的重要力量。

《出版社工作暂行条例》中还要求校对在对原稿负责的同时，如果“发现原稿中的错漏和不妥之处，应及时提交编辑部门解决”。校对与编辑之间有着密切的联系。

一、校对与编辑的关系

校对与编辑的关系可用八字概括：同源、分流、合作、同归。所谓同源即校对工作是与编辑工作同时出现的。分流即是指在出版生产逐渐形成规模时编辑与校对也随之走向了分工。校对工作从编辑工作中分离了出来，但校对工作作为编辑工作的重要组成部分这一基本属性并未改变，它是编辑工作的延续，是出版物文字质量的把关环节，将差错消灭在出版之前也就保证了出版物的传播和积累价值。

1. 编辑之中有校对

在古代，图书出版过程往往是以个人为主的编校合一，创造了折校、读校、点校等方法，人工操作，单纯原始。后来，由一人到两人、一人到多人，随着编辑出版活动的发展，校对逐渐与编辑分离，由专人担任责任校对，负责校样技术的整理工作，对最易出错的目录、书眉、标题、注释、索引等进行审校，改正笔误和非规范字，综合质疑交责任编辑处理。直至现代，出版分工越来越细，流程越来越复杂，科技手段越来越高。无论是内容还是外在形制，有了校对环节及校对人员的存在，编辑出版质量都为前人所无法比拟。校对，从无到有，从分到合，从简单手工到人机并用，成为图书质量保障体系内的重要内容。

校对的一部分工作包含于编辑之中，校对是编辑加工的延续。校异同和校是非二者的目的都是消灭一切错误，包括文字和格式方面的错误。一个优秀的编辑应该能够在工作中承担起校对的职责，在编辑加工过程中他会自然而然地对书稿中的错误随时进行修改。除编辑文稿外，他还须解决文稿中观点、语法、修辞、逻辑以及明显的文字常识等方面的错误。一般来说，校对对错别字具有独特的敏感性和高度的辨析力，善于从字里行间寻找出隐藏其中的各种差错。校对时的阅读以一个个的字、词、标点符号为阅读单位，力求发现其中细微的错误，在这种字字落实的过程中，往往进入一种咬文嚼字、字斟句酌的专注状态。这也是对编辑的基本要求，编辑也要像校对一样培养对错别字的天生敏感力，这样就不会对书稿中的错误熟视无睹了。他也会运用其知识积累和判断能力去校是非，这项工作在编辑来说是编辑的一部分，对校对而言，是校对的职责。

2. 编辑工作中的遗漏必须依靠校对去改正

编辑加工中的疏漏可以在校对环节进行弥补。编辑所从事的审稿、加工等工作，由于侧重点与校对有所不同，因而缺乏校对的职业性特点，更缺乏校对经验，通读书稿首先注意的是书稿中的观点是否明确，论据是否有力，此篇稿件是否采用，怎样写审读报告等只属于编辑思考范围的内容，于是，书稿中难免会留下一些文字差错。而能在一定程度上弥补作者和编辑疏漏的，则是能够胜任对文字进行通读的校对。尽管，编辑和校对在消灭书稿文字差错这一功能上是统一的，但由于编辑和校对的职业特点不同，侧重面也自然有所不同。编辑一般注重相对大的宏观面，而校对较注重细微的一面。

由于电子文本的出现，校对的基本功能发生了根本性的变化，校对作为对编辑工作的延续、补充和完善的职能特征日益突出。

3. 编辑与校对的工作重点不同

编辑的任务较宽泛，宏观微观各不相同。与校对密切联系的责任编辑的任务是对书稿进行整理加工，重点放在文章政治性、思想性、科学性、艺术性的体现与全文布局谋篇、表情达意的内容上，避免立论上的失误、论据上的"失足"，所谓"清源"也；校对的任务是对书稿进行通读检查，重点放在改正错别字、保证用字用词符合国家规范，并做好技术整理，所谓"净后"也。"清源"与"净后"相结合才能形成图书质量保障体系。

二、校对的规律

校对是一种特殊的行业，有其行业特有的概念体系与运动规律。

校对概念体系包括一般概念体系和基本概念体系。二者关联性强，联系度大。

一般概念体系包括：

(1)术语：原稿、校样、副样、付型样、清样等；

(2)反映校对活动过程特点和要求的概念：初校、二校、三校、核红、并样、付型等；

(3)校对方法：对校、理校、点校、折校、他校、通读等。

原稿是原始的文稿、图稿，是校对工作的依据。

校样是送出版单位校对的版面复印样。校样的名称以它所属的校对次数为序。如初校(样)、二校(样)、三校(样)，必要时还加四校。校样经并样、整理、付型后，尚需核红、清样，经签字后才能制型。

付型样，经过几次校对改版，最后全部校样已无错误，或者虽尚有个别遗留错误但已校出的，由责任校对及有关部门在校样上签署“付型”或“改正付型(印)”等字样，作为最后同意交付制型的依据。

清样，改完版打出的尚未再次校对的校样。包括上一校样经校对没有错误，无须改版而再次打印出的样张。

核红，对红样上修改之处进行核对。付型前的对红一般是校对的最后一关，必须十分仔细。

并样，把数份校样上的改动部分，誊抄合并到另一份退改校样上的工作。如经编辑或编著译者校正过的校样，将所改动的地方集中誊抄在待退厂改版的校样上，亦称“并红”，过红处的文字，也应校对。

术语是属于校对理论的一系列含有明确定义的专门用语，是校对理论学术交流的基本语词。其他概念则分布于各部分，直接关系到各项原理、原则、规律的建立。

基本概念体系主要指反映校对本质特征的概念，如校雠、校勘、校审、校异同、校是非等，它们是校对历史中逐渐形成并总结出来的特定知识单元。基本概念体系反映了校对活动的本质特征，是组成校对理论体系的基础。

校对有规律可循。校对活动的过程表现为一定的步骤，每一步骤又分为若干环节，步骤与环节之间存在排列组合的关系，所有的程序与相互关系的处理都为校对人员完成本职工作提供了条件。要消除校样与原稿中的所有差错，真正保证出版物的质量，要求校对不仅要校正误而且还要校是非，因此，校对人员不仅要具备广博的学识，还要掌握校对规律，并用所掌握的规律指导实践。

校对规律具体表现在以下几方面：

1. 互存律

校对人员与校对对象表现为主体与客体相互依存的规律。主体由于客体的存在而存在，没有客体，也无所谓主体。客体的存在成为主体存在的条件。主体在客体上所完成的“功”的大小，不作为衡量主体价值的标准。当客体质量最优时标志主体“功”的完成。客体质量优秀与否是主体活动的出发点和归宿点。两者互为条件，相互对立又相互依存。只有当客体的差错得以改正，主体改错的目的得以实现，这种矛盾运动及相互关系才会结束。校对主体即以校对客体为工作对象的个人或群体。校对客体即校对工作对象，它是主体之外独立存在的客观事物。随着编辑出版工作的发展变化，校对的主体和客体也不断发生改变。“校对主体与校对客体的矛盾，主要表现在三个方面：一是校对客体存在差错的客观性和校对主体消灭差错的主观能动性的矛盾；二是校对客体差错的复杂性和校对主体知识的有限性的矛盾；三是校对客体出错缘由的多重性和校对主体投入的有限性的矛盾。校对主体和客体的上述矛盾，反映了校对活动的本质特征。”①

2. 异同律

先异后同。异的存在是校对的起因。变异为同是校对的目的。异转变为同依赖校对。异变为同的前提条件是仔细认真、专心致志。异同律的实质是保证校样与原稿的根本一致。通过校对消灭与原稿不符的一切差错。发现“异”需要经验积累、学识素养，解决“不同”需要专业技巧。

3. 是非律

发现并消灭原稿中的“非”才可成为“是”。发现“非”是改为“是”的前提。“非”存在于原稿中，却不像“异同”那样具有显著性，而是扑朔迷离，似是而非。“非”的改正不仅依靠校对，而且依靠责任编辑与作者的协作。校异同易，校是非难。

校对规律是校对活动固有的本质联系和发展的必然趋势，这是不以人的意志为转移的客观存在。

三、现代校对方法

经过长期的校对工作实践总结，现代校对方法可以分为以下五种：

1. 点校法

也称对校法，是一种较传统的校对法。可以一人完成。校对者先默读原稿若干字，用左手指点原稿，再默读校样，右手执笔随目光所示，发现

① 周奇．校对的几个基本理论问题[J]．出版发行研究，2001(2)．

有错立即改正。点校法的特点表现在：双目与双手并用，随视线移动，发现有排错之处立即用校对符号标出或改正过来。默读校样速度比读原稿速度稍慢，如果有错误较容易发现，以保证不漏校误校。

2. 折校法

也称迭校法，此为近几十年形成的一种校对方法。可由一人进行。将原稿置双手拇指、食指与中指中从上至下折叠，直至原稿上每一行的文字与校样上的文字紧密靠近，目光在校样与原稿间上下移动，逐字逐句比较。此法必须保证眼睛与双手的协调一致，校样与原稿上的文字在目光接触之间即是校对之时。折校法的优点是速度快，校对直接。缺点是由于折叠部分经常多于正在校对部分，有的错误容易漏校。

3. 读校法

此方法需要两人才可进行。一人读校样，一人负责看原稿。或一人读原稿，一人看校样。此方法速度比较快，但容易漏校同音别字，如纲—钢、极—级等。需要读稿之人读出停顿，另起一行、空行、字体区别等特殊格式都需认真说明。看校样者需聚精会神，对字体字号、文字段落、版面格式等都要分辨清楚，如有疑问，随时向读稿人询问，甚至直接查看原稿。

4. 通读法

一般对原稿内容较熟悉者可脱离原稿直接通读校样。只是在遇到自己不熟悉的人名、地名、数字、生僻词或有疑问的地方时才查对原稿。它的校对速度同读校法一样快，但易产生别字和标符格式错误。

5. 电脑校对

计算机技术的发展与普及，使得越来越多的作者用电脑取代了手中的笔，这种电子写作方式也改变了编辑工作状态，编辑得到的稿件由纸张载体变为数张磁盘与光盘的电子文本。还有许多作者把全部稿件信息送入互联网，编辑和著作者直接在网上对话，进行快速信息处理，以至于除选题策划外，审稿、编辑加工、版式设计、校对、改样等出版物的全部印前工作均可通过互联网在计算机上同时操作，一气呵成，减少了出版物生产的中间环节，极大地提高了工作效率，有效地缩短了出版周期。经过一系列的编排一体化处理后交给校对的是一份打印样稿。因而不再有传统意义上由作者手抄的原稿。在这一过程中，延续了几千年的校对职能悄然发生了变化。按照传统校对规则，校对工序有两个客体，一为原稿，一为校样。而电子文本的出现，校对客体只是一个磁盘了，磁盘载体材料把原稿和校样合二为一。校对失去了比照物，对校法无法使用，校对工作的重点从原来的校对原稿和打印样稿之间的校异同逐渐转向校是非，以及逐字逐句读校样，改正错别字，统一全书体例、版式等。

(1)人机校对的模式

人机结合校对是指校对中既用电脑也用人力。目前有两种模式：

①人机结合。在一校改版后，打出两份校样，一份实行机校，一份交给编辑自校。用软件进行二校后不改版，由校对员进行通读检查，对电脑校对的差错提示进行判断。同时，发现并改正以前的漏校。三校后交给责任编辑作最后处理。这种模式，减少了一个校次——由电脑代替人校，从而明显缩短了校对周期，减轻了校对人员的负担。所谓人机结合，即让校对软件替代人脑校对的部分功能，既充分发挥校对软件的优势，又避免它的漏校、误校。

②"清源净后"。编辑在加工过程中使用校对软件，从源头上消灭错别字；校对者再对编辑文本进行校对，任务是消灭残留差错和进行技术整理。为了确保校对质量，人校改版后校对者再用校对软件进行快速校对，消灭残留差错。

(2)现代化校对优势

校对不仅是编辑工作的继续，也是完成出版工作的基本条件。出版物质量与校对质量密切相关，校对质量与校对的方法、手段密切相关。现代化校对方法是指以电脑软件为主的校对方法，它拥有传统人工校对不可比拟的优势。

①迅速快捷。高效率与高质量是现代出版的基本要求，图书出版品种与数量逐年递增是图书生产中各环节效率提高的表现。只有现代化校对手段才能使文化传播更有效、更富活力。

②适用范围广。电脑校对不仅适用于英文，也适用于中文。

③提高准确率。在电脑校对过程中，可进行二次开发，用以扩大校对

范围和提高准确性。二次开发包括两方面，其一是可增加专业词汇，其二是使用开放的用户自定义错误库，将校对系统未查出的错误添加进去，随着校对次数的增多和不断扩充对用户开放的各类词库，电脑校对的准确性将会越来越高。

④减少繁杂劳动。重复劳动易使人心理上产生厌烦与压力，容易疲劳，影响工作效率。现代化校对方法可以根据操作程序，先录入或直接运用磁盘稿排版，编辑在电脑上改稿，然后校对人员上机校对，或者打印成校样进行。它改进了传统校对方法手段，提高了效率，取得了十分明显的效果，减少了繁杂程序。

⑤便于操作。现代化校对方法操作简单，易于掌握，便于推广。

校对是高智能性的工作，尽管其中机械、重复的事情可以让计算机做，但仍有相当一部分内容目前的校对软件还不能完成。从校对实际分析，现在的磁盘书稿有两种类型，一是作者自录的书稿，一是作者请人录的书稿，特别是后者，由于录入者的文字功底和专业知识较弱，故而出现差错的概率较大，应当安排不同的校次以保证书稿质量。

校对软件是利用计算机的存储记忆能力建立词库，将汉语中常用的固定词组存储在词库中，进行校对时，将文章分解成许多词组，再将这些词组与软件词库里的词组进行比照，相符合的为正确，不相符合的为错误。书稿中出现的错误大致分为错别字、词语错误、单句错误、句法错误、重句重段错误、语义错误、标点错误、修辞错误、知识性错误、事实性错误等。其中错别字和词语错误校对软件基本上能发现，而后几种错误校对软件则难发现，误报率较高。汉语中有许多易混的同音词，如学历—学力、权利—权力、启事—启示、必须—必需等，该用哪个词，校对软件无法作出是非判断。此外，两个相同的汉字，由于排列次序不同会组合成不同的词，如办法—法办、人家—家人、故事—事故等，校对软件也无法作出正误判断。这是由于目前的校对软件主要依据“词组校对”这一校对方式进行设计，只要词组正确，即使整句话意思错误或有语法问题，软件也无法发现。说明它还不具备校对并修改“是非”错误的功能，因此，目前的校对软件只能是一种辅助校对工具，不能完全代替人工校对。

编辑必须精通校对规律。传统校对的客体是书稿与校样，书稿磁盘化后，校对客体合二为一，编校的关系更加密切，传统的校对理念、体制、功能和方法也发生了质的变化。正如校对客体改变了一样，书稿的差错也合二为一了，既有录排造成的错误，也有作者的计算机文字处理水平、理论知识水平等缘故造成的差错。据统计，许多磁盘稿差错总量超过了传统的书稿和校样。因此，如果编辑不精通校对方法，不掌握出错规律，就有可能难以校出差错。

(3)正确认识信息时代的校对

有人认为，信息时代使传统的校对模式和专业校对员的角色功能发生了深刻变化。尽管校对的功能和实际意义依然存在，但是专业校对员的职责已部分地被作者、编辑或作者、编辑之外其他社会力量所承担。故而认为应该取消专业校对。这是一种不正确的看法。

第一，信息时代特征越明显越要求信息出版高质量。信息时代的最大特征是“快节奏”和“高质量”。对出版速度要求越高也就对出版质量要求越高。速度即是时间，时间与质量有着密切的联系，从一定的意义上说，质量需要时间作保证，没有时间也就没有质量。快节奏只有带来必要的质量才可产生效益，无法保证质量的速度是无效的。

第二，角色不同兴奋点也不同。个体容易对与己有关的事物产生注意，而对与己无关的事物一般都不注意。从专业分工来看，作者关心的是作品的内容体系结构及可能产生的社会价值等问题。编辑则由于“文责自负”的关系更多地关心选题、体例、体系是否适合社会，即使注意到作品的文字、语法存在问题等，也多依赖校对。同时，也只有校对才会将敏感点、兴奋点放到每一个字、词、句乃至印刷符号的使用是否规范上。

第三，从作品的出版程序来看，专业校对在编辑加工之后，是编辑工作的补充与延伸。当然，编辑也会读校样，但对自己已反复处理过的作品易受到思维定式的影响，在带有欣赏自己的作品内容的心态下，熟视无睹，有可能放过一些该纠正的地方，一般在加工阶段没发现的差错校对阶段也难以发现。尽管对所发现的差错也会予以改正，但不具备校对的主动性劳动。校对由于职业的特点，多是以挑剔的眼光对待校样，以发现并消灭差错为工作目的。找出的差错越多其成就感越强。而且，校对工作时寻找差错还带有经验性、预测防范性，平时注意把容易混淆的词、词组、形似字、同音字等积累起来，印在脑子里，校对时就会产生条件反射，引起联想。取得主动权后就可防患于未然了。因此，如果要求出版物的高质量，建立一支校对队伍是必需的。

四、校对制度

中国出版工作者协会根据我国出版事业迅猛发展而制定的《图书校对工作基本规程》中总结我国的校对工作有如下四项基本制度：

1. 三校一读及样书检查

“三校”即三个校次。“一读”即终校改版后的通读检查。由于校对客体差错的复杂性和出错原因的多样性，“校书如扫落叶”，校对活动不可能“毕其功于一役”，必须投入必要的校对工作量(即校次)。“三校一读”是《图书质量保障体系》规定的必须坚持的最低限度的校次；重要书稿和校对难度大的书稿，如经典著作、文件、辞书、古籍、学术著作、教科书及教辅读物等，还应相应增加校次。作者校对、编辑校对不能顶替校次，交给他们校对的校样是“副样”，“正样”仍由校对人员校对，三个校次都必须由经过专业训练的校对人员来完成。计算机校对如果使用得当，可以顶替一个校次。三校改版后打出的校样，不能算作付印清样，还必须进行一次通读检查，通读检查后改版打出的校样，才能算作付印清样。

为了保证校对的质量，凡遇到如下情况之一的校样，校对者有权提出增加1~2个校次：①初校样的差错率超过15/10000的；②编辑发排的书稿没有齐、清、定，而在校样上修改的页码超过1/3的；③终校样的差错超过3/10000的。增加校次的决定权属于专业校对机构。

样书检查，指图书成批装订前先装订几本样书分由责任编辑、责任校对检查，经检查确认无误后，方能成批装订出厂。

2. 校对主体多元化与专业化相结合

现代校对的特征之一，是校对主体多元化与专业化相结合。所谓主体多元化，是指作者、编者和专职校对员共同参与校对，还有社外人员参与校对活动，从而形成校对主体群。作者校对属于自校，编辑校对属于半自校。他们共同的优势是：对书稿内容的把握，对相关知识的熟悉。共同的劣势是：因习惯线性阅读难以感知个体字符的差异，因思维定式而往往对差错“熟视无睹”。社外校对人员，技术、经验、心态和责任心一般不如社内专职校对员。因此，校对主体多元化必须与专业化相结合，并且以社内专职校对员为校对主体群的核心。所谓以社内专职校对员为核心，有三层意思：其一，出版社必须建立专业校对机构，对全社校对工作进行统一组织和全程监控；其二，出版社必须配备足够的专职校对员(编校人员配备的科学比例为3∶1，不应少于5∶1)，并由专职校对员担任责任校对；其三，必须由中级以上职称的校对员或工作认真、经验丰富的其他校对员来做三校，把好终校关。

3. 集体交叉校对与责任校对相结合

现代校对的特征之二，是集体交叉校对与责任校对相结合。集体交叉校对，是指由不同职级、不同专长的校对者分别负责不同校次的校对，一般不得采取一人包校的做法。集体交叉校对，可以避免一人包校的知识局限，和反复校读导致对差错“熟视无睹”，有利于最大限度地消灭差错。同时，集体交叉校对还是一种相互检查、相互监督的有效方式。但是，集体交叉校对也存在不足，主要是校对者对差错的认定不会完全一致，大部头书稿分章集体交叉校对，还会造成版面格式处理的不统一。因此，在集体交叉校对的基础上，还必须实行责任校对制。责任校对是本书校对工作的总责任人和总协调员，参与本书校对全过程，承担终校或通读检查(通读检查也可以由责任编辑承担)以及文字技术整理，协助责任编辑解决校对质疑，并最后核对付印清样。责任校对应在书名页上署名，以示对本书的校对质量负责。

4. 校对质疑与编辑排疑相结合

校对质疑与编辑排疑，是现代校是非的基本形式。校对员的校是非，不同于编辑的文字加工，两者有质的区别。校是非的任务是改错，即通常说的清除硬伤，不做篇章布局调整、思想内容提升和文字润色的工作。对于明显的错字、别字、多字、漏字、错简字、错繁字、互倒、异体字、旧字形、非规范的异形词，专名错误，不符合国家规范标准的标点符号用法、数字用法、量和单位名称及符号书写，不符合设计要求和规范的版面格式，校对员应当予以改正，但改后须经责任编辑过目认定。发现了语法错误、逻辑错误以及事实性、知识性、政治性错误，校对员无权修改，只能用灰色铅笔标注表示质疑，并且提出修改建议，填写“校对质疑表”，连同校样由责任校对送给责任编辑排疑。责任编辑应当认真地对待校对质疑，虚心采纳正确的修改建议。对于认定的修改建议，用色笔圈画表示照此修改；对于不拟采纳的修改建议，则打×表示删去(不要用色笔涂抹，保留校对质疑笔迹，以备需要时查检)。要建立激励机制，鼓励校对员提质疑，校对员质疑经责任编辑认定后，应当给予质疑者适当的奖励，其质疑表应当存入个人业务档案，作为考查校对员业务水平、晋升专业职称的依据。

第二节 装帧设计

任何出版物都要经过装帧设计，所有的装帧设计都由编辑完成，无论是文字编辑还是美术编辑都参与了出版物的装帧设计，但在不同的环节，两者所担负的责任大小不一样。现有的书籍出版体制，将装帧设计分成两个不同的阶段：文字编辑决定书籍的开本和装订形式，美术编辑进行封面设计。然而，出版物的装帧设计不是一个可以各行其是、各负其责的简单从事的包装程序，而是一项系统工程，必须依靠文字编辑、美术编辑的相互理解与合作才得以完成。文编、美编配合得好，出版物设计意见较易统一，作品成果出来得快；反之，易使出版物内容与形式割裂，成为遗憾之作。

与“编辑”“校雠”“校勘”“校对”“出版”等专业词汇不同，“装帧”一词在我国古文献中难以觅得其踪影。日本著名装帧艺术家原弘在其著作《装帧与图书设计》中说：在日本最常见的“装帧”一词，与汉字原意全然不同。由此可见，“装帧”一词起源于日本，只是借用了汉字并且以汉字的形式一直在沿袭使用着。

一、文字编辑在装帧设计中的责任

1. 主动与美术编辑沟通

文字编辑应主动加强与美术编辑的沟通。首先，因为他们是出版物的“责任编辑”，在经过了选题、组稿、审稿、编辑加工一系列环节之后，很容易对出版物产生感情，这种情感交流有可能影响美术编辑的创作；其次，文字编辑在编辑过程中，有可能接触到对装帧设计有用的资料，这些资料也会对美术编辑产生影响；最后，文字编辑与作者进行过面对面的交流，在多次接触中增加了对作者性格、能力和气质的了解，一般而言，作者心理特征常常与作品风格有着密切联系，应该成为美术编辑参考信息的一部分。同时，文字编辑通常也会征求作者对出版物设计的意见，这些意见也必须为美术编辑所知晓。因此，无论是从“责任编辑”的角度，还是从出版物“助产士”的角度，文字编辑都应主动加强与美术编辑的沟通，取得美术编辑的理解，当然他们更希望美术编辑能将自己的这种良好愿望转化成设计动力，为出版物绘制一帧美观的封面。

2. 决定出版物的外观形态

决定出版物外观形态的任务在部分出版部门是由专职的技术编辑担任的。但较多的出版部门不设技术编辑，出版物内文版式编排交由责任编辑兼管。于是形成美术编辑只负责封面设计，而开本、装订形式等都由文字编辑决定的现象。决定开本大小及是平装还是精装需考虑多方面的问题，如出版物的内容性质、读者对象、时代特征、作者写作风格、现有印制条件、图书成本核算等。上述任何一种因素都会对书籍开本产生影响，因此，文字编辑的这部分工作也需要综合分析后再作决定。在较多的出版部门，多数责任编辑忙于对出版物符号的加工设计，没有多少精力去研究版式编排，对不同开本的版心大小，不同字体、字号的特点、性能以及对它们的选择与应用，行距的疏密，书眉的宽窄，各级标题字的科学配置，注释位置的编排，天头地脚的留位以及版权页、目录页的设计等都缺乏应有的科学认识。有些设计千篇一律，显得十分单调、呆板，有些设计没有根据内容需要，过多滥用不同字体字号。出版物的形体是编辑艺术的外在表现，对于读者选购产生重要影响，但它不应是作者地位高低的标志，那种认为大作家就应用大开本的看法绝不应成为编辑决定开本的依据。

3. 明确装帧设计所要表达的内容

出版物的装帧设计是一个复杂的创作思维过程，文字编辑可以恰如其分地提出设计要求，并对封面所要表达的内容向美编提出明确建议。往往文字编辑和美术编辑在工作中易产生矛盾，其根源就是沟通不好，文字编辑没有直截了当地发表自己的观点，等美术编辑样稿设计了一个又一个时，文字编辑还是不满意，美编亦会指责其不懂艺术。这时往往也会出现另一种情况，文编与美编谁都不吭声，但不吭声并不等于彼此接受了，而是互不买账。解决问题最有效的方式即是相互开诚布公地交流，文字编辑主动介绍自己审读时的感受，明确建议装帧设计所要表达的内容，美术编辑主动征求文字编辑意见、了解文字编辑想法，以设计出最佳校样。

4. 理解美编、尊重美编、选择美编

一般文字编辑都希望有选择美编的可能。大致有以下三个方面的理由：有可能因为长时期的合作，文字编辑已对美编的艺术创作风格有了较多的了解，因而点名设计；也可能已熟知某位美术编辑擅长表达某类出版物，感觉由其设计更为稳妥；还或许是文字编辑想突破固定某一美编设计风格的局限，希望创作出更有新意、更有个性的作品来。

美术编辑之于出版部分有其独特的职能，正确认识其地位和作用，不仅有助于增强美术编辑自身的使命感，而且有助于整个出版工作的兴旺发达。美术编辑的设计水平高低有别，即使是同一位美术编辑，每次设计的效果也不尽相同。文字编辑应对美术编辑的艺术处理手段与方法给予充分的理解。另外，各个美术编辑对不同题材和风格的出版物采取的表现手法也并不一致，所以不应以某一出版物的装帧设计效果作为衡量其他出版物装帧的标准。应该允许美术编辑大胆设计，标新立异，反复实践，尊重美术编辑对于色彩、造型、构图、线条等装帧元素的处理意见，尊重艺术创作规律，尊重美术编辑对封面材料、工艺的选择权。目前市场上主打装帧设计类的工作室非常多，这些工作室风格多变，速度惊人，日益成为文字编辑比较青睐的设计团体。

二、美术编辑在装帧设计中的主导作用

审美修养是一种对客观事物具有审美感觉的综合素质。在装帧设计活动中，美术编辑是审美主体。美术编辑一般毕业于艺术院校，或者在自学的基础上形成了较强的审美鉴赏能力与审美实践能力，能够比未经过艺术训练者更深刻地理解作品的艺术价值，因此，具有较好的审美修养。

1. 采用适合出版物内容、风格的表现手法

美术编辑在装帧设计中起主导作用。选取与出版物相协调的表现手法与诸多因素有关：如出版物内容性质偏向严肃性时装帧设计也宜端庄大方；作品写作风格典雅抒情，装帧也宜淡妆淑静；读者对象是天真活泼的少年儿童时，可以考虑五彩动画与拟人什物。通常文字编辑只知应该这么做，但如何转化成具体的表现形式却只有依靠美术编辑，美术编辑在明确的设计思想指导下，选择适当的造型、色彩、线条、装饰材料以及字体字号等表现手法，赋予出版物外观形态。如《中国古典园林艺术》一书，将书籍的外形和结构运用传统装帧设计形式，配上精美的龙纹织锦和金色文字，产生出古典、素雅而稳重的效果。全书内容分为皇家苑囿和文人园林两大部分，皇家苑囿是古代帝王玩耍游乐的地方，设计风格和视觉上着重富丽堂皇的皇家气派；而文人园林是古色古香的中国式木结构楼阁、古朴别致的门窗、盘根错节的古树、蜿蜒曲折的小桥流水，等等，总体设计风格与视觉效果有别于皇家苑囿，更多地表现典雅、古朴的感觉。

2. 选取制版材料

实现构思与选取的制版材料有着密切的联系。确定装帧形式和材料时，要根据选题报告中提出的、经总编审核的出版条件来设计。总编通常是综合了该出版物的内容、作者、印数、社会及经济效益等多种因素之后所作的统筹安排。美术编辑比文字编辑更懂得选取何种材料才能达到装帧设计效果。由于受成本和印刷条件的限制，我们的印刷品与国外先进水平相比仍有不小差距。如果设备工艺落后，即使美术编辑有美好创意也往往徒劳无果。有些漂亮的设计稿和很精细的制版稿，其印制品却是套印不准、色彩偏离的粗劣之作。

3. 进行新颖独特艺术手法的大胆探索

美术编辑的构思和灵感多来源于艰难地探索之后，跳出原有思路进行创造才会不断提高设计水平，进而提高出版物的装帧设计质量。如果只是在旧框框体制下运转，局限于图片的艺术加工和字体、字号的选择定位，只能作单一的平面处理，就会因雷同而失去新意，失去读者。新颖独特的

艺术手法是对美编个人设计思想与设计技艺的挑战。拓展思路、勇于创造，才会摘取艺术桂冠；领略艺术神韵、不断进取，才能得到读者的青睐。

现代丰富、多元化的生活为设计者提供了广阔的艺术视野，可以在读者高品位、高趣味的审美水平基础上进行大胆创新，全方位地诠释、表现出版物特质的设计；可以有别于国内大部分出版物装帧设计所采用的欧美、日本模式，展现出别具一格的面貌。美术编辑独到的见解，新奇的表现手法，可以呈现出多样化的设计风格。加强对印刷工艺流程、制作工艺流程以及各种材质表现效果的了解，使不同类型的出版物气质通过画面、材质、肌理以及工艺包装处理等流露出质感，也可以反映出与传统全然不同的设计思想，从视觉、嗅觉、听觉、味觉上不断地激活读者的感官欲望，使作品从内到外显现出别具一格的分量，凸显出强烈的时代文化感。如全国第五届书籍装帧艺术展上展出的《聊斋志异》一书的封面设计就十分有特色。美术编辑运用材料的对比，空间虚实的处理，产生出虚幻朦胧的感觉，体现了一种现实与超现实的有机结合；绒质的手感，虚实迷离的视觉效果，蓝幽幽的色彩与《聊斋志异》虚化的字体效果，产生了一种怪异的感觉。该作品引起专家与读者的极大关注和好评。

三、当代书籍装帧设计的主要特点

1. 时代性

艺术是时代的产物，它忠实地反映着一个时代的美与丑，理想与追求，永远随着时代的脉搏在跳动。中华人民共和国成立以后的书籍装帧艺术进入一个崭新的历史阶段，受到社会变革的巨大影响，每一个时期的出版物都反映出时代的特色。特别是当代各种通信方式和技艺的进步，书籍装帧设计与过去相比，跟时代的结合更加紧密。它往往能更加迅速更加直接地反映时代的声音，而不再需要太多的时间去渗透。努力地在装帧设计中把握时代精神，已经成为当代中国装帧家艺术追求的大趋向，也是时代赋予书籍装帧艺术家的使命。

作品对时代精神的驾驭，集中体现在创意的时代感、设计手段的时代感、装帧材料的时代感、印制工艺的时代感四个方面。在现实生活中，人们总是把能体现前进的时代精神的艺术形式看成是美的，人们从时代的进步中观照到了自身的本质力量。不同时代的人会有不同时代的审美观，书籍装帧艺术既能反映时代美感，又能引导和提高人们的审美情趣。

无论20世纪50年代庄重严肃的表现手法、火热的革命激情，60年代的“百家争鸣百花齐放”，其后“一片红色的海洋”，还是改革开放以后对美的追求，对“书卷气”的讨论，对电脑技术的应用，这些书籍装帧的相关潮流都是时代的产儿，也是时代的代表。这种与时代紧密相连的特点，也正反映出了文化艺术的传承功能。

2. 独立性

书籍装帧设计的独立性第一体现在装帧设计作为一种专门职业的形成，并且有了明确的专业分工和完善的队伍建设。在原来各个书局、书店、出版社的美术人员的基础上，一批从解放区来的美术干部和美术学院的毕业生充实到出版社，初步建立了中华人民共和国的装帧设计队伍，还在中央工艺美术学院开办了“书籍装帧专业”。各个出版社分别成立了美术编辑室、美术组或设计室，负责完成出版社内的书籍装帧设计任务，实行了社长、总编领导下配合文字编辑完成书籍装帧设计任务的体制。发展到后来，随着社会分工的细化，出版社中将编辑分为文字编辑和美术编辑，书籍装帧的任务被交给了美编。而后，随着工作室的增多，很多出版社从经济效益和办事效率出发，将书籍装帧设计任务交给工作室去做。这些工作室的工作人员很多曾经是出版社的美编，他们以书籍装帧为业。比较有影响的比如“吕敬人设计工作室”“红卫工作室”“蒋宏工作室”等。

书籍装帧的独立性第二表现在它已经被公认是一个独立的艺术门类，具有与任何其他艺术门类不同的特征。著名文化人冯骥才说：“一个装帧家绝不只是为书包装，他们从事的是一种独立的艺术。”具体表现在：艺术媒质与其他艺术不同，是以供人们阅读的书籍为载体的艺术；呈现出不同于其他艺术门类的审美方式；它的艺术性从属于它的功能性。1984年，丘陵先生的《书籍装帧艺术简史》正式出版了。它不仅填补了中国装帧史论的空白，而且标志着装帧艺术作为一门独立的艺术学科，确立了学术地位。

独立性的第三个表现在于，装帧艺术形式与文字作品是互相对立、互相制约的。书籍装帧设计是一个从属性的艺术，但在当代的发展中，这种传统观念被重新审视。从哲学的观点看，艺术的形式有两种，一种是与内容紧密相关的本质的内在形式，例如书稿的文体、情节、结构、语言等；另一种是和内容没有直接关系的、非本质的外在形式。装帧设计属于后者，它具有相对的独立性，一个成功的装帧设计作品，也是一件反映设计家思想和情感的独立的艺术品。正因为如此，以全国书籍装帧艺术展为龙头的一系列专门针对书籍装帧作品的展览和评奖活动才会越来越多，很多书评作者也将目光投向了对书籍装帧设计的评论，甚至还有讨论，要将设计者的装帧作品以著作权法或者商标法的形式予以法律上的保证。这些都是对书籍装帧拥有独立地位的肯定。

3. 科学性

今天迅猛发展的科学技术，已经渗透到各种艺术领域中来。以装帧设计而言，无论是专业属性、设计手段还是研究方式，都强烈地表现出科学性。

首先，装帧设计属于工艺美术的范畴，它不可能像一般的美术作品那样仅仅凭借艺术家的表现手法，可以任由情感进行天马行空的发挥，而不用太过于在意结构章法，它的设计必须遵循一定的工艺流程，还要受制于相应的工艺条件。这些规律和条件都是科学发展的产物。装帧设计本身就是一门科学。

其次，从设计手段看，科学技术已成为现代设计的雄厚物质基础，好的装帧设计作品越来越多地利用了各种科技手段。如摄影处理、网点放大、底纹拼接、电脑绘画、技术拼图等。特别是电脑技术的大量运用，使得各式各样的构图，千姿百态的形象，绚丽斑斓的色彩，都可以在计算机的屏幕中映现。关于版式的设计，也不再是单纯凭感觉，而是对天头、地脚、订口、切口、字距、行距的空白部分等都做了科学而明确的数字说明。

最后，研究方式的科学性。中国传统文化的一大缺陷是重经验而轻理论。在中国古代，对装帧设计的理论研究几乎是空白，中华人民共和国成立以前也是少之又少，直接导致了近现代我国装帧技术的落后。中华人民共和国成立以后，我国的装帧理论研究才真正受到重视。研究的人员从少到多，研究的成果从零散、偶然向系统化、规律化发展，研究的内容从对实践的总结到对实践的指导。

4. 广告性

出版界有句流行的话："读者买书，一看名，二看皮，三看内容。"可见封面设计在图书销售中的广告作用是很大的。现在的出版社大多实行企业制度，自负盈亏，其经济效益与书籍销售形势好坏有密切关系。所以书籍装帧的广告功能受到了空前的重视，装帧设计作品也就具备了一定的商业功能。这与我国古代传统的"重农轻商"和现代片面强调"文化性"的思想相比是一个特色也是一个进步。

广告性所包含的是提供商品信息、反映产品性质，以引起购买欲望。据《华尔街日报》的一个调查，进入书店的读者注视封面的平均时间只有区区的8秒钟。如今的出版业年出书品种已达二十多万种，在浩如烟海的书堆中，以封面为主的书籍装帧设计是最先入读者法眼的，正如有人说："当拿着一册封面装帧设计精美的书，总让人联想到里面的内容是丰富的，对你就产生了一种诱惑"。事实证明，那些形式感强烈，装帧精美，而书名清晰的设计是受读者欢迎的。

从出版工作重点来说，现在许多出版社都把选题与装帧看成是提升现代出版业竞争力的两大突破口，把装帧设计提到企业管理的战略高度上来，以期在市场竞争中立于不败之地。尤其是一些实力雄厚、在图书市场竞争上占得先机的名牌出版社，他们的图书不仅在选题和内在质量上具有优势，在图书装帧上也独具匠心。

中国青年出版社胡守文提出"两半球"理论，文编与美编齐头并进，共求圆满。董秀玉女士在香港"三联书店"工作期间，把得力的美编带到香港，她认为许多图书推向市场、推向海外，卖点往往就在装帧。当装帧成为出版社发展战略中重要一环的时候，内部外部的各种资源和力量就会被充分调动起来。这些出版社图书装帧设计精到，印制精致，往往采用上乘乃至特殊的加工工艺，他们的装帧在发展中也占得了先机。他们要求的装帧设计不只是表现书的内容，还要求能在最短的时间内吸引读者眼球，最大限度地发挥其宣传功能。对于出版企业而言，这种形式的广告不仅是免费的，而且还能提高书籍的品质，为书籍赢得更大的议价空间。当然，过分地强调书籍装帧设计的广告性也带来了一些负面效应。比如装帧设计目的功利化、装帧设计思想浮躁、装帧的民族性淡漠等。

曹辛之先生说："要写文章表彰苦求书卷气与民族个性的书与画，让读者接受。批评一些虽有才气却追求豪华而不顾读者负担，以烦琐纤弱为美的人；批评单纯模仿日本工艺，港台市民趣味，滥用美女照片的庸俗之作。"曹辛之先生一生设计的多为普通平装本，讲究画面安排，注重色彩的运用，设计中从不过分追求色彩，而是强调应多带一点"书"气。强调书籍的意境美、装饰美和韵律美，所有这些都要求同民族性、时代性结合，也蕴涵着他对装帧设计形式美的不断求索。时至今日，他所倡导的对于优秀书装理念的彰显以及对中国书装艺术特有之美的身体力行地追求，都值得推崇与借鉴。

第三节 营销宣传

营销宣传在市场经济条件下是编辑的必修课。虽然很多出版企业都有专门的营销部门，但值得注意的是，每个出版企业又同时拥有许多不同种类的图书，图书又恰恰是差异性非常大的商品，出版企业不可能对每一本书都倾注很多资源进行营销宣传，所以编辑应该理所当然成为最关心所编图书命运的人，编辑懂得一些营销宣传的知识，在工作实践中运用各种恰当的营销宣传手段，往往起到事半功倍的效果。

一、营销宣传的意义

1. 有效传播书籍信息

对于普通读者而言，书籍就是一个信息的集合体，其中书名、作者、内容简介、定价、专家推荐和销售状况等都可以对读者的购买决定产生影响。从营销学的观点看，细分市场是非常有价值的，每一本书都有特定的读者对象，营销宣传可以专门针对某书的细分市场，这样传播的书籍信息更加有效。

2. 积极推动图书销售

我国目前年出书二十多万种，任何一本书都非常容易被淹没在茫茫书海之中。营销宣传可以用各种各样的方式和手段，吸引广大读者对某本书的注意，最终达到推动图书销售的目的。事实证明，市场表现良好的书籍都经过了广泛而细致的营销宣传。

3. 提升出版企业形象

市场化竞争条件下，企业形象非常重要，出版企业的形象既可以影响读者的购买行为，又可以影响出版社的知名度和美誉度。一个注重营销宣传的出版社容易给人一种有活力、有实力、负责任的印象，使中间商、读者和媒体都对其有充分的信心，其出版的图书也会更加容易得到他们的信任和支持。

二、畅销书的营销策略

如果仅仅从时尚的角度而言，今天的畅销书毫无疑问可以和服装、流行歌曲一起排上前三甲的位置。与 20 世纪 80 年代以前的“小册子”“手抄本”不同，当下的各类畅销书铺天盖地，唾手可得，其营销策略亦是五花八门，让人目不暇接，只是文化色彩越来越淡，和普通商品的差别越来越小了。尽管从 20 世纪的末期开始对畅销书的批评之声就不绝于耳，说浅薄者不乏其人，说误人子弟者有之，甚至有作家干脆理直气壮地宣称自己从来不读畅销书！褒也罢贬也好，畅销书已经成为一个文化现象文化产业，吸引了上至社会精英下到普通大众的眼光。出版企业对于畅销书更是梦寐以求，因为一本成功畅销书可以为企业带来巨大的经济效益，也可以带来广泛深刻的社会影响。

一本畅销书的产生到底是偶然因素的结果，还是有意为之的产物？这个问题如果放在十几年前或许还值得引起人们的一番思考。可是今天，笔者相信，几乎所有的人都会认定后者为正确的答案。在这个文化生活“快餐化”的时代，没有一本书是生而畅销的，不管是科学读物《时间简史》，还是魔幻小说《哈利 · 波特》，如果没有一批高明的幕后工作者见仁见智地运用一系列的营销策略，恐怕也都难逃“泯然众人”的命运吧。难怪张福海先生会发出感叹：营销策略也是生产力！

就我国目前的出版市场而言，对畅销书的运作还处在一个通往成熟的探索阶段。不过，在这十几年的探索期内，我们取得了许多让人瞩目的成就，甚至有些图书获得了超过百万册的销售佳绩。在总结大量成功的畅销书营销案例的情况下，我们不妨将畅销书的营销策略分为以下几种：

1. 人脉营销策略

在中国自古以来凡是要做成一件事情，人的因素通常都是一个非常特殊的因素。古语云：天时地利人和，“人和”是重中之重。一本畅销书的成功是上到生产者下到销售者甚至消费者通力合作的结果，只有上下一心，才能保证每一个环节的顺利进行。

(1)作者资源

作者是畅销书的最初生产者和内容提供者。目前在我国真正意义上的畅销书作者为数甚少，海岩、王朔、郭敬明等人的书几乎出一本就畅销一本，他们应该算畅销书作者。虽然每次他们的书都能引起争论，甚至被一些相当恶劣的负面新闻纠缠不断。但是，无可否认，有些作者就像某些电影明星一样，不管出来的作品质量如何，叫不叫好在其次，但是总能叫座。

还有一些作者的书虽然也很畅销，但是似乎并不乐于被归结为畅销书作者之列，大部分作者更看重“文学家”的头衔。不管是否心甘情愿，只要他们的书能够畅销，就是出版业在打造畅销书的时候应该关注的对象。

红遍全国的央视节目《百家讲坛》也捧红了许多学者，几乎所有在《百家讲坛》中受到欢迎的演讲者都出书了，与“坛坛都是好酒”相呼应，他们的书也“本本都是畅销书”。以易中天、于丹为代表的一批学术明星也让稍显沉静的超级畅销书市场重新热闹起来。特别是于丹的《于丹〈庄子〉心得》更是以首印百万册的大手笔开创了自2003年以来就没有过的局面，而且上市13天就销售一空！据悉，在每期《百家讲坛》的录制现场外都有很多出版人士耐心等待，演讲者这边的节目刚录完，那边就有很多人等着商量出版事宜。可见谁都明白，找对了作者，就找到了制造畅销书的捷径。

在畅销书宣传中，作者签名售书和演讲已经被广泛使用而且大部分情况下都被证明是一个不错的策略。不论作者是否是名人，也不管是否是演讲专家，只要这个书在市场已经有了一定的知名度，有了比较好的市场状况，同时社店组织合理，这种方式往往都能取得不错的市场效果。从早些年的《穷爸爸富爸爸》系列、《哈佛女孩刘亦婷》到近期的《百家讲坛》系列书都是非常有代表性的范例。

(2)读者资源

畅销书之所以称为“畅销”，原因之一就是有广泛的读者受众。畅销书的选题应该做到取之于读者，用之于读者，很多畅销书的制作灵感都是来自读者的。比如《大众医学》杂志有一个栏目，每期都推荐一个保健处方，采取图文结合的方式，邀请知名的医学人士撰写，很受读者欢迎。有些读者甚至将每期的处方都收集起来，自制成小册子以便收藏查阅。编辑正是看准了这种读者需求，邀请医学家编写了《看图识·治·防百病》一书，内容形式都与《大众医学》非常相似，得到了读者的认可，成为当年度的畅销书。

读者的需求是多种多样的，有时候可以很快被发觉，更多时候是隐性的，需要编辑去挖掘和引导。因此，编辑要特别重视读者工作，多做读者调查，了解读者需要。还可以在宣传的过程中运用读者的力量，让图书在其目标读者受众中引起广泛关注。新一代青春文学男性作家安臣敬一的作品《云上·柠檬香》印制了10万册作为漂流书，免费发放到目标读者范围内，就是为了让更多的目标读者知道这本书和这名由编辑精心打造的新兴作者。

(3)渠道分销商资源

畅销书最终都是靠销量说话的，而销量的最后支持者是普通的终端消费者。从生产制作者到普通消费者之间有一条或长或短或宽或窄的供应链，供应链上的各个节点就是渠道分销商。目前有些经过悉心打造的畅销书在渠道的选择上都非常谨慎，不再迷信所谓的“主渠道”“二渠道”之别，有的还采取了招投标策略，即要求分销商拿出营销策划案来，从中进行选择。很多情况下，由于出版社的人力物力有限，在图书的宣传促销中各个层级的分销商往往能够扮演重要的角色。诸如签名售书、巡回演讲、POP宣传、读书会等活动大多离不开分销商的支持。同时，生产商还可以通过一系列的措施来鼓励分销商，提高分销商的积极性，从而加大图书的销售份额。作家出版社就在与各地书店和图书批销商合作运营畅销书的过程中拿出了部分让利空间，使发行作家版畅销书的各级渠道分销商都能从中获利。这就难怪为什么作家出版社能够在全国建立1000多个作家版图书的特约经销点，从而保证作家版的图书能够在同一时间内投放市场，有效地抵制了盗版，提高了图书的销量，实现产销双赢了。中国出版集团也建立了集团畅销书的专有销售渠道和卖场专架等。

(4)媒体资源

在“注意力经济”时代，媒体资源的作用不可小觑。媒体资源是人脉资源中包含内容最广泛的一种。与各类媒体保持良好的关系，不仅可以起到图书宣传推广的作用，而且可以整合各方面的公关资源，为出版企业的可持续发展提供有力的保证。随着畅销书市场日益走向成熟，说到营销策划，早已不再是早年科利华公司投巨资运作《学习的革命》那么简单的“砸钱”举动了。何况，出版企业的资金本来就有限，不可能每本畅销书都采取重金打造的策略，而且最终的一个重要目的是“赚钱”而非“砸钱”。因此，恰当灵活地利用各种媒体资源，与各方面的媒体搞好关系，对畅销书的运作显得格外重要。

媒体资源最大的特点就在于它的渗透性。它凭借着自己强大的网络可以做到无孔不入，也可以牢牢地把握舆论的方向。现在书业界利用媒体资源的方法有很多种，如召开新闻发布会、进行报刊连载、举办图书评论会、销售跟踪报道等。《霜冷长河》、《哈利·波特》系列书、《狼图腾》等的成功都离不开对媒体资源的有效利用。人民文学出版社在运作《哈利·波特》系列书早期就遭到了很多家长的质疑，害怕读这类书会影响孩子的学习和心理，也担心这样的“舶来品”孩子接受不了。人文社的编辑们针对这种情况，在北京、上海、长沙等地召开了儿童文学专家、文学评论家、教育专家、中学特级教师等出席的《哈利·波特》研讨会，利用专家学者们的权威性说话。每次座谈会都高调邀请各方媒体参与，并通过这些媒体将专家们对该作品高度肯定的意见发表出来，很大程度上打消了家长们的疑虑，促进了这些书的销售成绩更上一层楼。这些媒体在这个过程中起到了正面舆论导向的作用。

还有些畅销书在运作时，采取了“反营销”策略，这样，媒体的作用就更加重要。众所周知，“反营销”并不代表不营销，没有作为，而是“反其道而行之”。比如采用争议法，在媒体上掀起各方面读者关于该书的广泛讨论，甚至将反面的意见也列入其中，吸引读者的眼球；还有的则是“欲擒故纵”，故意向公众隐瞒新书的名字、主要情节和上市时间，形成“期待效应”。

2. 媒介营销策略

与上文的媒体资源相比，现在我们讨论的“媒介营销”更加侧重于研究各种不同的大众传播媒介与畅销书之间的关系。随着科技的发展和普及，目前可以供畅销书选择的媒介种类也非常丰富：报刊广播影视网络都可以是其合作伙伴。除了在不同的媒体上投放广告，畅销书与各类媒体的合作还有多方面的内容。

(1)畅销书与报刊

畅销书与报刊的合作可以贯穿畅销书运作的始终：出版前夕的新闻报道、短讯、专访，吸引读者注意；问世初通过报刊刊发消息、选择性连载和持续性报道让读者产生购买欲望；面市一段时间后，利用报刊这种平面媒体的可保存性和深入性特点给予深度解读。

另外，出版专业报刊的作用也受到越来越多的重视。《中国图书商报》《中国新闻出版报》《中华读书商报》《出版广角》《出版发行研究》《编辑之友》等报刊每期都拿出大量篇幅为出版社做广告宣传，宣传的内容既有出版社本身(领导人访问、企业文化等)也有出版社的相关书目，往往能够达到比在普通的大众媒体上更好的宣传效果。

(2)畅销书与影视

与报刊媒介相比，在声像媒介上做广告似乎不太合算，一是声像媒介一闪而过，不容易给人留下持久的印象供人仔细品味；二是费用昂贵。十年前就有出版社在中央电视台的黄金时间播出广告，投入不少，收效却不大。畅销书一般都是出版社的重点项目，但是能够用于宣传推广的资金仍是十分有限的。不过，十几年的畅销书运作实践，让其在声像媒介之间走出了一条新的、更为行之有效的道路：联姻。

看看如今的畅销书排行榜，从来都少不了与影视同名和名字相似的作品，而且影视的热播还可以让一本本来已经进入平销期甚至滞销期的书重现光彩。《雍正王朝》《钢铁是怎样炼成的》《来来往往》都是如此。聪明的出版人在这样的势头下，果断地“反其道而行之”：看到某些影视很受大众欢迎，就立刻出文字版，甚至干脆直接把剧本搬过来，一样能卖得热火朝天。《英雄》《手机》等作品的畅销都得益于这种方法。《百家讲坛》系列书的成功，让立体作品平面化，也可以认为是与影视合作的结果。

通过专门的电视节目，也往往可以成就一本畅销书。这类节目中最著名的莫过于美国ABC电视台的《读书俱乐部》。它由著名脱口秀节目主持人奥普拉·温芙瑞主持。这档节目的魔力在于它能够将任何书推向畅销书的行列。从1996年开播以来，已经连续促成了几十本畅销书，共销售小说几千万册。目前我国虽然还没有这样的节目和这样有号召力的读书节目主持人，但是通过其他的电视栏目，也能让一本书走上畅销之路，如《联想风云》通过《对话》栏目提高了知名度，就是一个很好的例证。

(3)畅销书与网络

网络作为一个新兴的媒体，在我国普及开来也不过短短几年的时间，但是它以其无远弗届、互动交流等特点迅速地渗入到人们生活的各个领域。综观目前的畅销书市场，我们可以肯定地说，没有一本畅销书的运作可以完全脱离网络，或者说，网络已经在畅销书运作中扮演了一个重要的角色，而且这种重要性还将继续加强。

网络与畅销书合作的方式也是五花八门。有的作者直接将自己的作品放到网上传播，获得了高度关注后，出版商瞄准机会，进行纸制版的操作。从最早的《第一次的亲密接触》到现在遍布畅销书榜的，名如安妮宝贝之类的网络作家们，每部作品都能受到高度的关注。除了直接在网上创作，还有的作者干脆把自己的作品拿到网上，让网友们一起修改。青年作家宁肯就曾将自己20万字的《蒙城之城》放到新浪网上供大家来修改，赚足眼球后，他自己又将作品做了进一步完善，交给了作家出版社出版，为书的畅销打下了良好的群众基础。

在图书的宣传方面，网络更是无孔不入。《哈利·波特》在宣传中就专门建立了专题网站，供全世界的读者在这里了解信息，分享阅读感受，有效地提高了图书的知名度；一些门户网站都纷纷开辟了读书专栏，畅销书出版者们利用这些网站庞大的流量和点击率，或把作品连载其上，或者组织读书会和书评，或者邀请作者到网络直播间与读者进行互动交流……总之，传统媒体能够采用的方式在网络世界里都能够得到再现。

网络还可以帮助畅销书实现销售份额最大化。人民文学出版社在《哈利·波特》的营销策划中，就巧妙地借助互联网平台，在BOOK800图书网站开设《哈利·波特》网页，利用网络有效地促进销售。有些畅销书在进入平销期以后，往往在卖场不能占据有利的位置，对其宣传也处于停顿状态了。所谓“不畅销即滞销”，这些书在书店不易觅得踪影，渐渐被人们遗忘。而今的各大网上书店却能够凭借它们强大的检索功能和备发货能力，延长畅销书的生命周期，让畅销书即使在平销期也能保持一定的销量。

在实际的操作过程中，畅销书的运作者经常根据具体的情况，综合运用各种传播媒介，采取立体宣传策略，取长补短，从而达到最佳的宣传效果。

3. 品牌营销策略

品牌分为广义品牌和狭义品牌。狭义品牌指识别标识，如企业和产品的名称、商标等；广义品牌是企业、产品、个性、标识在顾客心中产生的印象、位置与消费态度。品牌战略中的“品牌”指的是广义的品牌。品牌因其具有的影响力和渗透力，在读者中形成了一定的知名度和美誉度，能让图书的宣传运作起到事半功倍的效果。出版品牌的发掘需要出版者发挥创新的精神，同时，一个好的品牌一旦形成，还需要企业不断地为它注入新的活力，才能起到品牌维护的作用。

(1)品牌挖掘与打造

对于任何一个企业而言，品牌都非生而有之，而是需要企业结合市场情况和自己的资源状况，从中提炼出来的。

品牌的形成会让畅销书产生“集群效应”。中信出版社本来是一个默默无闻的小社，一共就二十几个人，出版的图书也难为业界所知，甚至一度面临被撤销的厄运。然而就在2001年，它却以铺天盖地之势推出了《谁动了我的奶酪》和《杰克·韦尔奇自传》两本书，在相当长的时期内稳居各类畅销书排行榜。特别是前者，更是成了后来者跟进模仿的热门。一时间，街头巷尾，男女老少，无人不知无人不晓“奶酪”打造的流行文化。这两本书奠定了中信出版社经管类图书的品牌形象，让其后推出的该类书籍从一开始就自然得到市场更多的关注。《水煮三国》《长尾理论》《货币战争》等都取得了不错的销售成果。另外，如商务印书馆的“汉译世界学术名著”、湖南科技出版社的“走向未来丛书”，长江文艺出版社的历史小说和名人传记，漓江出版社的“诺贝尔文学奖获奖丛书”，广西师范大学出版社的“大学人文”和“中医文化”丛书等也都是成功的出版品牌，都能在某一领域实现畅销。

品牌的挖掘和打造需要出版人时刻关注市场，深入读者，并且对各类文化现象有敏锐的感知力。如果问，谁是现在对外汉语教学书籍的第一品牌？相信业内人士甚至许多一般读者都会毫不犹豫地说出外语教学与研究出版社的名字。世界“汉语学习热”现象众所周知。外研社作为一个以外语学习类书籍为主要出书方向的出版社，并不必然具有对外汉语教学方面的优势，何况语言类的出版社并非只此一家。它赢就赢在敏锐的市场感知能力，迅速推出一系列对外汉语学习类书籍，取得了市场的“领头羊”地位。它出版的以《汉语900》系列图书为代表的对外汉语学习类书籍已经走出国门，成为世界级的畅销书。茅盾文学奖作为我国长篇小说的最高文学奖项之一，四年评选一次，每次有三至六篇作品胜出。长期以来，这些作品都散见于各家出版社，读者要想一次览其全貌很不容易。人民文学出版社就抓住这个市场机遇，于2005年出版了《茅盾文学奖获奖作品全集》，很受市场欢迎，也与该社一贯在文学出版领域的地位相得益彰。

(2)品牌延伸与扩展

保持品牌活力的最佳方法不是把它放在一个高高在上的地方让人顶礼膜拜，而是不断地对其延伸扩展，不断地让它接受新的市场的考验，赋予它新的活力。

畅销书品牌延伸最直接的办法是借势跟进，开发与主打图书主题相近或相关的图书，形成一个完整的畅销书体系。1993年，春风文艺出版社的编辑安波舜开始策划推出“布老虎”丛书，这是国内第一个真正意义上的文学品牌，也是通俗小说品牌。几年后，针对图书市场的变化和读者阅读心理的改变，春风文艺出版社围绕“布老虎”品牌开发了一系列丛书，如“布老虎”中篇、散文、随笔等，也形成了系列品牌。该社还紧紧盯住青年和少儿图书市场，推出了“布老虎青春文学”“小布老虎丛书”等品牌。2003年1月春风文艺出版社出版了郭敬明的《幻城》，当年就卖出80万册。2003年11月上市的郭敬明另一新作《梦里花落知多少》在短短的2个月就销售了90万册。春风文艺出版社凭借《幻城》《梦里花落知多少》等畅销书的风行，迅速崛起为青春文学类图书的出版新贵，“布老虎青春文学”作为新品牌开始逐渐为大家熟识。春风文艺出版社还推出“小布老虎译丛名著系列”，现在收入这个系列的名著已经有《小人国和大人国》《彼得·潘》等18部，其中《小王子》《伊索寓言》《杨柳风》是中英文对照的，可以满足小读者的多方面阅读需求。此外小布老虎工作室还推出了杨红缨科学童话、小济公传、绿色口袋书等精品图书。这一系列对品牌的延伸和扩展的举措，有力地维护和发扬了"布老虎"这个"不老"的品牌，也让它与畅销书之间的关系越来越亲密。

畅销书品牌的延伸和扩展还可以向不同种类的文化商品迈进，从而形成一个文化产业。这其中最具有代表性的一种方式就是围绕畅销书开发连锁产品。世界图书出版公司对"富爸爸"系列图书进行的营销策划时，就曾邀请中国内地最大的玩具厂商会诊图书选题，并趁图书热销之际先后开发了图书之外的"富爸爸"系列产品，如两套纸板教育玩具、若干多媒体出版物等。不过，与哈利·波特的品牌延伸相比，这些举措都还处于初级阶段。

对于罗琳女士来说，哈利·波特在全球高昂的图书版税只是她收入中一个很小的部分，书籍只是哈利·波特财富链的开端而已。除了书籍以外，哈利·波特的电影在全球同样受到热捧。目前市场上已经出现了哈利·波特万花筒、铅笔盒、飞天扫帚、魔法帽等500多种玩具。到2002年，在美国加州一个特许经营权展会上，有80家公司向时代华纳购买特许经营权，涉及2000多种商品。预计，哈利·波特相关商品最终将超过万种大关。英格兰甚至还在策划哈利·波特旅游业。哈利·波特已经不再是一个小说人物，而成为一个产业，一个价值超过千亿美元的庞大产业。只要这个庞大的产业存在，《哈利·波特》系列书就会持续热销。

4. 整体营销策略

(1)全程营销

畅销书不仅仅是一个数量概念，还是一个时间概念，它要求在短时间内达到最大的销量，否则就与常销书无异了。营销这个环节究竟是何时介入畅销书生产流程的呢？从市场上成功的畅销书运作中，我们不难发现，营销的介入往往在书还未成形甚至作者还未动笔之时就已经开始了。而且这个过程会伴随畅销书销售的始终。

成书前，畅销书编辑就开始了一轮又一轮的"告知"宣传。比如向媒体公布某某知名作家正在写作一部书名保密的书(当然，这个作家要是有广泛群众基础的)；全面报道为了得到某本书的版权，出版社是如何在激烈的竞争中脱颖而出；有的编辑为了让图书更加具备畅销潜质，甚至参与到作者的写作过程，给作者的写作提供指导等。

在上市的时候，除了各种营销手段的综合运用外，时机的选择也尤其重要。《时间简史》就是在作者霍金博士来中国参加国际数学家大会时给予了最为密集的宣传。《谁动了我的奶酪》也是选择了在中国即将加入WTO的关键时刻闪亮登场，将一个非常简单的“舶来”理念与中国的国情相结合，成为很多企业的必读书。

经过一段时间的销售，畅销书往往都会进入平销期，等待着慢慢淡出市场。这时营销者还可以抓住最后的机会，让畅销书焕发“第二青春”。比如选择与影视合作，售卖外文版权，开发相关产品等。

(2)全面营销

我们在畅销书的策划过程中，不断地强调一个观点：内容为王。的确，在各种营销手段都已经被广泛应用的情况下，最终能够支撑畅销书向着健康方向发展的除了好的内容还是好的内容。有畅销潜质的内容是整个畅销书运作中的最关键的一环，不然再高明的营销手段也是徒劳。在内容确定的情况下，产品的外形及各方面细节的配合，也成为一本书能否受到读者欢迎的重要因素。

其一是书名。只要看看目前的畅销书排行榜就会发现，几乎每一种畅销书的书名都很有特点，容易吸引人们的眼球，比如《痛并快乐着》《蛋白质女孩》《悲伤逆流成河》等。畅销书的书名一般都朗朗上口，让人很容易记住。

其二是封面。据统计，读者在书店中停留在每一本图书上的时间只有8秒。对于畅销书的制作者而言，如何让读者在这短短的8秒时里注意到一本书，并且有了解取阅的冲动是至关重要的。畅销书的封面一般都具有很强的视觉冲击力，或者以其独特取胜。《我把青春献给你》一书的封面就用了比较时尚的设计方案，既新奇又大方。《省委书记》一书在出版前高调向全国宣布以高出市场十倍的价格征集封面，此举虽然有炒作之嫌，但封面的作用还是被抬到了相当的高度。该书仅在2002年就销出25万册。

其三是版式设计和安排。好的版式设计和安排给人轻松愉悦的感觉，与大部分畅销书的消闲性质相符合。美国畅销书作家丹·布朗的作品《达·芬奇密码》，虽然篇幅很长，但是每段的字数都在千字左右，这样可以让读者觉得不是太冗长，使读者在阅读的过程中有喘息的机会，也更容易吸引读者一口气读完。知识出版社在打造《第一次的亲密接触》时，在版式方面也可谓煞费苦心：从封面、扉页、目录到正文，完全模仿电脑开机时的感觉，使文字和网络有机地结合起来，正文完全按照作品在网络上的样子来排版。

人民文学出版社出版的英译小说《吸血侠》原名《吸血鬼》，原来一个故事一册书，出了6册，市场上几乎没有什么反应。后来，译者将名字改为《吸血侠》，同时编辑又将三个故事合成一本，一共两本，并且配以《哈利·波特》的开本和纸张，很快就变成了畅销书。可见，除了内容外，形式对畅销书也起着不可忽略的作用。如果我们能够把畅销书的包装从单纯的工序上升到高层次的艺术，相信畅销书会更加受人欢迎。

第七章　编辑思想

第一节　编辑思想的基本问题

编辑思想是编辑观念的集中体现。编辑观念则是人们对编辑工作作为一种社会文化现象和社会文化活动的一般看法和基本观点。具体到每一位编辑的编辑思想，是指它对编辑工作的性质、特点、规律、作用、运作过程以及与作者、读者关系等的一般看法。编辑思想家是对客观现实的认识有独创见解并能自成体系的人。

编辑思想体系是由若干关于编辑工作意识或编辑出版思想构成的一个整体。

一、编辑思想的构成

编辑思想是编辑出版活动反映在人们的意识中经过思维而产生的结果。编辑思想的内容为社会制度的性质和社会物质生活条件所决定。

编辑思想是一种结果，这种结果的来源或者说促成这种结果形成的因素即为结果的构成。来源多方面，构成也就必然呈现出多方面。首先是必须要有编辑生活，或者说必须要有编辑体验；其次是对这种编辑体验进行一系列的编辑思维过程；最后将思维结果付诸编辑实践，经过实践检验而形成较稳定的编辑意识和编辑观念。

1. 编辑生活

所有的编辑思想家都有着丰富的编辑工作实践。只有在编辑实践中发现问题，才可运用编辑思维解决问题。这种体验是编辑人生的一笔宝贵财富。

不同时代的编辑对生活的体验不尽一致，编辑个人对同一种生活表现出的态度也不尽相同，生活的敏感度因人而异，却都有大致相同的一段编辑经历，都会对组稿、审稿、加工稿件、装帧设计、印刷等出版过程有较为全面的了解。只是有编辑生活体验者多，能运用编辑思维解决编辑工作问题、形成鲜明编辑思想者少。在众多编辑中，以编辑思想著称的邹韬奋、叶圣陶等成为一代编辑楷模。

邹韬奋同志是中国著名的政治家、出版家，是中国知识分子走向进步、走向革命的楷模。他从事新闻出版工作近二十年，不仅写了大量文章，而且在编辑、出版、行政管理方面做了大量的工作。出版工作的任何一个环节，从校对、编审、装帧设计、印刷、发行，乃至日常管理，他每一行都精通，是中国新民主主义时期新闻出版事业的模范。在白色恐怖时代，他冒着生命危险大量出版进步文化书刊，在当时编辑家中以“红色”闻名。在抗战时期，他大张旗鼓宣传抗日救国的进步思想。在茫茫黑夜里探求真理的心路历程正是他以后在出版过程中勇于不断创新的思想底蕴。他在长期从事编辑出版事业过程中形成了始终坚持进步的出版方向、为大多数的群众服务、“人有人格，店有店格”、正确处理好“事业性”与“商业性”的关系等编辑出版思想，形成了“坚定”“虚心”“公正”“负责”“刻苦”“耐劳”“服务精神”“同志爱”等多种生活(书店)精神。他把编辑比作“花匠”，要求编辑甘当“无名小卒”，十分确切地揭示了编辑工作的本质。他那牺牲自己、让大众得益的崇高精神境界至今仍放射出熠熠光芒。

叶圣陶先生不仅是我国现代著名的教育家、文学家，同时也是杰出的出版家、编辑家。这种多学科知识及多学科管理经验集一人之身，不仅构成了他丰富人生的重要经历，而且在多学科知识交叉融合中形成了他独具特色的编辑思想。他曾担任过小学、中学和大学的教师，也曾在教育科研机构供职。1923年，又应邀到上海商务印书馆国文部当编辑，1931年再转至开明书店。中华人民共和国成立以后，他出任全国出版总署副署长，主管教科书的编纂出版工作；后来又担任教育部的副部长，仍兼任人民教育出版社社长、总编辑。他在漫长的教育、编辑生涯中形成了实事求是、坚持真理、注重编辑文化素质的提高、一切为了读者等编辑出版思想，成为今天编辑学习的楷模。可以说，没有教育工作的经历，就不会有那么敏锐的语言文字感受力；没有深厚的语言文字功底，就不会有对编辑文化素质的高要求；没有身为编辑的切实感受，就不会形成图书出版中的那份智慧与情感。

巴金先生在步入文坛之前，就参与了《半月》《平民之声》等刊物的编辑工作，1934年他也曾参与郑振铎、靳以主编的《文学季刊》编辑工作，1935年文化生活出版社成立，他主编了《文学丛刊》《译文丛书》《文化生活丛刊》等书籍。抗战爆发后，辗转于广州、桂林、重庆、上海等地的他，筹建了文化生活出版社的桂林分社和成都分社，出版了大量的优秀作品，同时主编了四社联合的《烽火》刊物。中华人民共和国成立以后，上海作协的机关刊物从《文艺月刊》到《上海文学》，他担任了几十年的主编。可以说，编辑工作贯穿了巴金先生的一生，并逐渐形成了他正直磊落、严谨认真、崇尚艺术、推举新人、一心为读者的编辑思想。

综上，编辑思想来源于丰富的编辑工作之观点不言而喻。

2. 编辑思维

思维是人类所特有的一种精神活动，是人脑对客观事物间接、概括的反映。与感觉、知觉所不同的是，思维能反映客观事物的本质属性和内在联系。因此，思维是人的智力的核心部分。编辑思维是在编辑及编辑工作的基础上进行分析、综合、判断、推理等认识活动的过程，它以感性认识为基础，产生于编辑实践。编辑有了思维才能正确认识编辑对象的发展规律。编辑思维决定着编辑活动的层次和质量。支配与维护思维过程正常运行的因素主要有：

(1)知识

在一定的编辑实践基础上所获得的认识及经验的总和，即为编辑思维必须具备的知识。实践中积累的认识及经验越多，越有利于思维过程的正常进行，并保证思维的质量。知识是思维的基础，没有知识无法思维。知识同时也是交流的基础，无知识者不予交流。外界信息真伪、多少、利用价值大小全依赖知识的判断。知识具有积累性，多年所积淀下来的知识可以起到综合化的作用，可以内化为人们的智慧。知识也具有渐进性，不断地学习、交流，可以保证知识更新。一个知识点可以与另一个知识点联结起来，形成知识面或知识体系，最终将化为一种功底、一种素养、一种氛围、一种襟怀、一种生命素质和潜能。知识积累就在于改善和提高自己的知识结构和水平。现代思维科学研究发现，人们对知识信息的认知和把握，并不是孤立地存在的，而是作为一个有机整体储存在人的大脑之中的，一旦有新的、高质量的信息摄入，就会引起整个知识结构的整合和重组，进而改变和提高整体知识结构的质量。编辑正是运用自己的知识体系对编辑实践中所出现的问题进行分析、判断、综合、推理，以保证思维的层次与质量的。

宋明理学的主要代表人物朱熹可说是集作者与编辑于一身的"编著一体化学者"。作为中国历史上著名的思想家、理论家、教育家，朱熹既有读书治学的功底，又有对编辑、校对经验予以总结而形成的编辑思想。是日常积累的知识使他确定编著的基本原则是"添一字不得，减一字不得"，以严谨而闻名。在对待作者作品时，他提出应当有"谦退敬让之心"，"大抵熹之愚意，只是不欲专辄改易前贤文字，稍存谦退敬让之心耳，涉圣贤成书，稍有不惬己意处，便率情奋笔恣行涂改，恐此气象亦自不佳，虽所改尽善，犹启末流轻肆自大弊，况未尽善乎……"①他认为对待圣人之作应以平常心。"他圣人说一字是一字，自家只平着心去称停他。"②"此又是一种功夫，直是要人虚心平气，本文之下……莫问他是何人所说、所尊、所亲、所憎、所恶，一切莫问，而唯本文本意是求，则圣贤之旨得矣。"③可以说，正是朱熹对待古本熟知熟读的知识积累才有他理学的庞大思想体系，正是理学成熟的思想才有他实践中形成的编辑思想精华。

编辑自身不断寻找个人需求与社会需求的结合点，选定各自的发展方向，是做好知识积累的前提，也是强化编辑思维的有效方式。

(2)文化

广义地说，文化是人类物质文明和精神文明的总和；狭义地讲，文化特指人的精神领域，即人的社会观念、意识形态、价值标准的集中表现。文化具有传承性，在一定的生活范围内的人们无论生活还是思想都会受到

---

① 朱熹．晦庵先生朱文公文集：卷30[M]//朱熹．朱子全书(21)．朱杰人，主编．上海：上海古籍出版社，2002：1321.

② 朱熹．朱子语类：卷104[M]//朱熹．朱子全书(14)．朱杰人，主编．上海：上海古籍出版社，2002：3440.

③ 朱熹．晦庵先生朱文公文集：卷48[M]//朱熹．朱子全书(22)．朱杰人，主编．上海：上海古籍出版社，2002：2213.

同一文化的影响，打上同一文化的烙印。不同文化环境下的人对相同的事物会作出不同的价值判断。

编辑工作是一个带有明显文化性质的工作，因而要求编辑必须具有较高文化水平。在处理书稿、判断时尚、领悟潮流中表现出快捷决断能力。编辑的文化内蕴规定着编辑工作质的表现。文化内蕴深者，编辑工作领悟性高，价值判断标准明确，工作目标清晰，工作效率明显区别于文化内蕴浅之编辑，只有提高自身的文化内蕴，才能提高社会文化积累质量，这是时代赋予编辑的重任。

一般情况下，知识与文化水平高的编辑对社会文化建设具有长远规划，具体举措也较得当。知识与文化水平低则目光短浅，注重眼前利益而牺牲长远文化规划，注重蝇头小利而丢失人格、国格。

(3)逻辑

思维的规律即逻辑。编辑思维过程中逻辑的力量占有十分重要的地位。演绎法、归纳法、推理法等都使编辑工作具有明显的客观规律性。逻辑性强或弱对于思维过程中的价值判断速度与力量起着决定性的作用。编辑的逻辑是遵循编辑工作规律的重要组成部分，编辑思维的结果也就是逻辑战胜混乱、有序战胜无序的结果。

对于艺术作品，编辑思维侧重于审美活动。如果说逻辑主要表现为抽象思维的话，审美则重在表现形象思维，它需要从感觉、知觉、表象出发，遵从审美规律，得出符合原理的结论。有人认为对从事形象思维工作的人不需要更多地学习抽象理论。殊不知，一个人应当具备完整的科学思维，是形象思维和抽象思维的高度融合。只有哲学意识成熟才是一个编辑真正的成熟。所以任何一个编辑首先必须培养自己的科学思维品质。

编辑活动是以书刊文稿为客体，自然构成一种思维对思维的逻辑编辑思维模式。这一模式通常情况下并没什么错，但将其绝对化则会造成对思维的束缚，因为局限于此范畴就无法超越原有知识体系产生飞跃式的创见，无法作出正确的鉴定与评价。因此，编辑思维有必要突破这一模式，向着思维对存在的范畴方向发展。即在承认想像与存在的合理性基础上，发表超越时代的一种理论方案的“假说”。这一“假说”可能会使人感觉怪异，或者无法想象，但它是编辑思维中所必需的，它是思维正确性的保证，更是创造性的源泉。

3. 将编辑思维体现于具体的编辑活动，使之合二为一

编辑思维只有落实在具体的编辑过程中才可显示出工作效率，发挥作用，否则，思维只是无源之水、无本之木，永远都是意识的。编辑思维的结果形成一种编辑思想。每一项编辑工作都是在一种编辑思想指导下完成的。编辑思想规定着编辑工作的方向，决定着编辑活动的性质。编辑思想与编辑工作如影随形，相得益彰，在一种编辑活动中可以发现其编辑思想，在一种编辑思想指导下又必然会产生一种编辑工作。不是所有的编辑思想都适合于编辑出版活动，许多编辑思想都是在实践中不断地调整、更正得以完善的。在20世纪30年代抗战爆发之前，赵家璧先生主编的《中国新文学大系》之所以得以出版，很重要的一点就是他已经认识到整理新文学运动成果的必要性，并取得合作者的共识。《中国新文学大系》成为今天人们了解赵家璧先生编辑思想的重要著作。

编辑思维过程中的失误会在具体实践中带来社会与经济效益的损失。一部书稿被某编辑判断欠佳，却被其他编辑看好，并使之成为千古名篇时，人们一般会对失误编辑的知识、文化、逻辑等方面产生怀疑，对编辑思维能力失去信任。

总之，良好的编辑思维能力取决于以下条件：

(1)突破思维的单一定势，向思维多元化方向发展；

(2)形象思维与抽象思维、逻辑思维与非逻辑思维有机结合；

(3)跨越思维对思维的编辑模式，向思维对存在的范畴发展；

(4)调整编辑的知识结构，增强编辑的信息储备。

二、编辑思想品质

编辑工作是一项既有思想又有技术工艺的综合劳动。判断一名编辑是不是具有明确的编辑思想可以从其编辑出版的作品来观察；判断其是不是掌握良好编辑技艺也可取一本经他编辑的书来看。作品是判断编辑优秀与否的最好标准。但是掌握了良好的技术工艺并不一定具有优秀的编辑思想，他或许只是一个“编辑工匠”。但对于整个编辑队伍来说，编辑思想是带领这支队伍获胜之法宝。从理论层面上讲，编辑思想是编辑工作各个方面和环节的一系列见解和观点的集中反映，代表其编辑工作的本质。从操作层

面上讲，整个编辑的运动过程，始终离不开编辑主体意识的指导和制约。其主要品质包括：

1. 科学精神

科学精神是人类在科学实践活动中形成的一种崇高的追求真理的精神，是推动人们正确认识世界和改造世界的精神力量，也是推动科学发展的精神动力，它本质上是唯物的、辩证的、革命的，以求实、求真、奉献、创新为特征。在编辑出版业，编辑所从事的是精神产品的创造活动，通过对个体文化创造的选择、优化等编辑活动，主动地、直接地参与社会文化大厦的建构，是一个光耀千秋的伟业。因此，编辑思想中的科学精神品质极其重要。它并不空虚，而是实实在在地体现于编辑全过程。

(1)坚持实事求是。科学精神的核心是坚持实事求是的原则。在编辑加工稿件时强调以事实为依据，不唯上、不唯权、不唯书，只唯实。尊重事实，反对打着“科学”招牌的伪科学，反对迷信和盲从，敢于质疑。以科学的方法理论为准则，运用科学的逻辑推理来审视、观照作品所包含的理论和观点。这是对读者负责任，更是做编辑的起码要求。

(2)大力提倡创新精神。创新是一个民族的灵魂，失去创新个人将无法发展，国家将失去生机。编辑工作中的创新具体表现在选题的独到、版式的灵活、封面的精美、宣传的出奇制胜等。编辑思想的创新品质是对某种既存文化氛围的突破，对新的文化氛围的营造。如果从文化引导来说，单一的图书品种可以引领文化，成为时代发展的先导，而一类书籍的出版更是强化了编辑意识，给读者的是整体、全面的出版文化概念。这种概念的形成和传播当然(也是必然)首先来自编辑。然而现实工作中出一书领先者多，组成一类书以更强烈的观念领先于他人者少。具有创新品质的编辑敢于打破固有框架，敢于创“天下先”，在与作者的合作中可以超出作者构思、作品主题之外。只要确是创新，作者心存感激，读者亦暗自称赞。具有创新品质的编辑即使自己策划选题也大多善于捕捉有创意的灵感，编排工作思维流畅，处理灵活，各种关系相处融洽。

当年，生活书店正是在邹韬奋编辑思想的影响下呈现出了勃勃生机与创造性活力，洋溢着时代感，出版了《青年自学丛书》《中国的一日》《世界文库》等独领风骚的书籍。《青年自学丛书》不但满足了那个时期众多青年的急切需要，而且真正启发了广大青年的觉悟，使之认识到自己的责任——为民族解放作无私奉献。展示全国总面貌的大型报告文学集《中国的一日》正是生活书店崇尚创新，敢为天下先的真实写照。同样，《全国总书目》首创性地把"五四"以来出版的在版书目编在一起，为读者服务。

现实中一说少儿书热，几百家出版社赶着出少儿；一说《老照片》走红，"老"字号立马横行天下，透着中国出版界创新的先天不足。创新不是因袭，是对固有模式和秩序的突破与重组，是推陈出新。假如大部分编辑具有这种创新品质，重复出版、盲目竞争现象将会得到较大的改观。

(3)坚持真理、自我否定与包容大家的勇气。"海纳百川，有容乃大"，是真理敢于坚持，是自己判断失误勇于否定，是不同的观点可以包容。否定自己需要勇气，包容同样需要勇气。在区别是不同的观点、不同的表述方法还是错误的观点、错误的表述方法之后，编辑处理稿件的方式截然不同，有的需要包容，有的必须改正。标准掌握得当，编辑顺手；掌握不当，处处为难，甚至犯错误。而编辑一般习惯于改而不习惯于包容。对作品如此，对编辑同仁同样需要包容。允许不同的设计思想的存在，允许不同的工作方法同时出现，这是求同存异、追求共同的编辑目标所必需的。无论对编辑个人还是出版事业都应提倡。包容是一种润滑剂，在编辑主体与外部因素碰撞、摩擦中起到协调作用。编辑善于包容需要具备一定的心理素质。例如其思维方法就是多向而非单一，除顺向思维之外还应学会逆向思维、换元思维等。只有在多元的选择范围之内才可进行比较，择优劣汰。

坚持真理还需要敢于怀疑、敢于突破的批判精神。中世纪的欧洲，由于崇尚迷信与盲从，扼杀批判精神，使科学的发展停滞不前。列宁在总结马克思一生创造性贡献时说道，凡是人类所创造的一切，他都用批判的态度加以审查，任何一点也没有过去；凡是人类思想所建树的一切，他都重新想过，批判过，这才写出了《资本论》这部巨著。

五四运动前后，中国不少杰出的人才运用历史唯物主义与辩证唯物主义的观点和现代科学及学科本身发展所提供的新材料、新事实，对旧理论、旧学说进行分析、批判，取得了新文化成就。对前人的理论、学说当成千古不变的绝对真理，只能顶礼膜拜，不容半点怀疑和批判，是缺乏胆识的庸人之见。

坚持真理是难得的品质，自我否定是非凡的气度，包容大家是编辑工作中的一种理性行为，掌握在有明确编辑思想者手中，可起到意想不到的作用。它不是妥协，不是中庸，更不是随波逐流。

2. 能动效率

编辑思想的优秀品质包含能动效率。编辑个体在编辑活动中的能动效率表现为对编辑客体的能动作用以强化编辑功能的能力。一个具备优秀编辑思想品质的编辑可以在处理各种编辑事务时明确自己的主导地位，并将其主体创造性迅速物化到编辑客体中，既善于尊重客观事物(包括原稿)，又能能动地创造出高于或优于原稿的价值。即由被动的"为人作嫁"，走向主动的再发现，真正体现编辑活动的学术价值。能动效率是编辑远见卓识的体现，决定如何修改，加工到什么程度，反映的是编辑快捷的思维反应能力，为编辑行为带来创造生机和活的力量。编辑思想的能动效率品质在策划选题、组稿、审稿、加工稿件等编辑活动中都会体现出来。它有别于一般性的编辑事务，而在编辑事务过程中加进了自己的潜在构思，给读者新鲜的时代气息和别具一格的面貌，从而为编辑出版业创造更大的社会效益和经济效益。

能动效率也体现在工作的计划性上。韬奋先生曾说："无论什么事，无计划最坏，因为无计划便无目标，更无所谓努力前进。"他还说，"我们的出版计划，商定好出多少种类的书，每种类出多少，在多少时间内出完，分做几个阶段出。在一年的计划中尚须分季分月有具体的规定"。有计划还"须有认真的执行与切实的检讨"。① 有思想者才会有切实的、可操作性强的计划，有明确的目标才会有敏捷的行动。这是能动效率的最好诠释。

3. 选择理念

理念是编辑行动的指南，是编辑选择书稿的理论基础和准则，往往决定选择的成败。选择是决定取舍的结果。选择理念是坚定的主观意志下对图书选择的唯一性。价值取向不同的编辑主体，必然会有不同的选择理念，最终体现出完全不同的编辑风格与个性。选择理念是在对编辑客体的全面认识基础上的决定，只有与编辑主体思想意志相一致的客体才有被选择的

① 赵晓恩．生活书店的经营之道和斗争艺术(二)[J]．出版发行研究，1999(9)．

可能，如果将书稿与编辑思想相重叠，重合度越大，被选择的可能性就越大。因为，编辑主体总是力图按照自己的思维模式、价值标准去评价、规范、选择编辑对象，因此，编辑的思想也就必然代表着当时的文化发展方向。如果选择理念无法建立，其原因只可能是两个：一为编辑思想上出现了问题；二为抗干扰能力较弱。

选择需要坚定的意志。优柔寡断、犹豫不决，会失去选择的最佳时机，而最佳时机意味着占领或失去图书市场。这就是编辑思想中的选择理念。

4. 气节观念

在我们的印象中，“气节”一词是很严肃的，关乎民族大义的，甚至有些沉重的一个概念。它很容易让我们想到岳飞、文天祥一类的英雄人物，从而让人热血沸腾，敬仰不已，觉得可望而不可即。《现代汉语词典》2002年增订本对“气节”一词的解释为：“坚持正义，在敌人或压力面前不屈服的品质。”其实，“正义”“敌人”“压力”的概念在不同的时期可以有不同的内涵。具体到编辑的气节，即是指：编辑人员在进行编辑活动或者与编辑有关的活动中，始终坚持正义和真理，克服来自各方面压力和困难的精神品质。

(1)它是编辑人格和品质的最根本体现

编辑工作是一个和思想领域关系十分密切的工作。编辑作品直接作用于人们的思想领域，也能体现编辑的学识和心智。但是，编辑的气节却往往并不能在每一部编辑作品中都体现出来，它是编辑人格和品质的最根本体现，是隐藏在编辑活动之中的一种精神，是编辑思想的一种反映。如果司马迁不是一个刚正不阿的人，在著名的“李陵”事件中，他不会仗义执言，也不会遭受宫刑之辱；同样，他也不会在自己的作品中同情弱者，从而将农民起义领袖陈涉置于和孔子同样的地位。《辞海》是何其大的一项工程，“九·一八”“上海事变”“塘沽协定”这样的词条多一个对于这样一部大型辞典而言，其经济效益和文化价值能有多大影响？应该是微乎其微的。可是，这一多中，多的是舒新城的民族大义和民族气节！编辑首先是一个普通的人，有自己的世界观人生观和价值观，在长期的生活和工作中，他形成了独特的人格和品质。或许，只有在某一个特定的时期，这些人格和品质才能够淋漓尽致地表现出来。

抗战时期，张元济留守“孤岛”上海，以方便照应商务印书馆。“倾巢之下，焉有完卵”，商务的业务自然是停止了，但是张元济的爱国活动不曾停止。他不断地约朋聚友，座谈时事，讨论战局，交换各自所知所闻日寇暴行、我军民浴血抗敌的英雄气概，以及政府抗战的态度等。为了真正有益抗战，经济窘迫的他，将家中银器悉数当尽，兑成现金，送上海市地方协会作捐献前线之用。其实他要改变经济的困窘非常容易，日本文化特务曾经数次登门拜访，都被他拒绝。甚至在他不得已卖字为生的时候，他也绝不允许自己的作品上有汉奸的名号，哪怕这个名号可以让他的字在当时卖出天价。这是张元济人格和品质的体现，是他在民族危难的关头，作为一个有良心的中国人，一个有责任感的编辑家，民族气节的极好体现。

张元济先生在民族矛盾十分深重的时候能够保持他的民族气节，同时，在相对和平的时期，“义利兼顾，有所为有所不为”的原则和宗旨也体现出他作为一个编辑的气节。我国近代的出版社作为完全没有政府补助的企业，自然是要盈利的，否则就无法生存。当时的出版市场上，很多诸如《星期六》之类的低级报刊，经济收入非常可观，可是张元济却坚决不出这类刊物。这种能够在金钱和利益面前保持下来的气节可能对我们今天的编辑更为可贵。

(2)编辑的气节既包括民族的“大气”，也包括编辑的“小节”

从张元济先生的为人和为编事例中，我们可以得出这样的一个结论：编辑的气节不仅应该包括民族的“大气”，还应该注重工作的“小节”。说是“小节”，其实都不是“小”事情，只是与民族大义相比，这种“小节”比较容易被人们忽视，从而给我们的编辑工作带来负面影响。“小节”的内涵十分广泛：

首先，它表现在对文化传承功能的坚守。出版业作为一个文化产业，曾经一度被世人认为是“暴利行业”，其利润(特别是中小学教材)之大，令人咋舌。而教材是什么？对于学生而言，是他们的必读书；对于家长而言，是他们的必买书；对于一个国家而言，这是它未来的建设者们必须掌握的基本知识。不管从哪一个角度去考虑，中小学教材都不应有如此高额的利润。这里有体制政策的问题，也有我们出版人编辑人自己的问题。因为就在“暴利行业”进行得如火如荼的时代，我们又产生了自嘲的“无错不成书”的提法。为什么无错不成书？古人云：“文章千古事，得失寸心知。”古人又云："易字难于造句，改章难于谋篇。"今天还有《出版物质量管理规定》给我们的图书质量下达了量化的指标。从哪一个层面看，我们的编辑都应该为"有错"而感到羞愧。

出现这样的情况，最大的原因就是，在市场经济的影响下，我们的一部分编辑忘记了自己肩负的文化使命，忘记了编辑工作最基本的文化传承的功能，而片面追求利润，在金钱面前迷失了文化的方向。

值得庆幸的是，这种情况毕竟不是我们编辑工作的主流，并且正在逐渐得以改善。新闻出版总署将 2007 年、2011 年定为"出版物质量管理年"，从各个方面督促和鼓励编辑提高出版物的质量。一些高品位的出版社也通过一系列办法来保证那些虽然注定没有经济收益，但是文化价值和学术价值很高的图书出版。这样的行为在高校出版社中尤为常见。

其次，它还表现在对稿件的取舍和修改中。编辑工作是一件幕后工作，是连接作者和读者的桥梁，这项工作有责任有义务将最好的作品呈现在读者的面前以供读者学习参考。而在实际的审稿过程中，"重质不重名"，即只认稿件的质量，而无论作者的名气却不容易做到。一般而言，名作者或是某个学科领域的带头人或者是具有极大市场号召力的旗手，很多编辑对名作者的稿件都是梦寐以求的，因而导致有少数编辑在稿件的取舍上不去认真研究。2006 年，出版界十大关键词之一就是"剽窃"，其中以郭敬明的《梦里花落知多少》一案最为轰动。笔者认为，剽窃行为的普遍，和作者的文化道德缺失固然密不可分，可是，编辑是否也应该为自己的"网开一面"而自责呢？在名作者面前仍然能够做到不卑不亢，严格按照编辑工作的要求来对稿件进行取舍和修改，难道不也是编辑文化气节的一种体现吗？

(3) 只有具备气节的编辑才能帮助成就经典之作，同时也使自己编史留名

如果说"剽窃"尚可以解释为编辑的疏忽和学识的欠缺的话，那么近年来让业内外大跌眼镜的"伪书"事件则完全是少数编辑的故意之举了。读者不会想到，正规的出版社出版，正规渠道发行的图书，居然会是一本"伪书"！而当有关部门把伪书名单公布出来的时候，更是让人倒吸一口凉气：很多书都是风靡一时的超级畅销书！比如《没有任何借口》，据不完全统计，销量两百多万册，这还不包括无孔不入的盗版！这些编辑为什么会心甘情愿地制造这一本本伪书？经济的诱惑是首要因素，同时，编辑也希望通过

这些伪造的作者头衔和神话般的销量吸引更多的业内眼球，制造出很多编辑都梦寐以求的畅销书，为自己的编辑资历添砖加瓦，达到名利双收的目的。殊不知，这样自欺欺人的举动，只能是贻笑大方了。编辑一本真正的好书，“气节”二字绝不可丢，绝不能陷人“名利”的泥潭不可自拔。

美国的金牌编辑珀金斯曾说过：“有两种气质使编辑名满天下。一是对于一本好书能越过缺点看到优点，不管这些缺点如何使人沮丧；二是任凭困难再大，也能不屈不挠地去挖掘该书的潜力。”他发现了许多优秀的新作者，并且把他们培养成一颗颗文坛上耀眼的明星。面对这些自己一手培养起来的名作者，他也丝毫不放过严格的审稿，始终不忘提出自己的意见，并坚持之：海明威的《太阳照样升起》《永别了武器》《丧钟为谁而鸣》都需删改亵渎的语言和情节；菲茨杰拉德的《浪漫的自我》需要重写，把第一人称改为第三人称；沃尔夫的《呵，失去的》要砍掉10万字，还应改书名……当然，他的这些建议都是十分正确的。而正是他这样对真理的坚持，才能出版那么多的传世之作，同时也成就了自己的编辑事业。我国著名学者钱锺书先生的两篇代表作《管锥编》和《谈艺录》都是请周振甫做的责任编辑。周振甫每次都认真对待，并不因为钱锺书的名满中外而有所顾忌，而是对稿件孜孜以求，提出了许多建设性的意见，赢得了钱锺书的友谊和尊重，也让这两部经典的著作更加完美。试想，如果这两位编辑家都对名作者的作品唯唯诺诺，一味逢迎，这些作品还能有今天的辉煌吗？

其实，像这样一些经典的作品，每一部都包含了作者和编者的心血，很难说谁的付出更多一些。而可以肯定的是，这些作品一旦传世，人们记住的只会是作者，编辑很自然地就退居幕后了。有贡献却又不求名，甘居幕后，默默无闻，这不也正是一种气节的体现吗？

编辑的气节，听起来似乎是一个大而空的问题，其实无不体现在编辑的各项活动之中。只不过，在不同的时代背景和历史环境下，它的侧重点会有所不同。不论是编辑的“大气”还是“小节”，都应该被每一位编辑工作者牢记，只有这样，编者才能不负读者之望，奉献出更多的传世精品。

三、编辑思想的发展轨迹

任何一种编辑思想都是长期编辑工作与生活实践经验的高度概括，其形成必定会经历从萌芽到成熟的发展阶段。

1. 现实中的各种矛盾运动促使编辑思想萌芽

编辑思想不是头脑中固有的，也不是自然形成的，它来源于丰富的社会实践，特别是编辑实践。编辑思想不能脱离社会意识形态而存在。作为编辑常常会在不同种类稿件中选择，在一般情况下，选定的客体与出版单位的性质大体相吻合或同出版物性质相一致，但仍不免会有相互发生矛盾的时候。如个人的兴趣、喜好、从小所接受的教育等与最终发表的作品或出版的书籍之间的矛盾；再如社会、时代格局不安定因素影响到正常作品的出版(如在黑色恐怖下发表革命檄文必须讲究策略与艺术)，更常见的是对现有编辑出版物的不满，常设想如果我做编辑会怎么样；等等。总之，个人行文和思考问题的方式基本上奠定了一个人编辑风格的基调，也是促使其编辑思想形成的决定条件。1915 年，毛泽东同志的第一篇文章《体育之研究》在《新青年》上公开发表，那种关心中国命运，强调勇气、力量和尚武精神的救国之道跃然纸上。从此，无论是在战火纷飞的战争年代，还是在社会主义和平时期，无论是亲手创办《湘江评论》，还是对新闻宣传出版工作作指示，他的文字都表现出关注时政、旗帜鲜明、文风泼辣且具有战斗力和说服力的明快特色，他的编辑思想也就在关心现实、追求真理中萌芽。

2. 长期而具体的编辑出版实践形成编辑思想

一种思想的形成乃是实践—思索—再实践—再思索的结果。编辑思想只有在编辑实践过程中才会得到不断充实、完善，直至最终明确落实于出版物中。编辑开始从事编辑工作时，可能仅会产生对这一行表面的粗浅的认识。每一本书的编辑实践都会充实、深化或完善其已有的认识，多次实践便会逐渐由感性认识上升到理性认识，掌握编辑工作规律，形成编辑思想。因此，每一种编辑思想的形成都有自己的特色。一个优秀编辑的成长历程是其编辑思想的最好注释。

1919 年，毛泽东同志积极领导出版了《湘江评论》周刊，自任编辑和主笔，在这四开四版的小报上，初步形成了他宣传革命、人类解放的新思想，杂志锋芒犀利，充分表达了五四运动的文化主旨。继《湘江评论》之后的《新湖南》杂志是毛泽东编辑思想的进一步阐释，其“批评社会、改造思想、介绍学术、讨论问题”的编辑思想引起了更多革命者的关注，自此，这种以活跃思想、以舆论促进社会进步的编辑思想在毛泽东同志以后的出版实践中得到了进一步的发挥。1921 年秋，毛泽东创办了“湖南自修大学”，并出版了他在湖南以宣传马克思主义为目的的《新时代》月刊；1925 年 12 月 5 日，毛泽东同志又担任了《政治周报》的主编。在这一系列亲自创办和主编报刊的过程中，在进步刊物上宣传马克思主义等新闻实践活动中，毛泽东编辑思想基本上形成了自己的体系，并逐步成熟，具备了自己的特色。这当然是与他勇于在实践中提高认识和善于在实践中增长才智分不开的。

3. 编辑思想的发展

编辑思想具有思辨性特征。科学总在其固有轨道上不断地进步与发展，认识科学、反映科学与发展科学都需要思辨性判断。所谓思辨是指经过反思来把握事物的真实性和本质。编辑思想中的思辨性也就是指经过反复认识直至掌握编辑出版及编辑出版作品的本质。

编辑在文化传播中取得的最大效益的基础是准确选择，准确选择的前提是提高哲学素养，用科学的哲学思想作为自己判断文化发展方向及书稿作品价值的基础和依据。一般而言，任何学术作品、研究成果都是理性思维的产物，只有哲学是思维的科学，是关于思维科学的学问，是精神反思的反思。因此，编辑思想的思辨性能够对已有的文化、知识、作品进行反思、再造和重组，对编辑工作中的思维路线、思维方法、价值观念具有导向功能和认识作用，为文化建设方向提供明确的路线。

编辑思想中的思辨哲学还具有明显的超前预测性。编辑主体通过对思辨哲学的理解和把握，将辩证的思维方法内化于自身，就能够实现对自身单一思维结构的重组与优化，增强思维的科学性、合理性、对外来信息的同化适应性和对未知世界的超前预测性，从而极大地提高编辑主体的整体认知能力，引入新思想、新方法、新作品。

编辑思想同时也具有开放性特征。在世界信息激增、知识爆炸、知识更新周期不断缩短和加速的时代里，每一个个体都已然感觉到世界高速变化所带来的挑战，对编辑主体来说，每天生活在一个接受新知识、重组、优化知识，传播知识的环境中，更是对这种变化有着切身感受。因此，无论是谁，无论他知识多么渊博，要想解决编辑过程中所需的分析问题、解决问题的能力，他的思维方式必须是开放性的，并不断地从新知识、新环境中吸取新的营养。倘若一日，真能形成开放性思维的机理则善莫大焉。

编辑所经历的时期不同，思想产生的土壤不同，都会影响或发展其理论体系。新的体系是在过去历程上的总结。从一种观点上升到一个新的高度是一种发展，从一个研究对象进入另一个研究领域也是原有思想的扩展，这种发展说明编辑思想的动态性特征。编辑思想是逐步深化的而不是凝固不变的。

梁启超戊戌九月到日本，十月与横滨商界诸同仁商议办《清议报》。就在创办《清议报》一年的时间里，其编辑思想有了较明显的发展。早期，梁启超与其他维新派一样幻想依靠统治阶级自上而下实现改良政治的主张，以期由“上下相塞”变“上下相通”，“上下不通，故无宣德达情之效，而舞文之吏因缘为奸；内外不通，故无知己知彼之能，而守旧之儒乃鼓其舌”（《论报馆有益于国事》）。此时，“通”代表了他早期办报的思想。但维新失败后，看到顽固势力重掌朝政，又唤起维新派“扶持国体”之心，“是以联合同志共兴《清议报》，为国民之耳目，作维新之喉舌”（《清议报》第100期）。这种由“通”到“开发民智”的编辑思想重心转移是社会现实迫使下的改变。

20世纪初，商务印书馆作为我国近代出版业的先驱提出了“启迪民智、开风气之先”的编辑思想，产生了深刻的社会影响。茅盾先生在接管主办《小说月报》后，全面进行改革，一扫旧风，封存全部旧稿，使该刊伐毛洗髓，面貌焕然一新。《小说月报》1920年第11卷第12号的《本刊特别启事》深刻阐明了茅盾的编辑思想。其最典型的说法是“勉为新文学前途尽提倡鼓吹之一分天职”。既有了这种思想，便自然产生了其思想指导下的编辑实践。在茅盾先生带领下，商务印书馆对《小说月报》进行了改革，使其从旧的形式和内容中解放出来，真正成为宣扬新文学的一面旗帜，其改革的核心成为五四运动期间新文化对旧文化的一场斗争。以茅盾为代表的商务人展现的是一种变革旧体制、与时俱进的编辑思想。如今，商务印书馆已经历了一百年的风风雨雨，其在中国出版史和文化史上的地位难以被他人所取代，也无人敢忽视它的丰功伟业，“商务”人、“商务”精神及“商务”思想已成为一种引领出版时代潮流的一脉相承的体系。

1949年，中华人民共和国成立后，中国革命进入到一个以经济建设为中心，发展生产，改善人民生活的新阶段，毛泽东同志仍然关心报刊、新闻的编辑出版工作，对新闻、报刊的性质作了深刻的剖析：“在阶级消灭以前，不管通讯社或报纸的新闻都有阶级性。资产阶级所说的'新闻自由'是骗人的，完全客观的报道是没有的。"①并对报纸的编排、文风以至组稿都进行了细致的指示。在社会主义建设时期对编辑工作理论的阐述是毛泽东编辑思想的新发展。

综上，编辑思想的形成需要长期的编辑实践积累，编辑实践的深入又会使编辑思想得以丰富与发展。没有思想的编辑固然不会成为一名优秀的编辑，但编辑思想停滞不前，也会阻碍编辑实践取得丰硕成果。编辑思想的发展是编辑活动发展的指导，编辑活动是产生编辑思想的源泉。

第二节　编辑思想的价值取向

当过编辑的人多，具有编辑思想者少。有无编辑思想当然会反映在日常编辑出版言行中，并通过具体的出版物的选题、审稿、加工等表现出编辑思想的价值成就。有的编辑思想光耀千秋，后世的人们读到其编辑的某种作品，就会想起他的编辑思想来。也有的作品的出版在"另类"思想指导下，短短影响过一阵子之后便烟消云散。要想使编辑的作品具有更多的思想性，编辑本身就要有较强的思想性，具有某种特定的思想品质——对作品和出版形成自己的价值取向，也即形成一种出版理念，从而在编辑工作中表现出一种个性化的思想品位与追求。因而，编辑思想的追求不同，其价值取向也就不同。

综观历史，具有长久影响力的编辑思想都具有以下共同特性：

一、注重编辑活动内容和形式的创新

思想是编辑的指针，编辑思想直接决定编辑活动的内容和形式。创新是编辑思想的灵魂。编辑活动既是一种物质文化生产传播活动，也是一种精神文化生产传播活动，二者的本质特征都是创新，精神文化的内容需要创新，物质文化生产传播的方式也需要创新。从古到今，每一时代都有每一时代创新的特点。古人的创意流传至今的数不胜数。以史书为例，我国

① 同新闻出版界代表的谈话[M]//毛泽东新闻工作文选. 北京：新华出版社，1983：191.

现存最早的编年体史书《春秋》、纪传体史书《史记》、断代体史书《汉书》、纪事本末体史书《通鉴纪事本末》等除了在内容上具有超越时代的学术价值和史料价值以外，在体裁上也相继开我国史书编撰的先河。《资治通鉴》作为我国规模最大的编年体史书著称于世；《二十四史》则以我国最大的历史巨著而流传至今。这些均为古人的原创。至“民国”，章回体的《中国历史通俗演义》出现；至现代，《上下五千年》成为史话的原创，即便是《中国通史》，其连环画的形式也都是过去所没有的。无法想象，现代精神文化是古代文化的简单重复；也很难想象，古代社会文化积累的传播方式能够适应现代的需要。

20 世纪初，在中国持续了几千年的封建文化和近百年的半封建、半殖民地文化体系渐次瓦解，新型的民主主义文化逐步建构。在这种特殊的文化转型过程中，《新青年》是最活跃、最优秀的刊物代表，其编辑及其编辑思想不仅在当时，而且至今都留下了不朽的光芒。“科学与民主”是《新青年》的编辑们高高举起的旗帜。在这种思想指引下，刊物对封建腐朽的旧文化进行了一系列目标明确、连续而持久的猛烈抨击。以对“平等、人权之新信仰”等新观念、新道德的大力宣扬来抗衡儒家“三纲”“五常”“忠”“孝”“节”“义”等封建旧观念、旧道德。其主编陈独秀在《新青年》创刊号上发表《敬告青年》一文，响亮地提出当时的中国文化需要“改弦更张”，他说“吾宁忍过去国粹之消亡，而不忍现在及将来之民族不适世界之生存而归消灭”，强调不能为保存旧的“国粹”而牺牲中华民族的未来。他对青年提出了六项希望，即“自主的而非奴隶的”“进步的而非保守的”“进取的而非退隐的”“世界的而非锁国的”“实利的而非虚文的”“科学的而非想象的”，这实际上成了当时《新青年》办刊的主导思想。

《新青年》在批判旧文化、建立新文化的同时，还引进了西方先进的科学文化，在政治、经济、文学、艺术、物理、医学等各个方面，有效地促进了中国新型文化体系的建立：大力提倡白话文并使它成为一场革新运动；促成传统的格律诗向自由体新诗转型；组织翻译西方戏剧进行戏剧改良；开创了现代期刊媒体模式的雏形。《新青年》的编辑思想引导、推动和影响了五四时期整个报刊界乃至图书出版界的编辑们。

以“红色”编辑闻名的邹韬奋先生在白色恐怖时代，冒着生命危险大量出版进步文化书刊。在主编《抗战》时，特别强调要有创造精神，他认为立意创新，避免雷同、重复是编辑应该始终坚持的原则。强调出版物必须要有自己的“个性”和“特色”。他曾说：“最重要的是要有创造的精神。尾巴主义是成功的仇敌。刊物的内容如果只是‘人云亦云’，格式如果只是‘亦步亦趋’，那是刊物的尾巴主义。这种尾巴主义的刊物便无所谓个性或特色；没有个性或特色的刊物，生存已成问题，发展更没有希望了。要造成刊物的个性或特色，非有创造的精神不可。”①

创造精神同时包括形式上的不断革新，经常给人以新颖的感觉，而不是几十年如一日的老面孔。1933 年 7 月，韬奋先生在《生活》周刊上发表了《本刊今后编辑上的改革》一文，文中说道：“本刊向例每遇每年度或每半年开始的一期，在编辑上常有多少改革。”《生活》周刊的“内容并非模仿任何人的，作风和编排也极力‘独出心裁’，不愿模仿别人已有的成例。单张的时候有单张的特殊格式；订本的时候也有订本的特殊格式。往往因为已用的模式被别人模仿得多了，更竭尽心力，想出更新颖的格式来。单张的格式被人模仿得多了，便计划改为订本的格式；订本的格式被人模仿得多了，便计划添加画报，就是画报的格式和编制，也屡有变化。我们每看到一种新刊物，只要看到它的格式样样模仿着别人的，大概就可以知道它的前途了”②。

《中国新文学大系》的策划编辑赵家璧先生曾用“创”和“闯”二字概括他的编辑生涯。所谓“创”即指编辑工作应该是一种“从无到有”的创造性劳动。在某种设想下(类似今天的“策划”)，组织众多作家来编选与写作，使设想变成具有独特面貌的现实。所谓“闯”是指对作家送来的稿件，只要与设想符合就大胆实践。赵家璧先生认识到，积极发挥编辑主体的创造性具有极大的历史和现实意义，也具有重要的理论和实践意义。他试图引导人们进一步思考，作家的创作和编辑的创造在精神生产中具有同等重要的意义。

在出版中，有的选题虽然不是原创型的，但它们在某一方面已突破了已有同类选题的价值，实现了已有同类选题的超越。与原创型相比，虽然不具备首创性，但具备了某一方面的新颖性和先进性。正如模仿并非简单的重复，而是从外界事物中获取启示，然后借用到自己创造的对象中一样；

---

① 钱小柏，雷群明．韬奋与出版[M]．上海：学林出版社，1983(6)：108.
② 钱小柏，雷群明．韬奋与出版[M]．上海：学林出版社，1983(6)：109.

运用联想思维，从读者需要的角度选择新的突破口设计选题，也可达到创新之目的。联想是创造的工具。它以原有事物为根据，或因类似而产生联想，或因相关相异而引发联想，或因因果关系而导致联想，这就是人们所说的“举一反三”“由此及彼”。运用到编辑工作中，可使出版物的内容与形式不断创新，不断发展。

二、不以名家而以质量定稿件取舍标准

考察众多优秀编辑家发现其在决定稿件是否采用时，质量是唯一标准，而绝不以作者是否名家作为选择标准。臧克家先生在他 15 年的编辑刊物及报纸副刊编辑生涯中，与萧乾先生一样，主张对作者一视同仁。臧克家先生从自己的经历和体验中深知，任何作家都不是一生下来就是名人或天才的，选择出版什么人的作品是编辑的权利，但这个权利是社会和人民赋予的，如同社会和人民培养了作家一样，因此，编辑只有勇于担当起选择优秀作家的责任才能满足社会需求。

在常人眼中，名家作品的质量自然高于无名者，但这并非无一例外的规律。臧先生曾说：“名家作品也有粗糙的，无名的作家也有杰出者”；“不能降格以求无名作家的作品，就像不能放手滥用有名作家的稿子一样”。① 这种对稿件质量严格把关、正确处理名家与新人的做法是优秀编辑家的共识。

韬奋先生对于当时社会上某些编辑迷信名家，一些杂志刊物以“名家”的招牌做广告和乱拉“名家”稿件的做法颇不以为然。他说：“现在的杂志界似乎有一种对读者不很有利的现象：新的杂志尽管好像雨后春笋，而作家却仍然只有常常看得到他们大名的这几个。在东一个杂志上你遇见他，在西一个杂志上你也遇见他。甚至有些作家因为对于催稿的人无法拒绝，只有一篇的意思，竟‘改头换面’做着两篇或两篇以上的文章，同时登在几个杂志上。这样的办法，在作家是苦痛，在读者也是莫大的损失，是很可惋惜的。”他还说：“我对于选择文稿，不管是老前辈的，或是幼后辈的，不管是名人的，还是无名英雄的，只需是好的我都竭诚欢迎，不好的我也不顾

① 臧克家．一个理想的实验——四个半月副刊编辑的回味[N]．申报，1947-01-01.

一切地不用，在这方面，我不知什么叫做情面，不知什么叫做恩怨，不知道其他一切。”

萧乾先生也曾经说：出版社如果立功劳簿，我赞成应首先为组到新人稿子的同志立大功，而组到名家的只立小功。这想法肯定与当前出版社主持人的思路背道而驰。然而，我坚信对出版事业作出最大贡献的是那些肯于发现、挖掘、培养新生力量的。

在这种编辑思想指导下，臧克家先生主编的《创造诗丛》推出了12位诗人，均是当时诗坛新秀，在萧乾先生周围，也拥聚着一群年青的作家。韬奋先生对于“无名英雄”十分关怀，他们的来稿，只要符合选稿标准，都优先录用；可以加工修改的，一定帮助修改使之得以发表。

只认质量不认名家的编辑思想直至今日依然有着十分现实的教育指导意义。

三、制定并坚守出版理念

现代编辑思想的价值取向与编辑出版物的文化品位紧紧联系在一起。制定并坚守出版理念不论是对作为整体的出版部门，还是对作为个体的编辑都是十分重要的。

出版理念之一：以编辑流芳百世的精品图书为目标。

编辑的“精品”意识是一种价值意识。它是在编辑出版活动中，以提高图书内在质量为中心，以出版代表社会先进文化、引导社会学术思潮的出版物为目标所表现出的一种自觉的、积极的进取意向，是一种在编辑具体活动实践中逐步形成的自主意识。编辑的这种“精品”意识在编辑主体的意识结构中是最具有能动性的意识。究其缘由，乃是编辑将自身价值同出版物的社会价值有机地结合在一起，在出版“精品”图书的过程中，也实现了编辑的最大价值，换句话说，编辑自我的潜意识追求可以通过所出版的作品外化、具体化。作品编辑得越完美，编辑的意识越明显。从中也就不难理解这些编辑为何会为实现出版物的社会价值而竭尽全力地寻找最佳途径。

“精品”与平庸相对，是一个物质层次的标志。在出版物中，它代表着社会效益与经济效益的统一，代表着雅俗共赏，代表着出版方向。精品出版物，不仅是一个社会生产力水平、科技水平、文化艺术水平发展的标志，而且还是这个社会物质文明、精神文明、人的素质的象征。能够称为精品的出版物一定以它独特的个性、鲜明的时代性、富有魅力的表现力为大多数读者所喜爱，较全面而充分地满足读者对象的需要。精品出版物浓缩了当代最新思想文化成果，恰到好处地体现了当代文化发展的品质。

由编辑的“精品”意识到精品作品的形成是一个主观见之于客观的过程，必须依靠编辑的辛勤劳动。安波舜曾说“一个好的编辑能包装一部作品，一个更好的编辑能包装一名作家，一个最好的编辑能包装一种思想”。当编辑以出版精品为己任时，他就会主动传播先进文化，确立现代出版意识，科学生动地宣传、倡导和推广一切先进的思想观念与科学精神，并使之作为坚持不懈的追求，从选题、组稿、审稿、编辑加工、装帧设计和校对全程中全面地突出“精品”含义，制订实施“精品”方案，达到预期价值目标。

出版理念之二：获取尽可能大的经济效益。

现代编辑的出版理念还有一项重要内容即是在保证社会效益的前提下，追求经济效益的最大化、最优化。

保证社会效益强调了出版物的精神产品属性。出版物的精神产品属性即是出版物的精神内涵的本质表现，它在出版物构成中居于首要地位。失去精神内涵，出版物就失去了它赖以生存的根基。而这种精神内涵在当代社会中认定它是一种激励、昂扬、正直、奋进的主旋律，在社会生活中具有导向作用。它具有强烈的意识形态性，是先进文化的组成部分，党性鲜明，政治敏感度高。但它并不是束之高阁的陈列品，也不是“越贫穷越光荣”的“穷棒子精神”。它还是一种以货币进行交换的商品。精神内涵的主旋律一旦成熟，尽最大可能地创造市场就成为出版部门的头等大事。遵循商品市场规律，从产品包装、发行时机、宣传策略、服务手段等方面创造条件，使之在最佳时机以最经济的成本赢得最大利润。在保证社会效益的前提下，追求经济效益的最大化、最优化。“双赢”是创造出来的，而并非制造出来的神话。社会主义市场经济体制下的出版业，既具有社会主义文化特质又具有新体制下的市场化品格。

出版理念之三：创造出版品牌，形成出版特色。

从整体的出版部门来说，出版理念可以决定图书结构和品牌形象。出版特色与品牌意识是近年来出版社竭力追求的目标。出版社常常从本部门的优势出发，在地域特色、历史积累上做文章，或制订长远发展计划，或成系列打规模战。长而久之，形成独特出版领域与品牌，他人、他社因为编辑力量及出版资源的不足无法与之竞争。坚持一种理念而获取成功的范例极多，且不仅中国如此，外国也一样。天津百花文艺出版社在20世纪80年代末90年代初推出“百花散文书系”，其出版社并不具有散文文化出版优势，但坚守理念，在“人冷我热”的思想指导下，终于创造了可观的社会效应，并走出一条“散文出版基地”之路。德国蒂奈曼出版社从1849年6月1日创立起，就致力于少儿文学读物出版，从不涉及通俗文学。经过30多年坚持不懈的追求，终于成为公认的出版幻想文学作品最为出色的出版社。该社负责人威特布莱希特说：“作为一个出版社，它需要一个相对固定的路线，可能需要15~20年或更长时间的努力，以促成出版社与作者间达成一种默契，建立一种信任关系。”由此说明，坚守一种出版理念，既是一种思想层面上的选择，也是一种市场行为。思想层面上的选择带有坚定的意志力，是毅力与智慧结合的产物；市场行为则是由它的企业经济性质决定的，而既然是经济上的也就必然是成功与失败之间的唯一。

明确出版理念的正确与否最终可以通过实践检验，而保证其正确则必须具有文化的理性、企业家的远见和科学工作者一贯遵循的严格程序。如果在市场和其他短期行为不断干扰诱惑下，它仍具有一种为坚持信仰而付出一切的气概，相信这种被称为理念的东西是必然会带来后天的辉煌的。散文作家、小说家林语堂先生在20世纪30年代里曾经从事过一系列期刊编辑活动，从中体现出独特编辑思想，并由此奠定了他期刊编辑家的地位。在1934年创刊的《人世间》里他开宗明义地讲道：“本刊宗旨在提倡小品文笔调，即娓语式笔调，亦曰个人笔调，闲适笔调……而范围却非如古之所谓小品。要点在扩充此娓语笔调之用途，使谈情说理叙事纪实皆足以当之。其目标仍是使人‘开卷有益，掩卷有味’八个大字。”编辑理念的成熟奠定了他出版物系列成功的基础，成功的经验又反过来强化、验证了他的编辑思想和编辑艺术，有着典型的示范意义。

邹韬奋先生在20世纪30年代曾订立了一个“记者信条与公约”，其中心内容是表达新闻事业的敬畏感，一种对事业认真执着、脚踏实地的奉献精神。这种敬畏感的产生，正是基于一种鲜明的出版理念。叶圣陶先生注重对新一代国民素质的教育，他以学者和优秀作家的双重身份介入少儿读物出版，编辑出版了《新少年》《中学生》《文学》等杂志和多种中小学教科书。从他们编辑的作品中可以显露出明确的编辑思想和对理想持之以恒的追求精神。他们的编辑实践不仅产生了优质图书，也在时间的长河中渐渐构成出版的特色与品牌。哪一家出版部门的编辑思想资源最为丰富，哪一家的精品图书也就最多，而如果以商业思想代替编辑思想，就注定只能出平庸图书了。

从编辑个体来说，商业思想不是编辑思想，坚守出版理念是多出原创作品与精品图书的根本保证。编辑思想是一种对作品和出版有自己明确指导思想的价值观，在编辑工作中表现出一种个性化的思想品位和追求。个人魅力与精品图书融为一体，你中有我，我中有你，出版的书籍拥有与编辑等身的价值，出版社成为拥有名编辑、编辑思想资源的宝库。多年之后的读者依然会由长留于世的图书想到编辑，想到出版社，在出版界形成一个具有历史意义的文化层。如果不能坚守正确的编辑思想，就会被市场牵着鼻子走，图书平庸、编辑无味、历史无名。

四、热情真挚的读者服务精神

在中国近、现代出版史上，几乎所有编辑出版思想家都是将读者需要放在第一位的。只有具有这种读者服务精神才会始终将读者需要放在心上，其中尤以邹韬奋先生堪称楷模。韬奋先生的服务精神最突出的表现就是认真回复每一封读者来信。

读者对出版部门的要求在尚未用到网络通信的时代里多是以书信的形式诉之有关部门，能否认真细致地回复每一封信可以看出编辑读者服务意识的强弱。现代的出版部门难得回复读者一信，即使有回复，也多是一张统一印制的纸页，上面用笔在已经设想好的条款上画钩，读者感觉到的是“礼貌”下的冷凉世界。韬奋先生则不然。那时，《生活》每天的读者来信多至几十封，形形色色的都有。第一步，韬奋亲手拆开，区分类别，如不属于编辑部的事，就告诉有关部门解决，并签注意见。有代表性的或特殊性的问题，会在公开信箱里答复，对一般问题，即使是交他人答复，也要按其意旨来办理，生怕别人没能领会意图，事情办得出了差错。而凡被认为是最重要的、关键性的问题，则亲自答复。据他的好友毕云程回忆，“假使有一封读者的来信还没有他自己认为的答复，他就不论在什么地方，什么时候，念念不忘地记在心里，一旦他想出了答复的意思，他又高兴得直跳起来，立刻拿一支笔和一张纸记下来，以便明天交书记起草回信。这样，他方才觉得可以安心地吃饭睡觉”。所以韬奋先生认为最快乐的事即是“收到读者的来信，替读者解决或商讨种种问题。把读者的事看做自己的事，与读者的悲欢离合、酸甜苦辣打成一片”。在韬奋先生的倡导下，他们把所有读者来信都做成卡片，登记读者地址，分类排列，如地址变更，卡片也随之改动，井然有序。

然而，并不是所有的读者来信都是与编辑相关之事，甚至有的读者将看病、请律师、介绍工作、代办购物等事也“委托”给了编辑。每一位编辑的时间都是有限的，在今天的编辑看来，处理读者来信是十分烦琐的事，因为烦琐所以多会不予理睬；但早在60多年前，邹韬奋先生却与他的同事们四处奔忙，乐此不疲，尽自己最大的能力帮助解决，甚至帮不相识的读者买一块布料。与今天有些编辑或许会以“充分的”理由推脱掉所有的额外事相比，韬奋却和他的同事们以诚挚的情意赢得了读者的信任。

历史上所有被称为编辑思想家的共同特点都可作为当代编辑思想的基础。在科学发展、文化创新的21世纪里，继承编辑优良传统，建立现代编辑思想既是社会与时代对编辑的要求，更是编辑不断更新自我、传播先进文化、承载人类文明的历史重任。编辑出版业作为社会主义文化建设和精神文明建设的重要阵地，对人们理想信念的建立、思想境界的提高和科学文化知识的积累都应发挥积极而重要的作用，产生广泛而持久的影响。

第三节　编辑思想的地位与作用

进行相同的编辑活动，有编辑思想者和没有编辑思想者做出的成果大不相同；同样是做编辑职务，有的编辑佳作频出，叫好声不绝于耳，有的则默默无闻，平庸一生。拥有鲜明的编辑思想，不论是对编辑个人，还是对一项具体的编辑行为来说，都是特别重要的。

一、规范编辑道德

规范是一种约定俗成或明文规定的标准或法式，若是看做动词，则添加了一层让人遵守的含义。规范编辑行为是编辑出版部门根据需要制定出规则，对于编辑及其编辑部门成员有一定的约束力，应为编辑所共同遵守。

现代社会所说的道德，是以善恶评估的方式来评价和调节人的行为规范的手段，是人类自我完善的一种社会价值形态，也是人类社会意识形态之一。道德包括主观和客观两方面。客观方面指一定的社会对成员的要求，表现为道德关系、道德理想、道德标准、道德规范等；主观方面指人们的道德实践，包括道德意识、道德信念、道德判断、道德行为和道德品质等。

编辑道德首先是在国家法律、法规规定的范围之内的。法律、法规约束一切人、事物和行为，编辑工作自然在其中。其次，编辑道德也必须遵循党和国家的方针、政策。党和国家的方针、政策是指导编辑工作的适时准则，具体的作品对象不能与之相违背。党和国家的方针、政策是编辑加工工作的政策规范。这两条看似不难但极为重要，关系到出版物的方向性和整体质量，不可有半点含糊。再次，必须遵循国家制定的统一标准。为了规范各项事业，国家不断出台一些行业标准，其中也不乏出版事业的各类国家标准。显然，编辑必须遵循编辑加工工作的行业规范。如《著作权法》《出版管理条例》《图书质量保障体系》等都不可与党的方针、政策相违背，必须在实际工作中一丝不苟地贯彻执行。最后，编辑必须尊重日积月累的良好习惯。因为良好的习惯做法常为大众所接受，或成为约定俗成的规矩，编辑的工作如果与之相左，就会违背常理，脱离大众。日积月累也就成为编辑工作中的习惯规范了。

编辑道德首先是社会对编辑行业行为的规定，也是编辑工作的性质、任务和要求所决定的。优秀出版物的内涵，首先在于它有健康的思想。它集中体现了一个国家、一个民族的时代精神，是一种高品位、高格调、高质量的精神食粮。它对提高全民族素质，构筑良好的文化氛围，促进经济发展和社会全面进步起到了推动作用。优秀出版物的这一内涵，决定了编辑必须以生产、传播和积累社会文化为己任，必须具备强烈的使命感和责任感，必须有崇高的职业道德，其道德必须符合社会文化生产、传播、积累的规律，并受其制约，只有这样，才能把历史的文化积淀和时代的发展成果熔铸成精美的出版物奉献给读者。优秀出版物是编辑健康思想最集中的表现。如果背离这种客观规律，编辑活动必然会被社会谴责为没有道德。

编辑道德具有历史性，其内容和形式受一定的社会物质生活条件制约，形成不同的道德历史类型。如在中国封建社会里，儒家经典至上，任何出版活动都将儒家所推行的一套完整礼仪之风、君主之道的宣传视为得道，而将哪怕是对儒家法则作出丝毫怀疑的作家和作品都毫不留情地打入冷宫。

春秋时孔子将“述而不作”“学而后编”作为编辑道德的首选，是为“非君子不议礼、不制度、不考文”。再如，社会主义时期与资本主义时期的编辑道德标准有着明显区别，所维护和宣传的内容带有明显的时代性。今天，编辑道德的内容又与过去有了鲜明对比，如果不能实事求是、不能反映最先进的文化方向、不能总结最优秀的文化遗产而只唯“利润”至上，编“关系文章”，发“人情稿”，就是不道德的。不道德或道德弱化的编辑，很难想象他会去构思、策划优秀出版物的出版，而事实上，弱化的职业道德也注定了他无法编辑出版有高尚道德情操的精品出版物。只有那些具有高尚道德情操的人才会利用自己的聪明才智，利用有限的资金多为社会编辑出版优秀出版物。

编辑道德既受经济基础制约，又具有相对独立性和能动的反作用。依靠社会舆论、习俗和内心信念的力量，以“应当”如何的方式调节编辑自身的行为。在经济基础制约之下，编辑道德水平会有不同的反映，高尚与低下，崇高与卑微、私利与公正都会从所编辑的出版物中得到一览无余的展示。那种高尚的编辑道德会深入到出版物中，通过出版物在社会上的流传潜入人心；反过来，出版物受到欢迎，又是对编辑道德的充分肯定与高度赞扬，会激励编辑策划加工出更加符合社会需要的作品来。编辑道德对于个人而言，受编辑个体主观思想的影响和制约，与一个人的品行有着密切联系。良好的品行有益于编辑道德朝着社会公众要求的方向发展，使其编辑的出版物在选题、加工、装帧设计等方面更加符合读者的愿望。

编辑道德具有强烈的实践性，以指导编辑行为为目的。道德是意识形态的一种，它只有落实在编辑行为中时才会对社会产生直接的效益。编辑道德当然也体现在编辑的出版物中，每一种出版物都是在编辑道德的指导下完成的。中国改革开放之后，实行了市场经济体制，一些编辑热衷于打“擦边球”，热衷于出关系书、买卖书号，他们的传播活动往往以金钱为轴心，把经济利益凌驾于社会效益之上，这是编辑价值取向的严重扭曲，是编辑道德弱化的集中表现。

道德具有人类的共同性。由于人类在生存和发展中面临着诸多共同的行为调节问题，在不同的道德体系之间，具有某些共通或相一致的方面，依据道德的这种全人类性，可以为编辑道德取得统一的基础，在共同基础上发展的编辑活动与从事的编辑工作会对全人类产生深远影响。

二、形成编辑风格

风格是活动主体在实践中逐步形成的一种特色，编辑风格是编辑在编辑实践中所表现出来的相对成熟、稳定的个性与特色，是编辑思想通过独特的艺术形式展示出来的惯性表现，也是编辑主体在作品中反映出来的基本特色。如：独特的编辑感受与领悟力、理解力，颇有特色的选题策划、别具一格的整合技巧与编排方法，新颖聪慧的版式，等等。

编辑风格可分为广义与狭义两种。广义的编辑风格是指编辑群体在其编辑活动中所显现出来的鲜明而独特的风格，对于形成出版特色起着最直接的作用。这种编辑风格是全体编辑共同努力的结果，因而，它反映出一个出版部门的整体实力与综合素质。狭义的编辑风格是指编辑个体在编辑活动中所表现出来的个性与特色，是一个编辑成熟、成名、成家的重要标志。编辑风格既是一名编辑成熟行为的标志，也是经其编辑的出版物达到较高艺术造诣的标志。它是每一个成名编辑都具备的一种品格。歌德说，风格是"用来表明艺术已经达到和能够达到的最高境界"①。

进入 21 世纪，在出版竞争日益加剧的情况下，编辑风格是关系到出版企业生存发展的重要内在因素，邹韬奋先生曾说：没有个性与特色的刊物，存在已成问题，发展就更没有希望了。一家出版部门的特色不是自然形成的，它是全体编辑人员长期追求、拼搏努力的结果。其中，编辑风格对出版部门或出版企业特色的形成起着直接的积极作用。编辑风格越鲜明，越易于形成出版产品的特性。因此，应大力提倡并鼓励编辑有意识地追求自己的编辑风格，并为编辑风格的形成积极创造条件。

编辑思想最终都以凝结的编辑风格而成熟。编辑思想是编辑出版独立于行业之林的内蕴力，风格是编辑出版的整体特色。图书的特色是其自身所具有的、区别于其他图书包括同类出版物的特定内涵和表现形式，它也是编辑出版宗旨最集中、最鲜明的体现。一家出版部门的特色，也可以说是编辑群体风格的体现，而编辑群体风格又是编辑个体风格的综合表现。编辑在自身的实践活动中，依整体素质的不同而逐渐形成自己的编辑风格，

---

① 歌德．自然的单纯模仿·作风·风格[M]//文学风格论，王元化，译．上海：译文出版社，1982.

这种风格体现在一系列的编辑活动和作品中，体现在出版物的宗旨、读者定位及出版类别上。出版物的特色是由支撑它的各个编辑迥然不同的风格融合交织而成的。这种风格也就是编辑的个性风格。每个编辑都有自己的编辑思想，但绝对不是一个模子里出来的一模一样的产品，正如上帝造人之初并未统一人的个性，并未使人人都穿上与亚当、夏娃同样的服装一样，编辑思想因人而异，体现出编辑本人的业务取向和固有知识积累的鲜明个性特征。

编辑风格的形成有两种情况，一为自发的过程，一为自觉的过程。因为受出版物宗旨及整体风格的制约，编辑个体风格的形成往往有一个比较长的调整与适应阶段。作为编辑，要处理好编辑个体风格与出版物整体风格的关系，在实践中不断探索。

编辑风格有其内在表现与外在表现两种。所谓内在表现是指编辑风格借助于所编辑出版的出版产品内容而体现出来。编辑风格的内在表现主要体现于选题策划、组稿、审稿、加工等编辑过程。它们均能表现出一种倾向性。其中选题策划最能表现编辑风格，是富有编辑主体色彩的文化运作，它更多地体现了编辑在书稿编辑过程中的创造性参与和指导作用，是编辑业务水平的综合体现。所谓编辑风格的外在表现是指通过版式设计而体现出来的编辑个性，这种个性属于形式美的范畴。编辑风格的外在表现体现于版面设计。版面设计中庄重大方、朴实可信者有之；严肃而不呆板、活泼而不花哨者有之；简洁精练，运用种种组版元素，有力而简洁地表现主题者亦有多种。完善的编辑风格，在表现上，应当实现内在与外在的统一，从读者方面看，真正具有影响的还是编辑风格的内在表现，因为它能更深刻、更持久地影响读者。因此，对编辑风格的追求，应侧重于内在表现，否则便是舍本逐末。

编辑风格有如下特点：

1. 独特性

文学家的独特性是苏轼的豪放旷达、李清照的婉约凄恻；歌唱家的独特性是杨洪基的浑厚高亢、张也的婉转清悠。作为编辑的独特性正如“文如其人”“歌如其人”一样，应当使编辑出来的作品即使不标注出版单位的名字，读者也能见其文而知其社。编辑风格有如作者风格，也必须具有唯我如是的特点。不独具特色，就不足以形成编辑风格。风格可以相近、相似，却不可以相同。独特性也就是排他性，是与众不同，独树一帜。齐白石说："学我者生，似我者死"，这话同样适合于编辑。

2. 稳定性

风格是成熟的表现。一个编辑偶然在某一方面出现某一特点，并不等于从总体上就形成了完整的风格，一个出版部门要形成自己的独特风格，也必须保持内容和形式相对稳定的独特性。如果这种独特性时有时无，变化不定，就不会形成自己的特色。稳定性的形成需要编辑有着明确的出版指导思想，有成套的选题计划，有一贯的思想立场和持续的倾向性。即使是同一个主题，也会不断深化，即使是同一个作家的作品，也会在编辑过程中体现不同的表现手法，表现编辑的匠心与再创造力。因此，独特的编辑方针、整体的编辑构思以及步调一致的编辑运作，都是形成稳定、持久编辑风格的必备条件。

3. 多样性

编辑风格具有多样性特点，编辑个性的多种多样，带来编辑风格的丰富多彩。图书的内容不同，读者的定位不同，编辑的方针与意图也有差别，这些都为多样性提供了客观基础。依据编辑对出版物内容与形式的不同选择，形成各具个性与魅力的特点，有的开阔宏大，有的精巧细腻，有的大胆泼辣，有的稳健持重。一个编辑风格再突出，也只是他一人的特点，不能形成繁茂的欣欣向荣的局面；一家出版部门的特色也仅只是一家的风格，不可能有百花齐放的格局，只有鼓励每一个编辑都创造出自己的特色，每一个出版部门都形成自己的格调才会有异彩纷呈的全貌，才可满足各类读者的阅读需求。

4. 协调性

编辑风格是与编辑环境协调的产物。它不是笨拙、固执的"硬"性夺目，而是权衡各种因素后凸显的特色。编辑风格的突出并不是一味地强调而得来的，它是恰到好处"加工"的结果，是日复一日"累积"的成就。其协调是积极有效的，为了给固有的个性创造和谐的生存与发展环境，所有一切都围绕一个目的而努力，使出版内在、外在的环境，使编辑自我与他人的秉性、智慧都达到有效的统一。如此形成的编辑风格长久而充满活力。

第八章　数字时代的编辑

第一节　数字化给出版业带来的影响

进入21世纪，网络通信技术、移动互联技术、大数据及人工智能技术等诸多新技术的发展，极大地改变了信息传播的模式，提高了人们信息获取、知识普及、文化传承和科学交流的效率。数字出版及数字阅读不仅对人们的生活方式和思维方式产生了重要影响，而且也给出版流程和编辑工作带来了深刻的变革，成为出版业创新升级的重要引擎。

数字时代的出版，强调内容生产的数字化、管理流程的数字化、传播载体的数字化和阅读方式的数字化，它既传承了传统出版的特点，又结合了计算机技术的优点，是内容与技术融合而成的一种全新的出版形态。由于省去了印刷、装订、储运等环节，降低了生产成本，缩短了出版周期，而且还增强了互动性和多媒体阅读体验，数字出版已经成为出版业的战略性新兴产业和出版业发展的主要方向。近几年，数字出版发展非常迅猛，产品逐渐丰富，整体收入规模持续增长。2017年，国内数字出版产业整体收入规模突破7000亿元，达到7071.93亿元。其中，互联网期刊收入达20.1亿元，电子书达54亿元，数字报纸(不含手机报)达8.6亿元，博客类应用达77.13亿元，在线音乐达85亿元，网络动漫达178.9亿元，移动出版(移动阅读、移动音乐、移动游戏等)达1796.3亿元，网络游戏达884.9亿元，在线教育达1010亿元，互联网广告达2957亿元。我国数字出版表现出了强劲的发展势头。

一、出版环境变迁

美国营销学家菲利普·科特勒在《营销管理》一书中说，组成企业环境的各种因素可以分成两类：一类是微观环境中的各种力量，如供应商、中间商、竞争对手和顾客等；另一类是宏观环境因素，如人口、经济、物质、技术、政治、法律和社会文化等。只有对环境有一个清晰的认识，并做出正确的判断和评估，企业才能适时应对各种变化，迎接各种机会和挑战。出版业作为一个古老的行业，同样要适应各种环境，抓住新的发展机遇，寻求新的突破。

1. 技术革新对出版业的影响

出版是以内容为核心的产业，但内容的载体和形式无一不受到技术的影响，甚至可以说，技术的发展在很大程度上影响了出版发展的速度和方向。从古老的造纸术、印刷术，到激光照排技术、数码印刷机的应用，再到20世纪后半叶的电子与网络技术，技术对出版行业的促进作用是显而易见的。

在相当长的历史时期内，出版业都是以纸张为载体，为读者提供书、报、刊等出版物。随着技术的革新，出版业开始告别"铅与火"，走向"光与电"，出版物的载体也有了更多的形式。以百科全书为代表的图书开始存储在磁盘、光盘上，以网络文学为代表的图书开始了虚拟形式的传播，以Kindle为代表的电子书阅读器给读者提供了新的选择……这些载体与纸质版相比，具有诸多优势，比如信息储存密度高、信息量巨大、所占物理空间小、检索便捷、多媒体互动、绿色环保等。对出版企业来说，还具有零库存、永无断档和绝版、能实现个性化出版和按需出版等优势。

一方面，技术的发展使编辑工作更加高效，出版形式更加多样。20世纪80年代以后，出版领域的技术变化日新月异。1986年，美国Aldus公司总裁保尔·布雷纳德在发售其页面排版软件Aldus PageMaker时提出了"桌上出版"(Desktop publishing，DTP)的概念。"桌上出版"在当时被认为是出版史上的一个跃进，但今天看来，它只是出版革命的技术萌芽，仅仅是通过电脑等电子手段对报纸、书籍等纸张媒体进行编辑加工，实际上是印前工艺的电子化，最终产物还是纸质出版物，传统出版的本质并未发生改变。到了20世纪末，随着互联网的普及，新兴的网络出版(Network Publishing)成为电子出版的主流。包括前期策划、素材准备、美术设计、程序编制、后期制作和发行销售等在内的出版环节，都可以利用电子计算机技术进行制作处理，使得编辑出版的效率大大提高，其产物也不再局限于纸质媒体，而是以数字形式存储在磁、光、电等存储介质上，并通过计算机或远程通信进行阅读。数字出版（Digital Publishing）则是电子出版的新表述，凡是以统一的二进制代码形式进行信息的存储和传播，就可称为数字出版。数字出版是建立在计算机技术、通信技术、网络技术、存储技术、显示技术等高新技术基础上，将传统出版内容与现代技术手段完美结合的新出版形态。数字出版的出现，极大地改变了信息传播的模式，给人类社会文化生活带来了深刻的影响。随着技术的不断进步，数字出版还会出现更多的新形式，比如手机出版，其特性和优势也会进一步凸显。

另一方面，技术的革新使印刷技术得以飞速发展。说到印刷技术，最早可以追溯到千年前的雕版印刷术，但雕版印刷容易把笔画刻错，怎么办呢？匠人就挖掉那个错误的字，再刻一个新的木块嵌进去，这样就诞生了活字印刷术。德国的古登堡受中国活字印刷的启发，发明了铅字印刷技术，推动了机器大工业化的发展，也促进了现代出版和印刷的发展。从雕版印刷、活字印刷，到被誉为印刷术二次革命的激光照排技术，再到如今的电路印刷、纳米印刷、3D 打印技术，印刷技术正在不断地改进和突破。此外，当按需印刷（Print-on-demand，POD）开始发力，与之配套的技术设备也要加快升级。按需印刷，又称短版印刷、即时印刷、数码印刷，就是将书的内容数字化，然后在高速激光打印机上印制而成。这种数码印刷机不需要出胶片，无须制版，没有库存，省掉了运输、发行等环节，因此成本较低，是传统印刷机的换代产品。基于数码印刷机的按需印刷，真正实现了一本起印、按需定制、远程印刷等功能，不仅为出版企业提供了按照需要数量印刷的技术平台，而且向广大用户敞开了个性化印刷的方便之门。

2. 媒介融合对出版业的影响

关于媒介融合，美国麻省理工学院媒介实验室的尼古拉斯·尼葛洛庞帝早在 1978 年就指出，数字技术将会导致各媒介产业的融合，从而促使以多媒体方式传播信息的新媒介产生。① 随着传播技术的不断革新，媒介融合的内涵和外延有了更进一步的发展。美国马萨诸塞州理工大学的浦尔教授

① 徐丽芳，刘锦宏，丛挺．数字出版概论［M］．北京：电子工业出版社，2013：6.

认为，媒介融合是各种媒介呈现出多功能一体化的趋势。美国新闻学会媒介研究中心主任安德鲁·纳齐森强调，媒介融合应该是各个媒介之间的合作与联盟。到了网络时代，媒介融合已经成为以网络为媒介载体，包含一切与传播有关的媒介要素的融合。媒介融合作为传播领域一场意义深远的革命，正在全方位地影响政治、经济、文化、生活等方方面面。

出版业是一个古老的行业，它经历了印刷媒介的黄金时代，也经历了电子音像出版的媒介转型期，更是在相当长时期内与广播、电视等媒体保持着竞争又互补的关系。产业经济学理论认为，技术创新是产业融合的内在动因。在计算机和网络技术的驱动下，不同行业相互交叉、相互渗透，逐渐融为一体。技术融合使不同媒体之间的界限变得模糊，出版业也无法做到“独善其身”，而是被卷入到多元的新兴产业格局中。

从产业价值链的角度看，媒介融合对出版业的影响主要体现在两个方面。一是媒介融合使传统的出版业置身于一个新的产业链条上。随着媒介融合的发展，出版业的产业边界、产业结构、产业布局等正在发生改变，出版业与电信行业、互联网行业之间的渗透正在加剧，一条新的产业价值链将在多维互动中形成。在这条产业价值链上，不仅有内容提供商，还有技术提供商、平台运营商等相关产业。这表明，内容、技术、渠道、平台和终端都将成为新产业链上的几个关键环节，各环节之间的利益竞争也会愈发激烈。二是媒介融合使传统出版业作为内容提供商的价值正在逐渐弱化。新的媒体环境下，内容提供商已不再局限于传统的出版社和报刊社，而是有更多新媒体、自媒体的加入。对于传统的出版机构来说，确保其内容资源的优势，不仅要在原有的编印发产业链中强化自身的核心地位，而且要利用信息技术将内容产品数字化，在开发内容产品的同时，注重内容资源的整合和数字版权保护，探寻新的内容生产模式和产品增值服务。

一般而言，媒介融合主要包括三个层面。第一层为媒介组织的融合，即不同功能的媒介组织基于传播效果和利益最大化的考虑，或者依靠外部行政力量，形成具有综合功能的大型媒介组织。第二层为媒介内容的融合，包括利用新技术整合新内容，以实现内容的资源共享和个性化推送；也包括利用新平台、新手段推销已有的旧内容，以实现“新瓶装旧酒”的营销效果。第三层为媒介形态的融合，从小视角来说，指的是文字、图片、音频、视频、动画等媒介元素的融合；从大视角来说，指的是书报刊、广播、电视等传统媒体与网络新媒体进行融合，通过复合化的、高效的传播终端提高信息传播的实效。

出版产业与其他产业的融合是大势所趋，也是产业创新发展的必然结果。根据产业融合的类型，我们将出版业的融合分为渗透型融合、延伸型融合、替代型融合和重组型融合四大类。

(1)渗透型融合。渗透型融合主要是指高新技术产业依靠某些技术手段向传统出版业渗透，推动两个产业的融合并逐渐形成新的市场。比如，随着数字阅读的兴起，方正、超星、书生等一些信息技术企业开始向传统出版产业渗透，这种渗透型融合一方面帮助传统出版机构解决了数字化转化的问题，另一方面也推动了电子书、电子期刊、电子报等行业的发展。

(2)延伸型融合。延伸型融合指的是出版产业在确保核心业务的基础上依据用户需求开发新的延伸型产品或提供互补型服务。一般而言，延伸型融合能够给多元化经营的大型出版集团带来创新发展机遇，增强其市场竞争力。比如，亚马逊网上书店在销售电子书的同时也销售 Kindle 电子阅读器，这既解决了电子书格式兼容的问题，也使两种产品的销售相互促进。

(3)替代型融合。替代型融合顾名思义就是用新的产业形态替代传统的产业形态。当技术发展到一定阶段时，某些产品或服务就可能被更新更好的产品或服务所替代。比如，光盘替代了磁盘，MP3 替代了 CD，等等。但是，替代型融合必须保证融合的产品具有相似的功能及特征，而且它们总是因另一些特征而有所不同，这就使得融合后的产品几乎不可能是完全的替代品，就像纸质图书和电子书的关系一样。

(4)重组型融合。重组型融合是指两个或多个关系紧密的产业在技术的驱动下通过重组形成新的产业形态。重组型融合是促进产业升级和提高产业竞争力的重要手段，它既可以发生在不同的产业之间，又可以是同一产业内部不同行业或部门间的融合。在网络技术迅猛发展的今天，重组型融合所产生的新业态往往具有网络化、数字化、智能化等特点。就出版业而言，重组型融合比较容易出现在出版产业链的上下游之间，比如当当、京东的业务重组。

出版产业无论采用哪一种融合类型，都需要在了解自身特点和优势的前提下大胆创新，通过技术支持赋予原有产业新的功能，促进产业结构的调整和产业价值链的升级。

二、读者需求变化

在传统的出版产业链中，出版社是内容的生产者，读者是内容的接受者，两者各处一端，是一种单向的、直线的信息传播模式。而数字时代的信息传播模式已变成一种新型的网状结构，即产业链上的任何一方都可以和其他各方取得直接联系，信息的流动是灵活的、多向的。无论是哪种模式，作为出版产业链上重要一环的读者，都对出版产业的发展起着至关重要的作用。因此，了解读者需求，并满足读者需求，既是出版业的社会文化使命，也是决定出版业未来发展的关键。

新时代的读者，媒体选择更加多样，阅读内容更加丰富，阅读呈现出一种多元化的态势。这种多元化主要表现为媒体多元化、内容多元化、载体多元化和终端多元化等。

媒体多元化指的是受众既可以选择以书报刊为代表的第一媒体，也可以选择以广播为代表的第二媒体，以电视为代表的第三媒体，或者以互联网为代表的第四媒体，以移动网络为代表的第五媒体。在媒体融合的背景下，媒体与媒体之间相互渗透，彼此交融，已无清晰的界限，受众对媒体的选择也不是单一的，而是复杂的、多样的。比方说，同一本书，读者可以阅读其纸质版本，也可以在电脑、手机等屏幕上阅读其电子版本，还可以通过一些应用享受听书的乐趣。

内容多元化主要是指读者阅读的内容已经从传统的文字加图片，扩展为包含文字、图片、声音、视频、动画等在内的多媒体形式。除了图文并茂，如今的读者还追求更丰富的阅读感受，更互动的交流体验。比如，读者在阅读某本书的同时，可以听舒缓的背景音乐，可以观看与图书内容有关的视频，还可以借助 VR/AR 技术使书中的对象动起来，展现 3D 动画效果，甚至还可以与该书的其他读者进行沟通交流。

载体多元化指的是信息内容的存储介质变得更多样了。在纸张发明之前，石头、龟壳、兽骨、布帛等都是文字信息的载体。东汉造纸术之后，纸张成了图书及其他文献资料的主要载体，并一直沿用至今。20 世纪中期，随着计算机技术的发展，磁带、磁盘也开始成为信息的重要载体。世界上最早的电子出版物是 1961 年美国推出的磁带版的《化学题录》，我国第一个电子出版物是 1991 年磁盘版的《国共两党关系通史》。随后，光盘开始登上出版的历史舞台，成为电子音像出版的主流载体。当今，随着网络的日益普及，互联网正逐渐成为信息存储的重要渠道，信息开始以二进制代码的形式存储于虚拟空间，图书的载体也因此从实到虚，从有形变为无形。

终端多元化指的是读者用以阅读的设备或平台可以有多种选择。不仅可以在PC电脑上阅读，还可以用手机、平板、电子阅读器阅读，或者通过电子阅报栏浏览新闻资讯。从目前的阅读趋势来看，移动终端是未来发展的主流。手机、平板和以Kindle为代表的电子阅读器，因为方便携带，所以可以满足用户碎片时间的阅读需求。而且，随着智能手机的普及、5G时代来临，移动终端的优势将进一步凸显。

阅读多元化的背景下，读者需求也呈现出一些新的特点，包括数字阅读日益受到青睐、阅读的主动性和互动性增强、个性化阅读需求逐渐提高等。

据CNNIC第43次《中国互联网络发展状况统计报告》，截至2018年12月，我国网民规模达8.29亿，互联网普及率为59.6%；手机网民规模达8.17亿，全年新增手机网民6433万。网民数量尤其是手机网民数量的增加，说明网络作为一种重要的信息来源，已经逐渐改变了人们传统的阅读方式，读者对网络和手机的依赖程度逐年上升，数字阅读日益发展成为阅读领域的重要组成部分。数字阅读即阅读的数字化，包括阅读内容的数字化和阅读方式的数字化两个方面。近年来，政府对数字阅读给予了充分肯定，陆续出台了一系列政策进行引导，扶持产业向良性发展。根据中国新闻出版研究院历年全国国民阅读调查报告，2014年我国国民的数字阅读接触率与纸质图书阅读率持平，均为58%；2015年以后，数字阅读接触率开始逐年上升，2015年为64%，2016年为68%，2017年为73%，不仅超过了纸质图书阅读率，而且增长态势迅猛。从数字阅读市场规模来看，截至2017年末，国内数字阅读市场规模达到152亿元，比上年提升26.7%。从数字阅读用户规模来看，2016年和2017年连续两年的数字阅读用户增速都在10%以上，并于2017年末首次突破3.8亿。目前，数字阅读正由PC端向移动端转移，受国家政策和阅读方式变革的影响，我国的数字阅读产业会迎来更广阔的发展空间。

在数字阅读的大潮中，由于信息获取更加便捷，阅读内容更加丰富，读者阅读的主动性也随之增强了。相较于以往阅读书籍需要去图书馆或书店，现在，网络信息无处不在，检索查阅方便快捷，读者可以足不出户，随时随地利用自己的碎片时间，用手机等便携设备获取相关知识和信息，阅读的主动性明显增强。此外，读者借助网络可以与作者、出版者进行有效的沟通与交流，及时传递读者需求信息和反馈信息。在网络环境下，读者与读者之间的互动交流愈加频繁，大家可以共同讨论评价一本书，也可以围绕一个主题进行在线交流，还可以在阅读社区里进行社群阅读，阅读的互动性得到明显提高。

随着国民经济和文化水平的不断提升，国民对信息、娱乐、生活的个性化需求越来越高。数字出版及大数据技术的发展，满足读者的个性化阅读需求成为可能。通常情况下，读者由于年龄、职业、文化程度等方面的差异，对图书的具体要求不尽相同，但传统印刷一经确定图书的内容、版式，很难再更改。而如果是数字出版或者按需印刷，读者可以根据自己的需要设计图书的内容、版式、文字的大小，并可以随时改变和更新图书的内容，也就是说，即使是同一本书也可以有不同的面貌。比如，有的读者追求阅读的速度，就可以为其提供纯文字版本；有的读者追求图文并茂的阅读感受，就可以为其提供图文结合的版本。人工智能时代，通过云计算的方式向用户推送个性化的订阅信息，使个性化阅读步入新的台阶。

从长远来看，读者需求决定出版行业的未来发展，出版市场将是一个越来越以需求为中心的市场。因此，了解读者需求的变化，是数字时代的编辑必须面临的一个挑战。

第二节　数字时代的编辑工作

一、数字时代编辑工作的哲学内涵

1. 数字时代的编辑工作是改造客观世界和主观世界的统一体

编辑出版工作是一项十分有意思的事情。生产文化、传播文化、积累文化的使命与文化表达、文化创新、文化引领同聚一体。从主体来说，编辑主体是文化人，编辑工作是文化工作，编辑人及编辑工作反映社会文化是义务、是职责、是使命，反之，是编辑人及编辑工作的失职。从客体来说，春江水暖鸭先知，任何文化动态，无论意识形态领域还是物质、技术、生产领域都会在编辑出版物中反映出来，任何社会文化创新的形式都以编辑工作的实践活动反映出来。因此，编辑出版是社会文化的集中反映，社会文化借助于编辑出版工作突破时空传播开来。二者的关系与先有鸡还是先有蛋的哲学命题类似。

数字时代的编辑工作是知识经济社会的反映。知识经济创造的价值在出版中反映十分突出。一是以知识经济为选题的图书引领了知识经济时代的发展，使知识经济概念及知识经济社会得到认同并在读者中产生极大的影响，引领知识经济的潮头。二是知识经济带来很大的编辑出版价值，直接价值是知识经济选题的图书出版后创造的经济效益，间接价值是在社会上引导了重视知识、热爱知识、学习知识的文化氛围，而热爱知识、学习知识的最便利方法就是学习，就是读书。

数字时代的编辑工作是改造客观世界和主观世界的统一体。客观世界一是指社会，二是指编辑出版的对象。主观世界主要指编辑人，即数字出版时代从事编辑工作的人。改造客观世界和主观世界的统一体即通过编辑人树立正确的世界观、人生观、价值观来改造社会，并在社会变化的同时自我精神境界也得到强化与升华。数字出版时代的社会，承载信息知识的载体材料并非仅为纸张（且纸质的优势正在被弱化），白纸黑字的内容表达方式正在被声、光、电、磁、色彩、动画、影视等所取代，表现出“闻其声、见其形”的功能；数字出版的生产、复制技术见证了“即时印刷即刻获取”的网络速度，“互联网+”让信息知识传播的空间和时间不再成为影响内容时效性的难题。

如果说传统出版时代人们还能够区分清楚编辑、作者、读者的话，数字出版时代则淡化了他们的角色界限，模糊了图书文献、影视传媒、微博微信、网络出版、数字阅读等多种信息知识生产与传播之间的界限。现代人在享受着科技革命、知识经济、社会信息知识生产便利、获取便捷的春风雨露时，也增添了对海量信息取舍、真伪判断、价值利弊的烦恼，唯有培养自身对信息知识的搜集能力、辨别能力方能在铺天盖地地信息海洋里明确方向，为我所用。而编辑出版界自身，生产传播知识、集成优选知识、策划掌控知识并决定其是否进入、如何进入社会传播渠道，靠的是唯物辩证法的观点和方法，靠的是正确的编辑价值观。因而，辨析数字出版时代编辑观、寻求编辑工作的价值与规律、揭示编辑工作本质等必将有助于改变编辑精神状态，更新思维方法，提高编辑创造性劳动的质量，达成目标，并在实践中实现编辑最大的人生价值。

2. 各种矛盾运动是推动数字时代编辑工作发展的动力

数字出版时代编辑工作面临各种矛盾，如无用的、海量的信息与有价值的、有效信息之间的取舍矛盾；无论何人何时编辑产生的质量低劣出版物与打造精品、培养品牌对编辑人员的高素质要求之间的时间效益矛盾；图书品种不断增加、数量越来越多但读者却对诸多书籍、网络出版物并不满意或满意度降低之间的供需矛盾；提倡学术自由、百花齐放、百家争鸣与政治标准第一、严守出版底线、不能出的选题坚决阻止二者之间标准把握的矛盾；一边提倡“文责自负”，一边要求作品必须经过编辑加工，且没有加工过的书不得传播之间责任把控的矛盾等。唯物辩证法认为，任何事物或过程都存在多种矛盾。数字出版时代亦然。但各种矛盾的地位和作用是不平衡的，在事物发展的任何阶段，必有而且只有一种矛盾居于支配的地位，起着规定或影响其他矛盾的作用，这种矛盾就是主要矛盾，其他矛盾就是次要矛盾。数字出版时代的编辑工作需要明确主要矛盾与非主要矛盾，因为解决了主要矛盾，次要矛盾也就容易解决。同时，抓住矛盾的主要方面也有利于解决矛盾，主要矛盾是牛鼻子，牵着牛鼻子方能带动次要矛盾的解决。在数字出版时代编辑工作遇到的所有矛盾中，社会效益与经济效益之间的矛盾就是主要矛盾。

数字出版时代的编辑承担着多方面的压力，当出版社为生存即注重经济效益占主要地位时，编发稿件和网络载文都会降低质量，对低质次品或关系稿放松出版要求，或者缺乏科学性，或者忽视了网络读者的需求，最恶劣的是无原则、无底线，非但不能引领文化，反而制造文化垃圾，污染人们的思想。有些网络写手为了提高点击率，往往主动迎合读者的口味，呈现出粗俗、低俗的文字。如果读者良莠不辨，于社会发展不是促进力量反为阻碍力量，得失倒置是极不合算的。因此，坚持社会效益第一，经济效益第二，并努力使二者达到平衡，促进出版良性发展，是上策。强调并处理好社会效益与经济效益之间的关系是所有矛盾中的主要矛盾，也是矛盾的主要方面，按照辩证唯物主义哲学的观点，抓住主要矛盾，次要矛盾迎刃而解。保证社会效益前提下，还要对编辑工作提要求，注意与读者的互动，尽量满足读者的现实需求，创造更大地经济效益，也是正确的编辑态度。那种不注意扩大再生产，不注重积累、发展的编辑观也是不正确的。编辑哲学非功利特质及其思辨功能可以引导编辑辩证地处理来稿的品位质量与市场效应之间的关系，以文稿的文化品位吸引读者，做到经济效益与经济效益的辩证统一。

矛盾是可以相互转化的。在各种矛盾交织的数字出版中，解决了网络平台的技术问题会遇到内容提供商的文本、图像、语音表达问题，解决了表达问题会遇到用户培养、提高、创新的问题……正是在不断解决一个一个问题的过程中，推动了编辑工作的发展，提高了编辑水平。

3. 数字时代编辑工作的本质属性是数字出版物的选择、加工与创造

一事物的本质属性是该事物区别于它事物的根本标志。编辑工作的本质属性是信息知识的选择、加工与创造。数字出版时代的编辑工作有许多内容与它事物重叠或区别不大，如利用数字平台、数字技术、网络技术、多媒体技术从事出版物的生产加工，它与电子公司、网络公司、科技开发公司中的部分内容几乎完全相同，但区别于它们的根本是出版物内容的要求，即信息知识的选择、加工与创造工作。这是任何电子公司、数字平台、网络公司、科技开发公司都难以做到、且不会对出版物内容有相当的敏感度、高要求，不会有专业性的工作。

对出版物内容的选择、加工与创造无论在“慢文字”的传统出版时代还在“即时出版”的数字出版时代都是编辑工作的本质属性，后者具有更鲜明的时代特色。

出版内容的选择具有社会性，即必须选择与社会标准相一致、相适应的内容，表现为选题应满足社会需求，社会需要什么方面的内容即策划什么选题。选题可以引领社会，走在社会前头。但如果有与社会文化不相容的选题或稿件则必须履行“把关人”“守门人”职责，即使其可能产生非常好的经济效益。编辑加工也是编辑特有的工作环节，是编辑对出版物内容和形式所做的修改完善，并使其符合出版齐、清、定完备的要求。数字出版时代借用互联网、数字平台人人都可发表作品，但达到出版要求的只有经编辑加工后的文稿——主题更突出、结构更合理、层次更清晰。编辑工作

的创造性是选择的主动性与用心的设计加工方法二者的结合。创造性能充分凸显数字出版时代编辑工作的特性。如，能否通过网状的、互联的、结构化的知识架构，将各知识点关联起来，通过知识链开发新的知识领域，为知识更新服务。能否将图文、声音有效地融合在一起，将虚拟的网络与现实信息服务结合起来；能否通过互联网、移动设备、终端阅读器、广播电视网等多种渠道将信息知识传播开来并产生更大的效益；能否将内容上的数字化创新与数字出版产业经营管理结合起来，处理好与网络平台、广告商的关系……

综上，数字时代编辑工作的本质特征既有与传统出版相同的属性，又有着数字出版鲜明的时代特色，明白于此，有助于寻找数字出版规律，了解数字出版发展中的必然联系，掌握数字出版编辑工作的本质属性以更好地满足社会、满足读者对信息知识服务的要求。

二、数字时代编辑工作的意义

数字出版时代，通过计算机、信息技术和互联网的紧密结合，编辑工作将信息知识作为出版的内容，经营着记载、选择、传播、更新人类已有知识，优化、组合、促进、创造新的信息知识的职能，充分显示出文化积累传播的功能。虽然数字时代给各行各业的人都提供了网络技术、数字技术、多媒体技术著“书”立说的便利条件，但只有职业编辑，才会在策划选题、组稿审稿、编辑加工、校对设计及至营销等方面，以专业化的手段从事编辑出版工作，发挥着其他行业无法保证的社会效益和职业化要求的经济效益的作用。编辑工作者生产科学知识的过程呈现出非同寻常的意义。

1. 数字时代的编辑工作是一项凸显先进性的精神产品物化工作

发展的、动态的、辩证的唯物主义哲学观是数字时代编辑工作先进性的最好诠释。数字出版时代的社会信息具有量大庞杂、碎片零乱，瞬息万变的特点，编辑工作的主要内容之一即是处理信息，过滤筛选信息。比如选题策划工作，是辨析、认识若干个知识点，比较它们之间的关联度，最终确定某一个或集合某几个概念、知识点作为选题决策的参考。那么，确定选题的依据是什么？一定是追踪今天科技前沿的多于明日黄花，一定是展现当今时代精神的多于陈旧观念，一定是阐述现时大政方针的多于往日过时春秋业，一定是高尚的、新颖的、大气的、正能量的选题多于陈旧的、酸腐的、颓废的策划。先进性决定编辑工作在选题、选作者、选出版方式上的标准。总之，数字时代的编辑工作先进与落后的博弈就像历史车轮滚滚向前而不可倒退一样。有了这个标准，无论信息多少、规模大小、真伪如何都可以得到处理。

将先进性的精神产品物化为出版物的过程也就是编辑哲学的实践过程。数字出版时代一切理念都要接地气，适合阅读、方便阅读、并被读者乐于接近、喜欢接受的物质形式一定是时代高新技术与出版物特征的最佳结合体。如纸质图书，除了保持与内容性质、风格相统一的综合要求之外，还应该考虑油墨适性、纸张质地、开本大小、造型构图等多方面的精细化的要求；再如网络阅读，界面是否友好？用户是否不需要指导就能自行操作？如何满足下载需求？不同年龄用户对字体字号、光线明暗、色彩饱和度的不同需求如何处理？当电子书从 1.0 版本升级到 3.0 时基本达到了纸本图书时代难以跳跃的高度——读者直接在物化的精神产品上与内容提供商互动。

数字出版时代的编辑工作在具有先进性的精神产品物化过程中也得到了升华，达到了最完美的结合。

2. 数字时代的编辑工作是一项凸显专业性的信息知识优化工作

数字出版时代利用网络、计算机、手机提供了人人发布信息、编辑信息、复制信息的环境与条件，人人都有成为编辑的可能。事实也正是如此，输入、修改、复制、粘贴便可以完成“作者”向“编辑”的过渡。饶有趣味的是，曾经在相当长的一段时间内都不被认可的“编辑学”、都不太了解的“编辑”职业居然在这个数字化时代不知不觉地让众人都变成了非职业的“网络编辑”。如此，还需要专业性的、职业化的编辑吗？他们在干什么？他们还能干些什么呢？

数字出版时代应当更加凸显编辑工作的专业性。360 行中没有比编辑更懂编辑出版的职业，也没有比编辑更知晓选题策划、编辑法规、编辑技术、编辑流程的人。网络编辑伴随着信息技术、数字技术、多媒体技术的出现而诞生，是编辑职业中的一种类型，也应履行完整的编辑职能。开放的网络空间带来鱼龙混杂、虚实不分的现状，影响了信息有效性，这些信息被无法辨识的读者使用后，要么是鲜花毒草全盘接受，要么是费时费力多次探究，重复低效，无质量可言。

专业性的编辑明白，正式出版的图书或者即使是非正式出版、仅随手粘贴于网络上的文章也是要讲规矩的，这种“码字”的规矩只有专业的编辑才熟悉。专业性的编辑工作不会将编辑个体喜好替代公众标准，不会不作选择地盲目推荐，不会将不规范的语言、不统一的图示、不符合标点符号使用标准的代码轻易出手。

形式尚且有规矩，何况内容乎。曾经书籍就是读书人的标准，“看，书上说的”成为孩子们手中的权威。又曾几何时，盗版书猖獗，“无错不成书”让纸质图书失去了做楷模的信心。读书人尽管有许多无奈，但还是将希望寄存于专业性的编辑。数字出版产业中的专业编辑对出版内容有强烈的选择意识、精品意识。这种选择即是信息优化的过程，优化了的信息方可产生精品。故将有效的信息以及从信息中提炼出来的知识在公之于众、进入社会化流通之前经过专业编辑之手是十分有必要的，编辑工作的专业性可以使信息知识得以优化，优化的结果将是从无序变为有序、从庞杂理出精细，从零乱走向规范。

优化有提炼、综合、分解等不同方式，主要在延展广度和挖掘深度两个方面。延展广度依靠知识交叉、信息综合、跨学科联合，挖掘深度意在纵向发展，探索新的未知领域。优化信息知识的方法十分重要，但更重要的是具体优化的人——即编辑必须具备优化知识的科学精神、思维能力及人文素养，即相应的科学知识和哲学思想，掌握科学发展的趋势、了解历史与当代的科学技术、关注现代科学研究的焦点，思考全球面临的环境污染、核技术、能源资源、自然灾害防御等共性问题。

因此，数字出版时代，传统的编辑职能不仅不能消失，反而应该更加强化，正是专业化编辑的加入，更加强调编辑工作的先进性，更加注重知识的合理构架，方才构成了这个时代最活跃、最有生命力的篇章。只有重视并加强编辑的专业性，信息知识的优化工作才有保证，正是在专业性的编辑工作与数字出版技术完美融合的过程中，数字出版物的内容质量才有保障，二者互为条件，互为因果，数字出版环境的良性发展得益于优化了的信息知识，信息知识的生产与传播又离不开数字出版技术。总之，没有专业性的编辑队伍，没有编辑职业岗位上的“把关”与“守望”，不可能有信息知识点与点之间衔接出来的概念体系，不可能有纸质本、影视剧、电子书、网络版、手机阅读的畅销书。

3. 数字时代的编辑工作是一项凸显文化性的两个效益转化工作

文化，是人类物质文明与精神文明的结合体，是人类生存的需要。数字出版时代改变了人们的生活习惯，上网冲浪、手机阅读、游戏娱乐、在线写作等生活方式极为普遍。它既是读者休闲享受生活的一种状态，也是文化生产、文化交流、文化积累的自然现象，是社会文明进程中的一个阶段。

数字出版时代的编辑工作应该更加凸显文化性。进入21世纪，读者已经不满足产品的纯商业性，带有文化烙印的产品更受读者青睐。而理应是文化属性的编辑出版工作如果丧失了本性便将失去安身立命之本。在社会主义初级阶段，需要高尚的灵魂塑造人，需要具备高尚灵魂的编辑组织出版大量有文化的书籍、传媒、影视、动漫作品等去教育影响人，使之在物欲横流的商品社会里能少一些见利忘义之人、之事。有少数编辑忽视了自身的文化性，选择什么书赚钱就出什么，确定书名时觉得怎么吸引读者就叫什么，分明是“少儿不宜”的内容却无视读者对象，品格低下，庸俗粗俗，伦理道德缺失，社会底线无控。如果不能强化编辑工作的文化性，单纯逐利的商业性便会乘虚而入。数字出版时代的编辑工作亦然。

社会是由不同文化层次的读者构成的。编辑工作的文化性要求书籍出版既满足市场又满足读者。满足市场需要并非等同于满足读者需要。市场需要是眼前的、短期的利益，读者需要才是长远的、根本的利益，有文化含量的编辑工作最大的价值不是满足读者，而是引导读者，提高读者，最终的境界是创造读者。数字出版时代的编辑工作同样是社会文化的组成部分，其作品也是编辑自身文化素养的体现。编辑工作的文化性决定了编辑人的文化性，编辑人的文化含量高才能编辑出高质量的文化作品，编辑自身文化含量低，不仅没有编辑好的作品的水平，甚至都不具有欣赏优秀作品的能力。

出版需要追求经济效益，要走出一条富裕之路，但社会效益应是第一位的。二者在一定的条件下会相互转化。辩证地看，社会效益好的出版物会带来相当好的经济效益，经济效益高也并非社会效益不好。二者转化的前提是出版物必须促进社会文化发展，策划的作品是符合社会文化发展需要的选题。如数字出版时代的编辑工作节奏感强，社会信息知识更新频率加快，不加选择地来稿即发，“饥不择时”的窘态一定不会产生优秀的出版物。优秀之作是双效益结合的精品。传统出版时代，好编辑的形象是认认真真地在办公室看稿，数字出版时代则是勤跑市场，瞄准市场，在杂乱的信息中学会取舍、优化、组合，掌握作者资源、渠道资源，满足读者在新信息新知识方面的要求，当选题策划与读者需求一致时，社会效益、经济效益双双丰收。当出版物仅有经济效益却难以向社会效益转化时，内容提供商——编辑方面负主要责任。因而，必须以提高编辑自身的文化修养为主，高水平的文化素质才是出高质量的、双效益的选题的保障。

数字出版技术应为出版物的双效益转化提供途径，因而，编辑必须掌握数字出版技术，并利用技术创造形式新颖、内容精当的作品。经过编辑的社会出版，将人类积累下来的知识转化为数字或文本出版物，最终才能体现编辑的，也是社会的理想信念、行为准则、价值体系。

第三节　数字时代的编辑能力

一、信息传播视角下的编辑能力

编辑出版活动在本质上是一种文化信息传播活动，编辑过程其实就是信息加工与传播的过程。根据信息传播理论，为受众提供可靠的、有价值的信息，满足受众对信息、知识和文化的需求，是传播行为的基本要求和传播目的。一般来说，信息的可靠性与信源的可信性关系密切。霍夫兰等人认为，信源的可信性受两个因素的影响，即传播者的信誉和专业权威性，树立良好的信誉及专业权威性是达到传播效果的前提条件。在出版领域，作者的文稿即信源，“文责自负”虽然是作者对文稿负责的写照，但真正决定读者看什么、以什么方式看的却是编辑。无论是传统媒体还是新兴媒体，编辑环节都是信息选择和价值判断的关键环节，也是提高信源的可信性效果的重要保证。因此，传播学层面的编辑能力主要包括三个方面：一是对信息的选择把关能力；二是对信息的整合加工能力；三是对信息的宣传推广能力。

1. 信息选择把关能力

信息普遍存在于自然界和人类社会，信息可以用来交流，帮助人们消除认识上的不确定性。出版物具有信息传播的功能，对社会的文明进步具有不可替代的作用。从原始信息到出版物信息，中间需要经过一系列选择把关环节，编辑通过对信息进行层层筛选，重重把关，确定出版选题，从而使出版物具备一定的社会传播条件。新媒体时代，信息错综复杂，良莠不齐，编辑必须对各种信息进行严格地筛选把关，以保证传播内容的准确性、科学性和正确的导向。

2. 信息整合加工能力

信息整合能力是编辑对信息进行综合处理的能力，包括信息理解能力、分析能力、组构能力、评价能力等。网络时代，面对海量而杂乱的信息，编辑有责任也有能力对信息内容进行加工整理，将无序变为有序，使其适于出版和传播，这就是通常所说的编辑优化。编辑工作的优化功能不仅能使原始信息从无序到有序，还能让出版物达到最佳的传播效果。对社会文化传播而言，有序是最基本的要求，作者的文稿固然具有一定的有序性，但不一定符合社会制度规范，符合媒体传播宗旨，符合特定受众的需要，这说明文稿在进入传播领域之前必须经过一个提升优化的过程，该过程需要编辑发挥主观能动性，将文稿信息与出版要素结合起来，用专业知识协助作者修改加工，使文稿达到最佳出版状态。

3. 信息宣传推广能力

图书信息从出版者一端移到读者一端需要经过信息传递，图书宣传推广是出版机构借助媒介向读者介绍图书信息的一种方式，目的是扩大图书影响，诱发读者的购买需求。在信息时代，提高编辑的信息宣传推广能力是编辑工作的必然要求，也是编辑适应新环境、提升自身编辑力的重要手段。虽然出版机构大多有专门的营销部门和发行人员，但编辑对所编图书更为熟悉了解，也更能抓住图书的优点和卖点，让图书的营销宣传起到事半功倍的效果。尤其是在网络环境下，除了传统的图书评论、新书预告等常见方式，微博、微信、客户端等也能成为编辑开展图书宣传工作的新阵地。这就要求编辑人员掌握相关的新媒体技术，用互联网思维做好图书的推介工作，主动进行信息收集、整理与发布，利用多渠道获取读者的需求和反馈信息，提高读者服务水平。因此，从信息传播的角度看，新时期的编辑需要掌握一定的信息宣传推广能力。

二、数字出版视角下的编辑能力

数字时代的到来，改变了信息的存储方式和人们的阅读方式，越来越多的人开始接受并喜爱数字化阅读，并对一些数码产品和数字出版物产生不同程度的依赖。这种市场环境和阅读方式的改变，使得出版业必须随之变革，从观念到行动，从流程到管理，从技术到人才，都需要跟上数字时代快速发展的节奏。作为编辑，不仅要满足当下读者的阅读需求，还要把眼光放远一些，为下一代读者——儿童服务。儿童，被称为“数字时代的原住民”，他们一出生就被网络和各种新媒体包围，从小就适应数字化的生存方式。正如意大利资深出版人马竺柯女士所说，“我们现在面对的是新一代的儿童，即所谓的‘多媒体儿童’。”他们不像成年人那样对纸媒怀有或多或少的情感，他们对新媒体的适应力远远超出我们的想象，无论是阅读还是游戏，他们都能够用电子设备轻松应对。

数字图书世界(Digital Book World)科研组织与儿童娱乐与研究咨询机构PlayCollective于2014年公布了一项调研结果。结果显示，在美国2~13岁的儿童中，67%的孩子会使用电子设备进行阅读，相比2013年的54%提高了13个百分点。并且，在阅读电子书的群体中，92%的孩子表示每周至少阅读一本电子书，甚至许多受访者表示每天会阅读一本电子书。该机构主要负责人鲍尔·李维(Paul Levine)指出：“儿童数字阅读市场发展潜力相当雄厚，家长也都发现了数字阅读的重要性，且愿意投资，因此该领域绝对是出版业者应该努力创新并全力投入的新领域。”

既然阅读领域的数字化转型已经拉开帷幕，作为阅读内容的提供者和把关者，编辑必须充分了解当前读者的数字阅读情况，更新观念，提高技能，努力适应数字化的生存环境，在新的时代迎接新的挑战。目前，各大出版社和网络公司纷纷涉足数字出版领域，积极参与新技术的应用，推出了各自有代表性的数字阅读产品。这些产品中，有丰富多彩的电子书，有专为阅读打造的网络空间，也有将线上线下结合起来的多媒体互动产品，还有将AR(增强现实)技术运用于传统纸媒的全新尝试。这些产品无疑都闪烁着技术的光环，但对于内容产业来说，只有先进的技术和炫酷的效果，没有关键的内容和核心的价值，那么这个产品就只能算一个数码产品，而不是一个数字出版产品。因此，无论是传统出版企业的数字化升级，还是新型网络公司的信息化探索，内容资源的筛选、把关、编排等环节都是必不可少的，编辑的地位和作用都是不容小觑的。在出版领域，随着新媒体技术的普及，数字出版的步伐将越迈越大，对编辑的要求也会越来越高。

(1)数字出版需要编辑发挥专业优势

网络时代的读者，拥有更多的信息获取途径和阅读自由，他们只需掌握一定的上网技巧，就能在网上查到几乎任何所需的信息。但即便如此，读者对信息的判断能力和选择能力还是有限的，他们在享受信息丰富的同时，也在经受信息过载的困扰。对读者来说，他们仍然需要专业人员给予专业的帮助，以保证信息利用的有效性和安全性。编辑在信息筛选和内容把关方面有自己的专业优势，这种优势可以延伸到网络数字媒体上，帮助读者在网络环境中选择合适的信息内容，从而逐渐提高读者自身对信息理解、获取和利用的能力。

数字出版给生活带来正面影响的同时，也带来了一些负面影响。由于目前的网络监管还不成熟，网络内容良莠不齐、鱼龙混杂，许多不良信息通过网络这个虚拟、快速的传播渠道，侵扰着广大的读者。如果没有专业人员进行内容审核与把关，那些充满色情、暴力等不良信息的内容一旦出版，就会严重影响读者尤其是青少年的身心健康，甚至使一部分人走上犯罪的道路。数字出版从根本上说也是内容产业的一种，内容的合法、健康、科学等要求也同样适用于数字出版。编辑在开发相关数字出版产品时，应该以文化人的使命感和责任感来加强数字内容的把关。

除了信息筛选和内容把关，数字出版还需要编辑拥有其他方面的一些专业优势，比如在字词句、标点符号、逻辑结构等方面加工的经验。如今，无论是出版企业还是网络公司，都能借助技术合作或技术创新来推出自己的产品。但是在出版市场上，真正优秀的数字产品绝不仅仅是技术上的先进，而是技术与内容的完美融合。以迪士尼的Toy Story系列伴读书为例，小读者在看书的同时，还能听书、看动画、学唱歌、玩游戏等，这些功能的实现并不需要太多技术含量，但是要将这些技术应用在阅读的哪个章节，何时互动，何处涂鸦，这些构想就不是技术人员所擅长的了，而是编辑的强项。编辑在传统纸媒多年的工作经验，正好可以在数字出版新领域派上用场，他们可以帮助技术人员整合内容资源，编排媒体元素，设计版式风格等，让出版的内容价值发挥到最大。

(2)数字出版需要编辑学习掌握新技术

虽然编辑的传统优势可以在数字出版领域发挥独特的作用，但如何将这种优势与技术结合起来，则需要编辑对数字出版的相关技术有一个基本了解。对编辑来说，了解技术是合理运用技术的前提，只有掌握了各种技术的特点，才能决定某个内容创意要用哪种技术手段来呈现，才能有助于出版内容和形式的创新。如果编辑只满足于出版的传统优势，将自己置于数字技术之外，在数字出版过程中就难有发言权，会逐渐丧失自己的主体地位，甚至被数字时代所淘汰。

此外，在数字出版产品开发中，编辑与技术人员不是孤立的两个部分，也不是内容与技术的简单叠加，更不是命令与执行的关系，而是一种彼此了解、相互沟通的协作关系。在协作过程中，由于双方的职业特点不同，在方案决策时难免会有不同意见，解决纷争的最好办法就是增加彼此的“共同语言”。编辑如果学习掌握了相关技术，不会在合作过程中说外行话，或者人云亦云，提高彼此的工作效率和产品的呈现效果。因此，学习掌握新技术不仅是编辑适应数字出版环境的需要，也是编辑建立新型协作关系、提高创新能力的需要。

对于大多数编辑来说，掌握技术并非是为了承担技术责任或成为技术能手，而是需要从宏观层面了解技术发展的特点和趋势，并逐渐拓宽自己的技术视野，明确技术在出版领域的适用范围、基本条件、所需成本等，对技术的可行性做出恰当的分析与判断。

(3)数字出版对编辑能力提出新要求

首先，编辑需要重构编辑思维模式。习惯于纸质图书出版的编辑，思维方式往往比较单一，策划选题时考虑较多的是图书的内容价值和装帧设计，图书是被作为一个完整的不可分割的产品进行设计和销售的，而数字出版则要求图书从平面走向立体，利用相关技术实现内容的分解与重塑，增加内容的表现形式与流通渠道，让优秀的内容资源能多次反复被利用，让不同平台或终端前的读者都能享受到阅读的乐趣。

其次，编辑需要适应编辑工作模式的转变。数字出版环境下，编辑流程和编辑手段开始向数字化、网络化方向发展，从组稿、审稿、加工、校对到发行管理，各个环节都有现代化信息技术的痕迹。编辑应该认识到编辑工作是一个系统工程，某一个环节的数字化，或某一项技术的采用，对于数字出版来说都是不够的，编辑工作模式的转变和数字化编辑模式的构建，不仅是出版企业对复合型编辑人才的要求，也是出版产业内容资源与技术融合的必然要求。

再次，编辑需要提高自身的媒体素养。在全媒体时代，读者已不再满足于单一的图文阅读，融入了音频、视频、动画、游戏等媒体元素的互动电子书正在成为读者的新选择。作为电子书的创造者，编辑需要在了解读者需求的基础上，突破传统的纸质出版范畴，努力提高自身的媒体素养，合理运用多种媒体元素，开发多媒体互动的跨媒体出版，让读者在阅读电子书的同时，还可以语音听书、视频分享、网络交友、在线讨论等，让科技在出版领域大放异彩。

三、人工智能视角下的编辑能力

海德格尔曾说："技术已成为现代人的历史命运。"在出版的历史长河中，任何一种新技术的诞生都会给编辑出版活动带来颠覆性的改变。电脑的出现让编辑实现了桌面出版(Desktop Publishing)，网络的出现让编辑实现了数字出版(Digital Publishing)，人工智能的出现让编辑实现了智能出版(Intelligent Publishing)。人工智能技术应用于出版领域，最突出的表现之一就是促进编辑力的提升。

从微观层面看，人工智能技术可以将编辑人员从大量烦琐的、重复的常规工作中解放出来，去从事更有创造力和思想性的工作，从而提升编辑力。传统的编辑出版流程一般包括选题、组稿、审稿、改稿、校对、装帧设计、营销发行等环节，每个环节都有特定的工作内容和工作要求，需要投入大量的人力和时间，这不仅会影响图书的出版进度，还会慢慢磨灭编辑人员的创编热情，影响工作效率。实际上，编辑活动具有形式规范化的特点，在编辑实践中有规律可循、有标准可依，这是人工智能技术用于编辑流程的逻辑前提，也是两者融合发展的可行性判断。龙源数字传媒集团的人工智能平台"知识树"能够根据编辑定义的一部分内容自动组成剩下的内容，一方面可以减轻编辑人员的劳动强度，另一方面也可以缩短图书出版周期。“以前编辑一本书需要花一个月的时间，现在编辑一本书只需要花一天的时间，这是人工智能平台需要达到的一个基本标准。”①另外，选题查重、自动纠错、敏感词排查等工作也是人工智能所擅长的，如果编辑能与人工智能分工合作、协同发展，必能在很大程度上提高编辑力。

从中观层面看，人工智能技术的应用可以增强出版企业的竞争力。借助智能出版流程和智能管理系统，出版企业对内可以打造智能团队，提高企业组织的智能化管理水平；对外可以以用户需求为导向，提高智能化知识服务水平。编辑是出版部门的中心环节，对出版企业来说，编辑力的大小不仅决定着图书的市场竞争力，也决定着出版企业在内容产业中的竞争实力。从企业战略角度看，编辑力是出版企业战略的中心主题，它决定了出版企业的战略活动范围与活动特色；从企业成长角度看，编辑力可以帮助出版企业开发新产品、打造新品牌、拓展新领域，从而实现立体发展和良性发展；从企业竞争角度看，编辑力是出版企业竞争优势的来源，有助于保持和增强企业的竞争实力。提升编辑力，应成为出版企业保持活力、增强实力的内在需求。人工智能与出版流程的融合，一方面能够借助智能选题、智能审校、智能印制和智能发行系统提高团队编辑力水平，另一方面也能够利用智能协同平台加强出版主体、客体、受体之间的信息互动，探索智能化编辑部管理的范式与标准，从而在群体智能理念指导下提高企业的组织编辑力水平，实现出版企业的提质增效。

从宏观层面看，人工智能技术可以推动出版产业的转型升级，扩大文化出版活动的传播影响力。编辑力是出版产业发展壮大的基础，出版业的进步与繁荣是国家文化建设的重要组成部分。在长期的出版实践中，每个出版企业都逐渐形成了自己的风格特色或品牌优势，当这些特色或品牌被社会大众所知晓时，就变成了一种文化力量，就能产生一种文化影响力。当一个国家的整体编辑力得到提升时，就能在一定程度上增强国家的文化软实力，在参与世界范围内的文化竞争时获得更多的话语权。人工智能技术是当下的热门技术，各个国家、各行各业都在积极探索与人工智能融合发展的新模式。出版业应用人工智能技术可以实现出版信息的有机整合、

① 任晓宁．人工智能玩出什么花样[N]．中国新闻出版广电报，2017-07-17(5)．

出版产业结构的重塑升级以及出版市场的有效规制。因此，构建人工智能协同平台和智能服务平台，有助于出版产业整体编辑力的提升，有助于打造我国的原创出版品牌，增加中国出版产业的世界影响力。

随着智能选题、智能写作的不断发展，人工智能技术与出版业的融合在实践中不断深入。中国新闻出版研究院发布的《2016—2017 中国数字出版产业年度报告》指出，人工智能技术正加速进入新闻出版业，在出版发行、印刷物流、数据加工、数字阅读、数字教育等领域得以应用。语音录入稿件、机器协助校稿、机器写作、增强用户交互体验等创新应用将让出版流程实现智能化。① “人+机器”的组合不仅对出版内容制作和流程管理产生了巨大影响，而且在释放生产力、提升编辑力，推动出版业的创新转型方面具有重要意义。人工智能技术的发展，将改变原有出版生态中内容创作者和编辑加工者等相关主体的思维方式，也将对出版行业的内容生产模式、出版流程和传播方式产生巨大影响。

人工智能时代，内容生产和内容推送的权力正由人类编辑让渡给智能机器，编辑的地位和作用发生改变，编辑的伦理价值也被赋予了更深层次的内涵。实际上，作为内容产业，无论媒体环境如何变化，科技手段如何革新，编辑在内容服务上的基本伦理向度是不变的。坚守文化引领、构建受众对出版的伦理信任是编辑在人工智能时代进行自救的根本之选。

由此，编辑应该发挥其专业特长，弥补人工智能技术在出版领域的弊端。首先，以全新视野深化对编辑活动基本规律的认识，在大数据基础上进行信息的优选、优化；其次，进一步强化责任意识，在人文关怀和价值判断上发挥主观能动性。只有这样，才能在人工智能时代体现编辑的伦理价值。

(1)优选与优化

人工智能对数据过分依赖，会产生大量重复、无用的信息。编辑通过选择和加工，可以把握作品的意识形态方向，也可以使作品增值。人工智能作家“小冰”的诗集《阳光失了玻璃窗》里共有 139 首诗歌，而实际上它创

① 中国数字出版产业年度报告课题组．“十三五”开局之年的中国数字出版——2016—2017 中国数字出版产业年度报告主报告(摘要)[J]. 出版发行研究，2017(7)：5-10.

作的诗歌高达70 928首，这些诗歌是“小冰”学习了500多位中国现代诗人的所有作品后，经过6 000分钟、10 000次迭代完成的。编辑根据感性经验和价值判断，最终挑选了139首诗歌用于正式出版。从7万多首到139首，这是编辑参与选择的结果，是编辑价值的体现，也是人工智能与编辑分工合作的有益尝试。

(2)责任意识与人文关怀

人工智能技术以受众需求为导向，容易导致出版内容失衡、出版品质下降。以选题策划为例，基于算法的智能选题，其出发点是高效、快速，其诉求是满足受众的个性化阅读需求，而非传统意义上的出版价值。这往往会造成很多毫无价值或者隐含负面价值取向的内容被出版。人工智能毕竟不是人，不具备人的责任意识和道德情操，所以，为了保证图书质量，必须增强编辑的责任意识和把关意识。此外，人工智能在处理作者稿件时难以融入人类的情感，缺乏编辑应有的人文关怀，难以理解文字背后隐含的复杂信息，而编辑具有特定的逻辑思维和情感思维，能很好地把握出版伦理的界限。

因此，人工智能并不是抹杀了编辑的地位和作用，而是对编辑提出了更高的能力要求。编辑除了具备传统的专业知识和伦理道德外，还要掌握人工智能的思维和操作技能，善于发挥人工智能在数据搜集、数据分析上的优势，纠正、克服人工智能技术的伦理失范，增强对出版流程的把控力。从文化传播的角度看，当前自媒体化、泛娱乐化现象愈演愈烈，编辑作为文化产品的生产者和传播者，应当牢牢把握出版的基本准则，寻找出版文化的制高点，加强对公众文化消费的引导。面对人工智能对编辑伦理的冲击与挑战，编辑工作者要充分发挥人的主体作用，提升对人工智能技术的把控力，增强对出版内容和文化传播的引导力。

参考文献

著　作　类

[1]阙道隆，徐柏容，林穗芳．书籍编辑学概论[M]．沈阳：辽宁教育出版社，1995.
[2]钱学森．关于思维科学[M]．上海：上海人民出版社，1986.
[3]任定华，曹振中，周光达．科技期刊编辑学导论[M]．西安：西安交通大学出版社，1991.
[4]钱文霖．科技编辑方法论研究导扬[M]．武汉：华中理工大学出版社，1992.
[5]钱小柏，雷群明．韬奋与出版[M]．上海：学林出版社，1983.
[6]编辑忆旧[M]．北京：三联书店，1984.
[7]谈维．校对业务教程[M]．沈阳：辽宁教育出版社，1996.
[8]任定华，胡爱玲，郭西山．编辑学导论[M]．北京：中国经济出版社，2001.
[9]张才明，杨文华．现代编辑学概论[M]．北京：中国编译出版社，2000.
[10]丛林主编．中国编辑学研究述评[M]．青岛：齐鲁书社，2004.
[11]艾莉森·贝弗斯托克．图书营销[M]．第3版．石家庄：河北教育出版社，2004.
[12]邓中和．书籍装帧创意设计[M]．北京：中国青年出版社，2004.
[13]孙月沐总主编．30年中国畅销书史[M]．南昌：江西教育出版社，2009.
[14]黄先蓉主编．出版学研究进展[M]．武汉：武汉大学出版社，2006.
[15]庞龙．人类的艺术[M]．郑州：郑州大学出版社，2006.

[16]左健. 编辑的主体性[M]. 南京：南京师范大学出版社，2010.
[17]杨牧之. 论编辑的素养[M]. 北京：中华书局，2013.
[18]周浩正. 如何提高编辑力[M]. 北京：金城出版社，2014.
[19]焦薇缜. 编辑主体研究[M]. 郑州：河南大学出版社，2014.
[20]靳青万. 编辑五体研究[M]. 长春：东北师范大学出版社，2015.
[21]张新新. 吉光片羽：人工智能时代的出版转型[M]. 北京：清华大学出版社，2019.

论 文 类

[1]强志军. 比较方法与编辑学研究[J]. 编辑学报，2001(6).
[2]钱宏，张国功. 社会转型期编辑群体价值自审与文化理念[N]. 新闻出版报，[1999-01-15].
[3]苏爱华. 社会转型期编辑群体的战略营销理念[J]. 编辑学报，2001(4).
[4]游滨，等. 信息技术发展对编辑活动的影响[J]. 编辑学报，2001(3).
[5]钟天明. 知识经济背景下科技期刊的变革与编辑转型[J]. 编辑学报，2001(2).
[6]任火. 编辑思维系统论[J]. 编辑学报，2000(1).
[7]李漫男. 编辑学研究断想[J]. 编辑学报，2000(3).
[8]杨小复. 科技期刊封面构图设计及其美学原则[J]. 编辑学报，2000(3).
[9]何金南. 编辑活动场论“六元”观[J]. 编辑学报，2000(3).
[10]皋永利. 试论编辑行为的双重性[J]. 编辑学报，1999(3).
[11]刘健. 编辑主体意识的特征与形成[J]. 编辑学报，2000(2).
[12]杨晓鸣. 论编辑的人文精神和科学精神[J]. 编辑学报，2000(4).
[13]司有和. 论知识经济时代编辑行业的产品独立性[J]. 编辑学报，1999(3).
[14]冯小竹. 策划编辑、责任编辑、生产编辑[J]. 中国出版，1999(3).
[15]贺自爱，贺国庆. 论科技编辑思维多元化[J]. 编辑学报，1999(2).
[16]司有和. 论知识经济与编辑出版产业的互动发展[J]. 编辑学报，1999(1).

[17]张福平，刘西琳．论编辑的文化品位和文化渗透[J]．编辑学刊，1998(6)．
[18]谢清风．鲁迅审稿思想浅探[J]．编辑学刊，1998(6)．
[19]邵益文．论书稿审读[J]．编辑学刊，1998(6)．
[20]刘娟．《新青年》编辑思想的启示[J]．编辑学刊，1998(5)．
[21]王绮．面对WTO，编辑角色亟待转换[J]．编辑学刊，2002(1)．
[22]丁丁．萧乾副刊编辑思想初探[J]．编辑学刊，1984(4)．
[23]杨牧之．威胁、教训与问题——当前出版业面临的挑战[J]．出版科学，2000(3)．
[24]叶宁．策划局限与出版理念[J]．编辑之友，2000(6)．
[25]任定华．编辑学学科系统结构层级体系[J]．编辑学刊，1998(4)．
[26]金文勇．现代校对的功能转换及发展趋势[J]．编辑学刊，1998(6)．
[27]胡正强．臧克家报刊编辑思想论略[J]．编辑学刊，1998(6)．
[28]张志强，杨海平．论现代出版家的开拓创新[J]．编辑学刊，2001(1)．
[29]贺圣遂．图书出版与中国文化创新[J]．编辑学刊，2001(1)．
[30]张典．赵家璧编辑思想初探[J]．编辑学刊，2001(1)．
[31]林穗芳．“编辑”词义从古到今的演变(上)[J]．编辑学刊，2001(2)．
[32]邵益文．编辑学：走向新的发展阶段[J]．编辑学刊，2001(2)．
[33]朱胜龙．新经济时代选题策划的特点[J]．编辑学刊，2002(1)．
[34]范剑华．编辑的语言文字素养[J]．编辑学刊，2001(5)．
[35]王玉成．选题策划应遵循的几个原则[J]．编辑之友，2000(6)．
[36]王永江．书稿三审制之我见[J]．出版科学，1999(2)．
[37]邵益文．编辑学研究评述[J]．出版科学，2002(增刊)．
[38]陈笑梅．编辑观的研究现状及其科学性原则[J]．湖南师范大学社会科学学报，2001(2)．
[39]肖汉森．略谈编辑出版工作现代化[J]．大学出版，2001(1)．
[40]罗月花．网络时代对出版编辑工作的影响初探[J]．华南理工大学学报，2001(2)．
[41]华生．编辑活动中作者导向的两个误区[J]．河南师范大学学报，2001(3)．

[42]董霞．编辑学学科性质的定位思考[J]．山东社会科学，2001(5).
[43]钱荣贵．读者接受与编辑选择[J]．南通师范学院学报，2001(4).
[44]李树政．信息技术革命与图书出版编辑[J]．学术研究，2001(8).
[45]蔡学俭．试论编辑思想[J]．出版科学，2000(1).
[46]晋发旺，令狐忠新．编辑活动与知识创新[J]．出版发行研究，2002(9).
[47]肖星明．图书编辑的审美创造活动[J]．编辑之友，2002(5).
[48]王冰．政治意识是编辑的重要文化选择[J]．编辑之友，2002(5).
[49]提文静．我们不能丢掉的精神[J]．编辑之友，2002(5).
[50]邓永财．编辑性格与编辑工作[J]．编辑之友，2002(5).
[51]朱剑．计算机的介入与社科期刊的发展[J]．南京大学学报，2000(5).
[52]李辉.《清议报》时期梁启超的编辑思想[J]．编辑学刊，1998 (1).
[53]张积玉．编辑出版现代化综论[J]．北京大学学报，2002(4).
[54]高丽娜．论学术编辑的知识结构及其优化[J]．河南大学学报，2002(9).
[55]强志军．编辑艺术及其特征[J]．编辑学报，2002(4).
[56]陈怀民，董维．编辑美学原则与编辑规范[J]．齐齐哈尔大学学报，2001(1).
[57]张振华．论编辑加工责任编辑的权力空间[J]．理论观察，2002(12).
[58]郭洁．编辑加工规范再思考[J]．中国出版，1999(8).
[59]吉家友．校勘与校对之异同[J]．信阳师范学院学报，2001(3).
[60]汪卉．探索装帧设计的新途径[J]．大学出版，2000(3).
[61]吴予敏．知识部落的失衡[N]．中华读书报，[2003-06-04].
[62]吴平．浅论市场经济条件下编辑的角色定位[N]．中华读书报，[2002-12-18].
[63]吴平．浅论编辑思想的构成及其品质[J]．出版科学，2003(1).
[64]文慧云．全球化时代的图书编辑[J]．湘潭师范学院学报(社会科学版)，2008(3).
[65]胡风岚．论学报编辑的能力结构[J]．中国医学学报研究，1993 (1).
[66]房向东．文学编辑素质论[J]．出版广场，1997(4).

[67]芦珊珊．论我国出版“走出去”的差异化战略[J]．编辑之友，2008(4)．
[68]冯智勇．网络出版与传统编辑角色转变[J]．科技与出版，2007(3)．
[69]石必华．试论网络出版中的编辑工作[J]．中国出版，2003(12)．
[70]张玮，兰金补．网络出版环境下的编辑工作[J]．天水行政学院学报，2002(6)．
[71]李显杰．“杂家”亦“专家”[J]．华中师范大学学报，1993(专辑)．
[72]许欢．出版经纪业何时浮出水面[J]．出版发行研究，2003(4)．
[73]孙秀，董高怀．“三审制”，并非简单的话题[J]．编辑之友，1999(6)．
[74]张小萍．“三审制”的回顾与审视[J]．编辑之友，1998(5)．
[75]王建辉．出版的文化诉求：呼唤编辑大师[J]．编辑之友，2007(4)．
[76]欧阳明．畅销书的四种营销策略选择[J]．出版发行研究，2002(11)．
[77]王羽潇．浅谈畅销书的整合营销策略[J]．中国出版，2006(5)．
[78]朱胜龙．现代畅销书策划营销九大策略[J]．编辑之友，2003(1)．
[79]杨虎．畅销书运作中的五种常用营销策略[J]．出版广角，2003(8)．
[80]芦珊珊．论编辑的气节[J]．出版发行研究，2008(3)．
[81]陶丹．美国《读者文摘》的创新理念[J]．中国记者，2004(9)．
[82]李军领．编辑力“五力模型”试探[J]．编辑之友，2011(4)．
[83]张爱华．对“编辑力”论争的思考[J]．出版科学，2014(5)．
[84]唐银辉，朱宝林．现代编辑出版家的编辑力初探[J]．编辑之友，2015(4)．
[85]吴平．数字出版时代编辑工作的哲学思考[J]．出版科学，2016(2)．
[86]曹世生．数字出版时代的编辑力构成研究[J]．今传媒，2016(4)．
[87]曹海峰．算法时代编辑出版专业人才培养模式创新与思考[J]．中国编辑，2018(9)．
[88]张炯．人工智能时代的出版伦理博弈及编辑伦理价值观[J]．中国编辑，2019(2)．
[89]白贵，王太隆．人工智能环境下编辑角色的再定位[J]．中国出版，2019(11)．